Beck'sche Reihe

BsR 1090

BsR

„Als Eifersüchtiger leide ich vierfach: weil ich eifersüchtig bin, weil ich mir meine Eifersucht zum Vorwurf mache, weil ich fürchte, daß meine Eifersucht den anderen verletzt, weil ich mich von der Banalität knechten lasse: ich leide darunter, ausgeschlossen zu sein, aggressiv zu sein, verrückt zu sein und gewöhnlich zu sein."

Wem diese Leiden, wie sie Roland Barthes beschreibt, nicht fremd sind, der findet in diesem Buch reichlich Stoff zum Mit-Leiden, Mit-Rasen oder schlicht Gründe zum Entsagen.

Barbara Bronnen lebt als freie Schriftstellerin in München. Zuletzt erschienen ihr Roman „Donna Giovanna", 1992, und „Meine Toskana – Eine Liebeserklärung", 1995. Sie schrieb u.a. die Romane „Dschungelträume", „Liebe um Liebe", „Die Überzählige" und „ Die Tochter". In der Beck'schen Reihe gab sie folgende Bände heraus: Mamma mia. Geschichten über Mütter (BsR 379); Kind, ach Kind. Geschichten über Kinder (BsR 433); Alt am Morgen und am Abend jung. Geschichten vom Alter (BsR 464); Männer. Ein Lesebuch (BsR 1005).

Eifersucht
Die schwarze Schwester der Liebe

Ein literarisches Lesebuch

Herausgegeben von
Barbara Bronnen

VERLAG C.H.BECK

Die Deutsche Bibliothek – CIP-Einheitsaufnahme

Eifersucht. Die schwarze Schwester der Liebe
Ein literarisches Lesebuch / hrsg. von Barbara
Bronnen. – Orig.-Ausg. – München : Beck, 1995
(Beck'sche Reihe ; 1090)
ISBN 3 406 37480 8
NE: Bronnen, Barbara [Hrsg.]; GT

Originalausgabe
ISBN 3 406 37480 8

Umschlagentwurf: Uwe Göbel, München

Gesamtherstellung: Presse-Druck- und Verlags-GmbH, Augsburg
Gedruckt auf säurefreiem,
aus chlorfrei gebleichtem Zellstoff hergestelltem Papier
Printed in Germany

Inhalt

IV. Ein guter Eifersüchtiger hat ein fabelhaftes Gedächtnis

V. Ein guter Eifersüchtiger ist eifersüchtig bis in den Tod

VI. Ein guter Eifersüchtiger ist sein eigener Romanautor und bringt es gar zum Happy-End

Vorwort

O hütet euch vor Eifersucht
dem Ungeheuer mit den grünen Augen, das das Fleisch
verhöhnt, von dem es sich ernährt...

– so warnt Jago Othello – oder macht er ihn nicht vielmehr eifersüchtig?

Wenn man die Kehrseite dieses Shakespearschen Paradoxons genau ansieht, so ähnelt es auf verblüffende Weise unserem Spruch von der „Eifersucht ist eine Leidenschaft, die mit Eifer sucht, was Leiden schafft". Er enthält ebenso dieses sich selbst Auffressende, das Getriebene unseres Ichs, das sich letztlich von der wirklichen oder unwirklichen Untreue des Geliebten nährt und das verurteilen, zerfleischen, niedermachen muß, damit unser Affekt weiterbestehen kann. Schließlich brauchen wir diese Selbstverseuchung, um unseren Haß am Leben zu erhalten, denn nichts anderes wollen wir als leiden, dem anderen zum Trotz und zur Rache.

„Als Eifersüchtiger leide ich vierfach: weil ich eifersüchtig bin, weil ich mir meine Eifersucht zum Vorwurf mache, weil ich fürchte, daß meine Eifersucht den anderen verletzt, weil ich mich von einer Banalität knechten lasse: ich leide darunter, ausgeschlossen zu sein, aggressiv zu sein, verrückt zu sein und gewöhnlich zu sein." Da sind sie, von Roland Barthes genannt, diese vierfachen Selbstquälereien, und je größer der Anspruch ist, den wir an uns selbst stellen, desto deprimierender die Erfahrung banaler Niederträchtigkeit. Wir zweifeln nicht daran, daß der/die Verruchte eines Tages für seine/ihre „verräterische“ Tat verdammt wird, wir wünschen ihm/ihr nichts anderes als die – bombensichere – Enttäuschung (und das bald), gar den Tod (der langsam, verzehrend kommen soll, damit noch Zeit für die Versöhnung am Krankenbett bleibt, auf das wir den Triumph erleben: wir haben es gewußt, er/sie hat sie/ihn nie geliebt ...).

Bis dahin aber nähren wir in uns diese quälende Feuersbrunst, lebensvergällend, alles zerstörend, uns auffressend wie Aussatz, bis jedes Denken von ihr beherrscht wird. Dazu, für diesen Zustand normal, das beständige Gefühl, sich eigentlich andernorts aufhalten zu müssen, um einzugreifen, nämlich da, wo jenes entflammte Paar trunken durchs Leben turtelt, es heiter bewältigend, ohne Angst und ohne Sorgen, von Fortunas Füllhorn überschwemmt. Während wir, diese elende, reizlose, heulende Person, mutterseelenallein, ohne Zärtlichkeit und Freude, uns durchs Leben zu schleppen gezwungen sind, ausgeschlossen, oh weh! freudlos, gramgebeugt, gefährdet, nervös und schlaflos, mit getrübtem Blick.

Diese Natter! Haß und Selbstmitleid verstellen unseren Blick (auch auf uns selbst) und strahlen auf alles aus, und sehen wir ein Liebespaar, wir könnten dazwischenfahren wie ein Blitz, sie auseinandersprengend mit Geheul, diese Gedankenlosen, die es wagen, uns zu erinnern. Diese(r) Treulose ist die Ursache allein, daß wir unser normales Leben nicht mehr weiterführen können, daß es uns umtreibt, unablässig grübelnd, unruhevoll, verzehrend. Dieses Aas – egoman, unsensibel, nur auf den eigenen Vorteil bedacht, kalt und rücksichtslos –, doch haben wir es erst wieder, wir geben ihm das Gift! Was taten wir nicht alles, voll Aufopferung, wir luden uns Mühsal und Arbeit auf, übten uns im Verzicht und in Tränen und Schonung, gar im Bett! Der Barbar aber begnügte sich nicht damit, er trieb es nur noch schlimmer... Jetzt bringt er es gar noch fertig, daß wir uns vor uns selber ängstigen und dem, was wir zu seinem Untergang ersinnen, wir! mit unserer Moral! nie hätten wir uns schnöder Untreue solchermaßen überlassen, erinnert nur: Niels-Peter (oder Beate), damals, welch Verzicht! Wir taten es für UNS (für unsere Kinder), für UNSER Leben, UNSER Wohl! Nicht einen Gedanken an andere haben wir verschwendet, nie!

So üben wir uns in Selbstgerechtigkeit und Moral, während wir hinstarren, hinreden, getrieben von unserer Sucht, wir erpressen, beschwören und greifen zum Hörer. Schon fliehen uns die Freunde, weil wir nicht von unseren Ausfällen ablassen können.

Unsere Sucht treibt uns um, andere unbarmherzig zu ermüden, indem wir wiederholen und voyeurhaft wiederkäuen, immer immer wieder. Und wehe, einer legt den Finger auf unsere Wunde und verweist uns auf den eigenen Anteil! An ihm rächen wir uns bitterlich, indem wir ihn ausstoßen, nie werden wir ihm das vergessen, nie.

Wie Frost ist die Eifersucht, ein vollständiges Erstarren, eine mit Moral verdeckte Selbstverletzung, so gläsern und unlebendig, wie das Negativbild ewig geschworener Treue. Eine einzige Verweigerung dem Leben gegenüber, eine Verherrlichung der Ausschließlichkeit, eine seelische Unbeweglichkeit, unrealistisch und aggressiv. Eine Lebenshaltung voller Bitterkeit, welche die Trauer und den Schmerz überdeckt, ein dramatisch verschlingender Besitzanspruch, oft bis in den Tod.

Wie nun sieht es mit der Eifersucht in der Literatur aus?

Den Schriftsteller erfüllt dieses Motiv seit jeher mit künstlerischem Entzücken. Denn es schlägt einen Akkord von Spannung, Verfolgung, Leid und Hoffnung an, widersprüchlichste Gefühle und eine seltsame Erregung, weist Elemente der Tiefe ebenso auf wie eine Entwicklung, bietet Bilder und Rachedüsteres, Gruseliges dem erschauernden Rückenmark, Liebe, Haß und Rache, Verfolgung bis in den Tod.

Der Leser, mit seinen eigenen Tiefen und Untiefen nicht immer vertraut, doch voll Neugierde auf seine Abgründe, kann sich dem Sog des Mitempfindens, kaum schlägt er das Buch auf, nicht entziehen, weil ihn das an etwas erinnert, das ihm selbst einmal widerfahren ist, weil er diesen Teil seiner eigenen Vergangenheit noch schmerzlich in sich spürt, diesen Alptraum, in der Erinnerung und aus der Distanz fast wollüstig kribbelnd. Jetzt kann er Dinge sehen und sich bildlich vorstellen, die er damals nicht zu entdecken vermochte, vom eigenen Leid entstellt.

Die Lust an der Augenwischerei, bei jedem Dichter ausgeprägt, kann sich beim Thema Eifersucht zur vollen Blüte entfalten; die Elemente der Täuschung und Illusion gewinnen durch sie erst ihre volle Leuchtkraft – unerschöpfliche Möglichkeiten eines Motivs, das die Schriftsteller, von Colette über Walser, John Updike, Alberto Moravia oder Lilian Faschinger, bis heute angeregt hat. Zum Vergnügen und zur Selbstkritik des Lesers haben wir Vielfältiges über die Erzbetrügerin Eifersucht zusammengestellt, das nicht nur unterhält, sondern auch den Sinn für das Surreale und Irreführende dieses aus uns heraussickernden Gifts schärft: Texte der gemischten Gefühle.

Phantasie und Realität: immer diese verflixte Frage: hat er/sie oder hat er nicht? Eine verhängnisvolle Stufenleiter beginnt mit dieser Frage, eine Karriere der Leidenslust, des Liebestodes, der Mordlust – nur einige der glanzvollen Facetten dieser seltsamen Leidenschaft.

Wer aber ist ein guter Eifersüchtiger (also ein guter Romanheld)? Diese Frage hat die auf Ausbeute sinnenden Schriftsteller aller Zeiten immer wieder beschäftigt und die raffiniertesten Themenstellungen provoziert, eine wahre Auslese der Eifersucht:

1. Ein guter Eifersüchtiger hat Phantasie und verfügt über ein außerordentliches Einfühlungsvermögen
2. Ein guter Eifersüchtiger wäre manchmal selber gern an Stelle der Betrüger
3. Ein guter Eifersüchtiger kann phantastisch projizieren
4. Ein guter Eifersüchtiger hat ein fabelhaftes Gedächtnis
5. Ein guter Eifersüchtiger ist eifersüchtig bis in den Tod
6. Ein guter Eifersüchtiger ist sein eigener Romanautor und bringt es am Ende gar zum Happy-End.

Schriftsteller haben unterschiedliche Temperamente, und doch gibt es kaum einen, den nicht dieses Thema, hat es ihn einmal gereizt, nicht mehr ausließ bis zur Obsession, dieses Urmotiv schriftstellerischen Komödiantentums und leidenschaftlicher Imaginationskraft, vermutlich von Anbeginn an mit der Entstehung der Literatur verknüpft. Literatur ist immer auch Zauberei und Verführung, und phantasieren wir uns einmal ihre Entstehung zurecht, so ist sie keinesfalls damals entstanden, als eine Ehefrau entdeckte, daß ihr Mann sie betrog. Nein, sie ist vielmehr entstanden, als die Frau heulte und klagte und tobte und tötete und schrie, daß er sie betrogen hätte, ohne daß dem so war.

I. EIN GUTER EIFERSÜCHTIGER HAT PHANTASIE UND VERFÜGT ÜBER EIN AUSSERORDENTLICHES EINFÜHLUNGSVERMÖGEN

John Updike
Dein Liebhaber hat eben angerufen

Das Telefon klingelte, und Richard Maple, der einer Erkältung wegen an diesem Freitag zu Hause geblieben war, nahm den Hörer ab: „Hallo?“ Am anderen Ende der Leitung wurde aufgelegt. Richard ging ins Schlafzimmer, wo Joan gerade das Bett machte, und sagte: „Dein Liebhaber hat eben angerufen.“

„Was hat er gesagt?“

„Nichts. Er hat aufgelegt. Er war erstaunt, daß ich zu Hause bin.“

„Vielleicht war es *deine* Geliebte.“

Trotz des Phlegmas, das seinen Kopf umwölkte, wußte er, daß da irgend etwas nicht stimmte, und er fand es heraus. „Wenn es *meine* Geliebte gewesen wäre“, sagte er, „warum sollte sie dann auflegen, wenn ich doch am Apparat war?“

Joan schlug das Laken aus, so daß es ein knallendes Geräusch machte. „Vielleicht liebt sie dich ja nicht mehr.“

„Was für ein lächerliches Gespräch.“

„Du hast angefangen.“

„Und was würdest *du* denn denken, wenn du an einem

Wochentag ans Telefon gehst, und der Anrufer legt auf? Er erwartet eindeutig, daß du allein zu Hause bist."

„Also gut, wenn du jetzt Zigaretten holen gehst, rufe ich ihn an und erkläre ihm, was los ist."

„Du denkst, daß ich jetzt denke, du willst mich auf den Arm nehmen, aber ich weiß, daß genau das passieren würde."

„Oha, komm, Dick. Wer sollte es schon sein? Freddie Vetter?"

„Oder Harry Saxon. Oder jemand, den ich gar nicht kenne. Ein alter Freund vom College, der nach Neuengland gezogen ist. Oder vielleicht der Milchmann. Ich höre dich manchmal mit ihm reden, während ich mich rasiere."

„Wir sind von hungrigen Kindern umgeben. Er ist fünfzig Jahre alt, und Haare sprießen ihm aus den Ohren."

„Wie bei deinem Vater. Du hast eine Schwäche für ältere Männer. Da war doch dieser Chaucer-Spezialist, als wir uns kennenlernten. Jedenfalls hast du in der letzten Zeit immer furchtbar glücklich getan. Du lächelst vor dich hin, wenn du deine Hausarbeit machst. Siehst du, da ist es wieder, das Lächeln!"

„Ich lächle", sagte Joan, „weil du so verrückt bist. Ich habe keinen Liebhaber. Ich wüßte nicht, wo ich ihn unterbringen sollte. Meine Tage sind vollständig ausgefüllt damit, daß ich mich hingebungsvoll den Bedürfnissen meines Ehemannes und seiner zahlreichen Kinder widme."

„Oh, dann bin ich es also, der dir all die Kinder gemacht hat? Während du dich nach einer Karriere als Modeschöpferin oder in der aufregenden Welt der Wirtschaft sehntest. In der Aeronautik vielleicht. Du hättest die erste Frau sein können, die eine Raketenspitze aus

Titan entwickelte! Oder die den bisherigen Zyklus beim Weizenanbau sprengte! Joan Maple, Diplomlandwirtin. Joan Maple, Geopolitikerin. Aber wegen des unzüchtigen Monsters, das sie irrtümlich heiratete, ist diese klarsichtige Bürgerin unserer stets so bedürftigen Republik …"

„Dick, hast du Fieber gemessen? Ich habe dich seit Jahren nicht so faseln hören."

„Ich bin seit Jahren nicht so hintergangen worden. Ich fand dieses *Klick* abscheulich. Dieses widerliche kleine Ich-kenne-deine-Frau-besser-als-du-*Klick*."

„Es war vermutlich ein Kind. Wenn Mack heute abend zum Essen kommen soll, solltest du besser allmählich wieder gesund werden."

„Es ist Mack, nicht? Dieser Hurensohn. Die Scheidung ist noch nicht ausgesprochen, und schon ruft er meine Frau an. Und dann schlägt er auch noch vor, sich an meinem Tisch vollzufressen, während ich leide."

„Ich werde selber leiden. Du machst mich richtig krank."

„Klar. Zuerst hänge ich dir Kinder an in meinem verrückten Verlangen nach Nachkommen, und dann mache ich dir Monatsbeschwerden."

„Leg dich ins Bett. Ich bringe dir auch Orangensaft und in Streifen geschnittenen Toast, wie deine Mutter es immer gemacht hat."

„Du bist süß."

Während er es sich unter der Decke gemütlich machte, klingelte das Telefon wieder, und Joan nahm oben im Flur den Hörer ab. „Ja … nein … nein … gut", sagte sie und legte auf.

„Wer war es?" rief er.

„Jemand, der uns die *World Book Encyclopedia* verkaufen wollte", rief sie zurück.

„Hört sich sehr glaubhaft an“, sagte er mit selbstgefälliger Ironie, und legte sich auf die Kissen zurück – überzeugt, daß er ungerecht war und daß es keinen Liebhaber gab.

Mack Dennis war ein schlichter, angenehmer, schüchterner Mann in ihrem Alter, dessen Ehefrau Eleanor in Wyoming auf Scheidung klagte. Er sprach von ihr mit einer beklemmenden Zärtlichkeit, wie von einer Lieblingstochter, die zum erstenmal in einem Ferienlager ist, oder wie von einem entschwundenen Engel, der gleichwohl engen elektronischen Kontakt mit der verschmähten Erde hält. „Sie sagt, sie hätten ein paar herrliche Gewitter gehabt. Die Kinder reiten jeden Morgen, abends spielen sie Karten, und um zehn sind sie im Bett. Gesundheitlich geht es allen besser denn je. Ellies Asthma ist verschwunden, und jetzt glaubt sie, die müsse allergisch gegen *mich* gewesen sein.“

„Du hättest dir alle Haare abschneiden lassen sollen und dich in Zellophan verpacken müssen“, sagte Richard zu ihm.

Joan fragte ihn: „Und wie steht es mit *deiner* Gesundheit? Ißt du genug? Du siehst dünn aus, Mack.“

„An den Abenden, an denen ich nicht in Boston bleibe“, sagte Mack, während er sich alle Taschen nach einem Päckchen Zigaretten abklopfte, „esse ich jetzt immer in dem Motel an der Route 33. Es ist das beste Essen in der Stadt jetzt, und du kannst den Kindern im Swimmingpool zusehen.“ Er betrachtete seine leeren, nach oben gewandten Hände, als hätten sie eben noch eine Überraschung gehalten. Er vermißte seine Kinder – vielleicht war das die Überraschung.

„Ich habe auch keine Zigretten mehr“, sagte Joan.

„Ich gehe und hole welche“, sagte Richard.

„Und irgend etwas mit Bitter Lemon aus dem Spirituosengeschäft.“

„Ich mixe inzwischen ein paar Martinis“, sagte Mack. „Ist es nicht wunderbar, daß wir wieder Martini-Wetter haben?“

Es war die Jahreszeit, in der es am Tage spätsommerlich und abends frühherbstlich ist. Der Abend senkte sich über die Stadt herab und ließ die Neonreklamen erstrahlen, als Richard sich auf den Weg machte. Sein heiserer Hals fühlte sich an, als wäre er in ihm zusammengefaltet wie ein Geheimnis; es machte ihn irgendwie unbekümmert und fröhlich, auf zu sein und draußen, nachdem er den Nachmittag im Bett verbracht hatte. Wieder zu Hause, parkte er am hinteren Zaun und ging über den Rasen, der von gefallenen Blättern raschelte, obwohl die Bäume über ihm noch dicht belaubt waren. Die erleuchteten Fenster seines Hauses wirkten golden und idyllisch; die Zimmer der Kinder befanden sich oben (das Gesicht Judiths, seiner älteren Tochter, schwebte gedankenverloren vor einem Stück Tapete vorbei, und ihre ekkige rosa Hand griff nach oben, um eine Puppe in einem Regal zurechtzusetzen) und die Küche unten. In den Küchenfenstern, deren Licht fluoreszierte, wurde eine Scharade aufgeführt. Mack hielt einen Cocktailshaker in der Hand und goß den Inhalt in ein zum Teil vom Fensterrahmen verdecktes Gefäß, das Joan ihm mit langem weißem Arm hinhielt. Sie neigte anmutig den Kopf und sprach mit dem leicht vorgeschobenen Mund, der in Richards Augen typisch für sie war, wenn sie in den Spiegel sah oder sich mit ihren älteren Verwandten unterhielt oder sonst vorteilhaft zu erscheinen versuchte. Was sie gerade sagte, brachte Mack zum Lachen, so daß seine Hand beim Eingießen zitterte (der silbere Deckel des Shakers glitzerte, ein Tropfen der grünlichen Flüssigkeit wurde verschüttet). Er stellte den Shaker hin und streckte die Hände – dieselben Hände, denen vor einer Weile eine Überraschung entwichen zu sein schien – vor, in Schulterhöhe. Joan ging auf ihn zu, immer noch mit ihrem Glas in der Hand, und ihr Hinterkopf, straff zu einem ovalen Knoten frisiert, mit feinen blonden Härchen im Nacken, verdeckte alles von Macks Gesicht mit Ausnahme der Augen, die sich schlossen. Sie küßten sich. Joans Kopf neigte sich zur einen Seite, Macks zur anderen, damit ihre Münder sich fester aufeinanderpressen konnten. Die anmutige Linie von Joans Schultern wurde weitergeführt durch die Linie ihres Armes, der das Glas sicher in der Luft hielt. Der andere Arm schlang sich um seinen Hals. Die offene Tür eines Schränkchens hinter ihnen ließ eine erstarrte Reihe aufrechter Pappschachteln sichtbar werden, deren Beschriftung Richard nicht lesen konnte, deren Farben jedoch ihren Inhalt verrieten – Cheerios, Wheat Honeys, Röstzwiebeln. Joan trat einen Schritt zurück und fuhr mit dem Zeigefinger Macks ganzen Schlips (ein sommerliches Schottenmuster) hinunter und beendete die Reise in der Nähe des Nabels mit einem leichten Stoß, der Zurückweisung oder auch Bedauern ausdrücken konnte. Sein Gesicht, blaß und schwammig im grellen vertikalen Licht, sah leicht amüsiert, aber auch entschlossen aus und bewegte sich zwei, drei Zentimeter auf das ihre zu. Die Szene hatte das faszinierende Zeitlupentempo von Unterwasserbewegungen, und zugleich etwas von der irren stummen Plötzlichkeit einer von der Straße aus wahrgenommenen Fernsehbildfolge. Judith kam ans Fenster oben, ohne ihren Vater zu bemerken, der im tiefen Schatten des Baumes stand. Sie trug ein Nachthemd aus zitronengelbem Tüll und kratzte sich unschuldig die Achselhöhle, während sie einen Nachtfalter beobachtete, der mit den Flügeln gegen ihr Fliegenfenster schlug; und auch das gab Richard das gewichtige, sein Herz bedrängende Gefühl, daß der stumme Akt des Zeugeseins ihn – wie ein Kind, das allein im Kino sitzt – dem verborgenen Wirken der Dinge gefährlich nahe gebracht hatte. In einem anderen Küchenfenster begann ein unbeachteter Teekessel zu dampfen und die Scheiben zu beschlagen. Joan sprach jetzt wieder; ihre vorgeschobenen Lippen schienen rasche kleine Brücken über eine schmaler werdende Kluft zu schlagen. Mack zögerte, zuckte mit den Schultern; sein Gesicht legte sich in Falten, als ob er französisch spräche. Joans Kopf schnellte zurück vor Lachen, und triumphierend warf sie den freien Arm nach vorn und war wieder in seiner Umarmung. Seine Hand, wie ein Stern auf ihrem schmalen Rücken ausgebreitet, schob sich nach unten, verschwand hinter der Kante der Arbeitsfläche aus Kunststoff, und lag nun vermutlich auf ihrem Hintern.

Richard schlurfte so laut wie möglich die Betonstufen hinunter und stieß mit dem Fuß die Küchentür auf, um ihnen Zeit zu geben, auseinanderzugehen, bevor er eintrat. Vom anderen Ende der Küche her, kleiner als Kinder, sahen sie ihn mit verschwommenen, leeren Gesichtern an. Joan stellte den dampfenden Kessel ab, und Mack trottete auf ihn zu, um die Zigaretten zu bezahlen. Nach der dritten Martini-Runde löste sich die Befangenheit, und Richard sagte, die anklagende Heiserkeit seiner Stimme genießend: „Stellt euch mein Unbehagen vor. Krank, wie ich bin, gehe ich in die unfreundliche Nacht hinaus, um für meine Frau und meinen Gast Zigaretten zu besorgen, damit sie die Luft verschmutzen und den ohnehin schon ernsten Zustand meiner Bronchien noch verschlimmern können, und als ich durch den Garten zurückkomme, was sehe ich da? Die beiden inszenieren das *Kamasutra* in meiner eigenen Küche. Es war, als sähe man einen Pornofilm, dessen Darsteller man kennt."

„Wo siehst du heutzutage Pornofilme?" fragte Joan.

„Pah, Dick", sagte Mack einfältig und rieb sich die Hüften in einer schnellen, bügelnden Bewegung. „Bloß ein brüderlicher Kuß. Eine brüderliche Umarmung. Ein uneigennütziger Tribut an den Charme deiner Frau."

„Wirklich, Dick", sagte Joan, „ich finde es schockierend und gemein von dir, draußen herumzulungern und in deine eigenen Fenster zu spähen."

„Herumzulungern! Ich war starr vor Entsetzen. Es war ein regelrechtes Trauma. Meine erste Ur-Szene." Ein tiefes Glücksgefühl dehnte ihn von innen her; die Reichweite seiner Worte und seines Witzes kam ihm unermeßlich vor, und die beiden anderen waren wie Puppen, wie Homunculi, die er fest in seiner Hand hatte.

„Wir haben so gut wie nichts gemacht", sagte Joan und reckte den Kopf, als sei sie über all das erhaben; die Anspannung ließ die schöne Linie ihres Unterkiefers deutlich hervortreten, ihre Lippen schmollten.

„Oh, ich bin überzeugt, daß ihr nach euren Maßstäben kaum angefangen hattet. Ihr habt den möglichen Reichtum an Koitusstellungen kaum erst ausprobiert. Habt ihr gedacht, ich würde nie zurückkommen? Habt ihr meinen Drink vergiftet, und ich bin zu zäh zum Sterben, wie Rasputin?"

„Dick", sagte Mack. „Joan liebt dich. Und wenn ich einen Mann liebe, dann dich. Joan und ich haben die Sache schon vor Jahren ausgefochten und beschlossen, nur gute Freunde zu sein."

„Komm mir nicht irisch, Mack Dennis. ‚Wenn ich einen Mann liebe, dann dich!' Verschwende keinen Gedanken an mich, Junge. Denk lieber an die arme Eleanor da hinten, wie sie auf die Scheidung von dir wartet und Tag für Tag auf diesen Gäulen rumhopst und Karten spielt, bis sie schwarz und blau wird..."

„Laßt uns essen", sagte Joan. „Du hast mich so nervös gemacht, daß ich das Roastbeef wahrscheinlich zu lange gebraten habe. Wirklich, Dick, ich finde, du kannst dich nicht damit entschuldigen, daß du jetzt versuchst, es ins Lächerliche zu ziehen."

Am nächsten Tag wachten die Maples verbittert und verkatert auf. Mack war bis zwei geblieben, um sich zu vergewissern, daß keinerlei Groll mehr bestand. Joan spielte am Sonnabendmorgen gewöhnlich mit anderen Damen Tennis, während Richard sich um die Kinder kümmerte; heute schon in weißen Shorts und Tennisschuhen, zögerte sie ihren Aufbruch hinaus, um zu streiten. „Es ist wirklich schrecklich von dir", sagte sie zu Richard, „daß du versuchst, Mack und mir etwas anzudichten. Was willst du damit vertuschen?"

„Meine liebe Mrs. Maple, ich *sah* es", sagte er, „ich *sah* durch meine eigenen Fenster, wie du eine sehr überzeugende Darstellung einer weiblichen Spinne, die sich den Unterleib kitzeln läßt, gabst. Wo hast du gelernt, so mit deinem Kopf zu flirten? Es war besser als Handpuppen."

„Mack küßt mich immer in der Küche. Es ist eine Angewohnheit, es hat nichts zu bedeuten. Du weißt selbst, wie sehr er Eleanor liebt."

„So sehr, daß er sich von ihr scheiden läßt. Seine Ergebenheit grenzt an Donquichotterie."

„Die Scheidung ist ihre Idee, das weißt du. Er ist ein armer Kerl. Er tut mir leid."

„Ja, das habe ich gesehen. Du warst wie das Rote Kreuz bei Verdun."

„Ich wüßte ja nur gern, warum du dich so freust."

„Ich mich freuen? Ich bin vernichtet."

„Du bist entzückt. Betrachte dir dein Lächeln im Spiegel."

„Du bist so unglaublich verstockt, daß ich schon annehme, es kann nur Ironie sein."

Das Telefon klingelte. Joan nahm den Hörer ab und sagte „Hallo", und Richard hörte das Klicken durch den ganzen Raum. Joan legte den Hörer wieder auf und sagte zu ihm: „Aha. Sie dachte, ich wäre schon fort, zum Tennisspielen."

„Wer ist sie?"

„Das mußt du mir sagen. Deine Geliebte. Deine Liebhaberin."

„Es war bestimmt dein Liebhaber, und irgend etwas in deiner Stimme hat ihn gewarnt."

„Geh doch zu ihr!" schrie Joan plötzlich, in einem Ausbruch der gleichen trotzigen Energie, mit der sie an anderen verkaterten Vormittagen Berge von Hausarbeit bewältigte. „Geh zu ihr wie ein Mann und hör endlich auf, mich in etwas hineinzumanövrieren, was ich nicht verstehe! Ich habe keinen Liebhaber! Ich habe mich von Mack küssen lassen, weil er einsam und betrunken war! Hör endlich auf, mich interessanter zu machen, als ich bin! Ich bin nur eine völlig erledigte Hausfrau, die mit ein paar anderen abgespannten Frauen Tennis spielen möchte!"

Schweigend holte Richard aus dem Sportsachenschrank ihren Tennisschläger, der vor kurzem neu mit Naturdarm bespannt worden war. Er trug ihn mit dem Mund, wie ein Hund, der einen Stock apportiert, und legte ihn vor ihrem Tennisschuh ab. Richard, ihr älterer Sohn, ein sehniger Neunjähriger, der zur Zeit wie ein Besessener Batman-Karten sammelte, kam ins Wohnzimmer, wurde Zeuge dieser Pantomime und lachte, um seine Angst zu verbergen. „Dad, kann ich meine fünf Cent fürs Leeren der Papierkörbe haben?"

„Mommy geht Tennis spielen, Dickie", sagte Richard und leckte den salzigen Geschmack des Tennisschlägers von seinen Lippen. „Wollen wir alle zusammen zum Fünf-Cent-Shop gehen und ein Batmobil kaufen?"

„Yippee", sagte der kleine Junge mit matter Stimme und sah mit großen Augen zwischen seinen Eltern hin und her, als ob der Abstand zwischen ihnen plötzlich verräterisch geworden wäre.

Richard ging mit den Kindern in den Fünf-Cent-Shop, auf den Spielplatz und mittags zu einem Kiosk, wo es Hamburger gab. Diese unschuldigen Unternehmungen verwandelten die Rückstände von Alkohol und Trägheit in wohlige Mattigkeit, so rein wie der Schlaf kleiner Kinder. Höflich nickte er, als sein Sohn ihm eine unendliche Geschichte erzählte: „... und dann, weißt du was, Dad, dann hatte der Pinguin einen Schirm, aus dem Rauch herauskam, das war toll, und dann waren da diese beiden anderen Kerle mit den komischen Masken in der Bank und ließen sie mit Wasser vollaufen, ich weiß nicht warum, damit sie auseinanderplatzte oder so, und Robin kletterte über diese rutschigen Stapel von halben Dollars, oder was das war, um von dem Wasser wegzukommen, und dann, weißt du was, Dad ..."

Wieder zu Hause, zerstreuten sich die Kinder in der Nachbarschaft, wobei sie der gleichen geheimnisvollen Strömung folgten, die an anderen Tagen den Garten hinter dem Haus mit unbekannten Bengeln füllte. Joan kam schweißglänzend und mit staubbedeckten Fußknöcheln vom Tennis zurück. Ihr Körper schwamm im rosigen Nachglühen der Anstrengung. Er schlug vor, sie sollten ein Mittagsschläfchen machen.

„Nur ein Schläfchen", sagte sie warnend.

„Natürlich", sagte er. „Ich habe meine Geliebte auf dem Spielplatz getroffen, und wir haben einander auf dem Abenteuerspielplatz befriedigt."

„Marlene und ich haben Alice und Liz geschlagen. Von den dreien kann es keine gewesen sein, sie haben eine halbe Stunde auf mich gewartet."

Im Bett – die Jalousien seltsamerweise gegen den hellen Nachmittag heruntergezogen, in einem Glas abgestandenen Wassers stiegen verstohlen Lichtblasen auf – fragte er sie: „Du glaubst, ich möchte dich interessanter machen, als du bist?"

„Natürlich. Du langweilst dich. Du hast mich und Mack absichtlich allein gelassen. Es war ganz und gar untypisch für dich, mit einer Erkältung rauszugehen."

„Es ist traurig, dich in Gedanken ohne einen Liebhaber zu sehen."

„Tut mir leid."

„Du bist trotzdem ganz schön interessant. Hier, und hier, und hier."

„Ich sagte doch: nur ein Schläfchen."

Im oberen Flur, jenseits der geschlossenen Schlafzimmertür, klingelte das Telefon. Nach viermaligem Klingeln – eisige Speere, von fern her geschleudert – hörte es auf; niemand war an den Apparat gegangen. Es entstand eine ratlose Pause. Dann ein zögerndes, fragendes *Ping*, als ob jemand im Vorübergehen an den Tisch gestoßen wäre, dem eine entschlossene Serie folgte, schrille Töne, gebieterisch und klagend, die erst nach dem zwölftenmal aufhörten; dann wurde am anderen Ende der Leitung aufgelegt.

Fjodor M. Dostojewski
Die fremde Frau und der Ehemann unter dem Bett

I

„Haben Sie die Güte mein Herr, und gestatten Sie die Frage ..."

Der Vorübergehende zuckte zusammen und blickte ein wenig erschrocken einen Herrn in einem Waschbärpelz an, der ihn so ohne weiteres gegen acht Uhr abends auf der Straße anredete. Bekanntlich pflegt jeder Petersburger zu erschrecken, wenn ihn ein Unbekannter auf der Straße plötzlich anredet, auch wenn dieser es noch so höflich tut.

Also der Vorübergehende zuckte zusammen und erschrak ein wenig. „Verzeihen Sie, daß ich Sie belästige", fuhr der Herr im Waschbärpelz fort, „aber ich ... ich, wirklich, ich weiß nicht ... Sie werden mich, hoffe ich, entschuldigen ... wie Sie sehen, bin ich ein wenig aus der Fassung gebracht ..."

Da erst gewahrte der junge Mann in der Pekesche, daß der Herr im Waschbärpelz allerdings nichts weniger als gefaßt aussah. Sein runzliges Gesicht war reichlich blaß, seine Stimme unsicher, seine Gedanken offenbar in Verwirrung und die Worte gingen ihm nicht recht von der Zunge, kurz: man sah ihm an, daß es ihn eine schreckliche Überwindung kostete, sich mit einer Bitte an eine dem Rang und der gesellschaftlichen Stellung nach augenscheinlich unter ihm stehende Persönlichkeit zu wenden. Hinzu kam noch, daß diese Bitte an und für sich höchst peinlicher Art war, und von einem Herrn, der einen so soliden Pelz, einen so tadellosen dunkelgrünen

Frack und so bedeutsame Abzeichen auf diesem Frack trug, zum mindesten befremdend erscheinen mußte. Alles dessen war sich der Herr im Waschbärpelz auch vollkommen bewußt; das verwirrte ihn denn auch so sehr, daß er seinen eigenen Gefühlen nicht widerstehen konnte, seine Aufregung, so gut es ging, niederrang und kurz entschlossen der peinlichen Szene, die er selbst heraufbeschworen hatte, ein Ende machte.

„Entschuldigen Sie, ich war mir meiner Handlungsweise nicht ganz bewußt. Aber Sie kennen mich ja nicht, ich... Verzeihen Sie, daß ich Sie belästigt habe; ich habe es mir anders überlegt..."

Damit lüftete er den Hut und entfernte sich schnell.

„Aber ich bitte Sie, ich stehe gern zu Diensten..."

Doch der kleine Herr im Waschbärpelz war bereits in der Dunkelheit verschwunden, und dem jungen Mann blieb nichts anderes übrig, als ihm nur noch verdutzt nachzusehen.

‚Was für ein Sonderling!' dachte der Herr in der Pekesche. Dann, nachdem er sich, wie es nur natürlich war, gewundert hatte und die Verwunderung schon zu vergessen begann, fiel ihm wieder seine eigene Sorge ein, worauf er von neuem auf der Straße auf und ab zu gehen anfing, ohne dabei das Portal eines vielstöckigen Miethauses aus dem Auge zu lassen. Es wurde neblig, und das freute den jungen Mann, denn im Nebel mußte sein unermüdliches Hin- und Hergehen weniger auffallen, obgleich es vielleicht nur einem müßigen Droschkenkutscher, der vergeblich auf Fahrgäste wartete, auffallen konnte.

„Verzeihung!"

Der auf und ab Wandelnde fuhr wieder zusammen. Derselbe Herr im Waschbärpelz stand abermals vor ihm.

„Entschuldigen Sie, daß ich nochmals ...“, begann dieser von neuem, „aber Sie ... Sie sind ganz gewiß ein Ehrenmann! Beachten Sie mich weiter nicht ... ich meine: als Person, das heißt: im gesellschaftlichen Sinn ... Übrigens war es nicht das, was ich sagen wollte. Aber ... fassen Sie es menschlich auf ... vor Ihnen, mein Herr, steht ein Mensch, der sich mit einer dringenden Bitte an Sie wenden muß ...“

„Wenn es in meiner Macht steht ... Um was handelt es sich denn?“

„Sie denken vielleicht, daß ich Sie um Geld bitten will!“ Der geheimnisvolle Herr verzog den Mund zu einem Lächeln, erblaßte und lachte hysterisch auf.

„Aber ich bitte Sie ...“

„Nein, ich sehe, daß ich Ihnen lästig falle! Verzeihen Sie, aber ich kann mich selbst nicht ertragen! Betrachten Sie mich als einen Unzurechnungsfähigen, einen fast Wahnsinnigen, aber denken Sie nicht –“

„Aber zur Sache, zur Sache!“ unterbrach ihn der junge Mann, zwar in aufmunterndem Ton, aber doch mit merklich ungeduldigem Kopfnicken.

„Ah! Also, so sind Sie? Sie – ein so junger Mann – erinnern mich an das Wichtigste, ganz als wäre ich ein dummer Junge! Mein Gott, ich muß wirklich den Verstand verloren haben ... Als was erscheine ich Ihnen jetzt in meiner Erniedrigung? Sagen Sie es aufrichtig!“

Der junge Mann blickte ihn ein wenig betreten an, sagte jedoch nichts.

„Erlauben Sie, daß ich Sie ganz offen frage: haben Sie hier eine Dame gesehen? Darin besteht meine ganze Bitte an Sie!“ sagte schließlich der Herr im Waschbärpelz kurz entschlossen.

„Eine Dame?“

„Ganz recht, eine Dame.“

„Allerdings... aber ich muß gestehen, es sind so viele Damen hier vorübergegangen..."

„Ganz recht", unterbrach ihn der geheimnisvolle kleine Herr mit einem bitteren Lächeln. „Ich bin etwas zerstreut und verwirrt im Kopf; es war nicht das, was ich sagen wollte. Ich... ich wollte Sie nur fragen, ob Sie eine Dame in einem Fuchspelz, mit einer Kapuze aus dunklem Samt und einem schwarzen Schleier gesehen haben?"

„Nein, eine solche habe ich nicht gesehen... Nein, eine solche glaube ich nicht bemerkt zu haben."

„Ach, so! dann – entschuldigen Sie!"

Der junge Mann wollte nun seinerseits etwas fragen, doch der Herr im Waschbärpelz war bereits wieder verschwunden, und sein geduldiger Zuhörer konnte ihm wieder nur verdutzt nachsehen.

‚Ach, hol' ihn der Teufel!' dachte er schließlich bei sich, zog, offenbar geärgert, seinen Biberkragen fester um den Hals und nahm von neuem den unterbrochenen Spaziergang auf, ohne seine Vorsichtsmaßregeln zu vergessen oder das Portal des vielstöckigen Miethauses aus dem Auge zu lassen. Er ärgerte sich.

‚Weshalb kommt sie denn noch nicht?' dachte er. ‚Bald ist es acht Uhr!'

Da schlug die nächste Turmuhr auch schon acht.

„Ah, zum Teufel, das ist doch!..."

„Entschuldigen Sie!..."

„Verzeihen Sie, daß ich Sie so angefahren habe... Aber sie kamen mir so plötzlich vor die Füße, daß ich geradezu erschrak", entschuldigte sich der junge Mann, doch klang es diesmal fast schon unwirsch.

„Ich wende mich wieder an Sie. Natürlich muß es Ihnen seltsam erscheinen..."

„Haben Sie die Güte, sich ohne Umschweife zu erklären. Ich habe bis jetzt noch nicht erfahren können, was Sie eigentlich von mir wünschen..."

„Ah, Sie haben wohl wenig Zeit? Sehen Sie mal... ich werde Ihnen alles ganz offen erzählen, ohne ein überflüssiges Wort. Was soll ich tun! Die Umstände bringen bisweilen Menschen zusammen, die, was ihre Charaktere betrifft, im Grunde ganz verschieden sind... Doch ich sehe, Sie sind ungeduldig, junger Mann... Also, wie gesagt... übrigens weiß ich nicht einmal, wie ich mich ausdrücken soll! Kurz, ich suche eine Dame – Sie sehen, ich habe mich schon entschlossen, alles zu sagen. Ich muß, wie gesagt, unbedingt erfahren, oder feststellen, wenn Sie wollen, wohin diese Dame gegangen ist. Wer sie ist – das, denke ich, wird Sie nicht interessieren, junger Mann."

„Nun – und? Was weiter!"

„Weiter? Aber Ihr Ton ist ja recht... Das heißt: verzeihen Sie, vielleicht hat es Sie gekränkt, daß ich Sie ‚junger Mann' nannte... aber ich versichere Ihnen, ich habe nichts... mit einem Wort, wenn Sie mir einen unermeßlichen Gefallen erweisen wollten, dann also, wie gesagt, diese Dame... das heißt: ich will nur sagen, daß sie eine anständige Dame ist, aus der besten Familie, mit der auch ich bekannt bin... und da bin ich nun beauftragt... sehen Sie, ich habe selbst keine Familie..."

„Nun, und?"

„Also versetzen Sie sich in meine Lage, junger Mann! (Ach, wieder! Verzeihen Sie, bitte! Ich nenne Sie immer ‚junger Mann'!) Dabei ist jeder Augenblick kostbar... Stellen Sie sich vor: diese Dame... aber können Sie mir nicht sagen, wer hier in diesem Hause wohnt?"

„Ja... hier wohnen sehr viele."

„Allerdings, das heißt: Sie haben vollkommen recht", versetzte schnell der Herr im Waschbärpelz und er lachte kurz auf, wie um die Situation zu retten. „Ich sehe, daß ich mich zu ungenau ausgedrückt habe. Doch weshalb schlagen Sie einen solchen Ton an? Wie Sie sehen, gebe ich offenherzig zu, daß ich mich nicht ganz treffend ausgedrückt habe, so daß Sie, wenn Sie ein hochmütiger Mensch wären, mich auch schon zur Genüge erniedrigt gesehen hätten... Ich sage Ihnen, eine Dame von anständigem Lebenswandel, das heißt: nur ‚leichten Inhalts'... Verzeihen Sie, ich bin so verwirrt. Ich rede ja, als spräche ich über Literatur!... Da hat man sich nämlich jetzt eingeredet, daß Paul de Kocks Romane ganz leichten Inhalts seien, während doch bei seinen Romanen das ganze Malheur... wie gesagt... nun eben..."

Der junge Mann blickte mitleidig den Herrn im Waschbärpelz an, der sich schließlich rettungslos verwirrt hatte und ihn mit sinnlosem Lächeln ansah, während seine bebende Hand ohne jeden sichtbaren Grund immer wieder nach dem Aufschlag der Pekesche des anderen griff.

„Sie fragen, wer hier wohnt?" fragte der junge Mann, ein wenig zurückweichend.

„Ja, Sie haben ja schon gesagt, hier wohnen viele."

„Hier... hier wohnt, wie ich zufällig weiß, unter anderen Ssófja Osstáfjewna", sagte der junge Mann flüsternd und sogar mit einem gewissen Mitgefühl.

„Nun sehen Sie, sehen Sie! Sie wissen unbedingt etwas Näheres, junger Mann!"

„Ich versichere Ihnen: nein, ich weiß nichts... Ich habe nur so kombiniert, so nach Ihrem verstörten Aussehen..."

„Ich... ich habe soeben erst von der Köchin erfahren, daß sie in dieses Haus hier geht. Sie sind aber in Ihrer Vermutung fehlgegangen, ich will sagen, sie ist nicht zu Ssófja Osstáfjewna gegangen... sie kennt sie ja gar nicht..."

„Nicht? Dann entschuldigen Sie …“

„Man sieht, daß Sie das alles nicht interessiert, junger Mann“, bemerkte der seltsame Herr mit bitterer Ironie.

„Hören Sie mal“, begann der junge Mann und stockte, „ich … kenne allerdings nicht die Ursache Ihrer gegenwärtigen … Verfassung, aber sagen Sie doch offen: Sie sind wohl hintergangen worden, nicht?“

Und der junge Mann lächelte ermunternd.

„… Wir werden uns dann wenigstens schneller verstehen“, fügte er lächelnd hinzu, und seine ganze Gestalt verriet offensichtlich die großmütige Bereitwilligkeit, sogleich eine leichte Verbeugung zu machen.

„Sie vernichten mich! Aber wissen Sie … ich gestehe Ihnen ganz offen: Sie haben vollkommen erraten, um was es sich … Aber wem kann das nicht passieren! … Ihre Teilnahme rührt mich tief. Unter jungen Leuten, nicht wahr, das werden Sie doch zugeben … Übrigens bin ich ja nicht mehr ganz jung, aber, wissen Sie, die Gewohnheit, das Junggesellenleben, wie gesagt, unter uns Junggesellen ist es bekanntlich, wie Sie wissen …“

„Oh, versteht sich, selbstverständlich! Doch womit kann ich Ihnen nun dienen?“

„Ja, sehen Sie! Sie werden zugeben, daß ein Besuch bei Ssófja Osstáfjewna … Übrigens weiß ich noch nicht einmal genau, zu wem sich jene Dame begeben hat; ich weiß nur, daß sie sich in diesem Hause befindet. Als ich Sie nun hier auf und ab gehen sah – ich selbst spazierte dort auf jener Seite –, dachte ich, wie gesagt … Sehen Sie, ich erwarte nämlich diese Dame … ich weiß, daß sie hier ist. Da wollte ich nun mit ihr zusammentreffen und ihr erklären, ihr vernünftig auseinandersetzen, wie wenig anständig, wie schändlich … mit einem Wort, wie gesagt – Sie verstehen mich …“

„Hm! Nun, und?“

„Ich tue es ja gar nicht für mich! Denken Sie das nur nicht etwa ... O nein! Das ist eine ganz fremde Frau! Der Mann steht dort auf der Wosnessénskij-Brücke; er möchte sie hier überrumpeln, kann sich aber nicht entschließen ... Er glaubt eben noch nicht, wie jeder Gatte ...“ Hier machte der Herr im Waschbärpelz wieder einen Versuch, zu lächeln. „Ich bin nur sein Freund. Und nicht wahr, Sie werden doch zugeben, daß ich als Mensch, der sich sozusagen einer gewissen allgemeinen Achtung erfreut, nicht wohl derjenige sein kann, für den Sie mich zu halten offenbar geneigt sind – das ist doch klar!“

„Selbstverständlich. Nun, und?“

„Also, wie gesagt, ich bin hier auf der Lauer, ich bin beauftragt – Sie verstehen ... Der arme Mann! Aber ich weiß, daß die listige junge Frau – ewig hat sie einen Paul de Kock unter ihrem Kopfkissen! – ich bin überzeugt, daß sie es doch verstehen wird, irgendwie unbemerkt durchzuschlüpfen ... Mir hat nämlich, offen gestanden, nur die Köchin gesagt, daß sie hierher in dieses Haus zu gehen pflege, und da bin ich denn wie von Sinnen hergestürzt, kaum daß sie es ausgesprochen hatte. Ich will ihrer habhaft werden, ich muß es, koste es, was es wolle! Ich habe ja schon längst Verdacht geschöpft. Deshalb wollte ich Sie fragen – Sie gingen ja hier auf und ab – Sie ... Sie ... ich weiß nicht, wie ich ...“

„Ja, *was* denn? Was wünschen Sie zu wissen?“

„Ja ... ja ... Ich ... ich habe leider nicht das Vergnügen, Sie zu kennen, und, offen gestanden, ich wage auch gar nicht, eine solche Neugierde zu bekunden, zum Beispiel ... ich meine ... wer und was ... und weshalb ... Jedenfalls aber werden Sie erlauben, daß wir uns, wie gesagt ...“

Und der bebende Herr im Waschbärpelz ergriff die

Hand des jungen Mannes und schüttelte sie kräftig und mit glühender Aufrichtigkeit.

„Freut mich, freut mich! das hätte ich eigentlich sogleich tun sollen“, fuhr er erregt fort, „aber man ist mitunter so zerfahren, daß man alles vergißt!“

Der Herr konnte vor Unruhe keinen Augenblick mehr still stehen, blickte nach links, nach rechts, trat von einem Fuß auf den anderen, fast zappelnd vor Ungeduld, und griff, wie ein Ertrinkender nach dem Strohhalm, fortwährend nach einem Knopf oder einem Aufschlag der Pekesche des jungen Mannes.

„Sehen Sie mal“, fuhr er fort, „ich wollte mich in aller Freundschaft an Sie wenden (verzeihen Sie die Freiheit!), und wollte Sie bitten: könnten Sie nicht dort in jener Straße, an der anderen Seite des Hauses, wo sich der hintere Ausgang befindet, promenieren, so, wissen Sie, hin und her? Und ich – ich würde dann dasselbe tun, bloß hier, vor dem Haupteingang, damit sie nicht unbemerkt durchschlüpfen kann – verstehen Sie? Ich fürchte nämlich die ganze Zeit, sie könnte vielleicht doch unbemerkt durchschlüpfen. Das aber darf auf keinen Fall geschehen. Und Sie, sobald Sie sie erblicken – Sie rufen mich dann schnell! Schreien Sie und halten Sie sie auf... Aber was sage ich! ich bin ja verrückt! Jetzt erst begreife ich die ganze Dummheit und Unanständigkeit meines Vorschlags!“

„Nein, wieso! Ich bitte Sie! ...“

„Nein, nein, versuchen Sie nicht, mich zu entschuldigen. Ich bin unzurechnungsfähig, ich... ich kann meine Gedanken nicht mehr zusammenhalten! Das ist mir so noch nie passiert! Es ist, als hätte ich mein Todesurteil vernommen! Ich will Ihnen sogar gestehen (ich bin ganz offen und ehrlich mit Ihnen, junger Mann!) ja, ich habe anfangs *Sie* für den Liebhaber gehalten!“

„Sie wollen also, einfach ausgedrückt, wissen, was ich hier tue?"

„Aber mein Bester, Verehrtester, der Gedanke sei mir fern, daß *Sie* der Betreffende sein könnten! Es sei, wie gesagt, fern von mir, Sie auch nur in Gedanken mit einem solchen Verdacht zu... Aber... aber können Sie mir Ihr Ehrenwort darauf geben, daß Sie kein Liebhaber sind?..."

„Nun, gut: mein Ehrenwort, daß ich zwar ein Liebhaber bin, aber nicht derjenige Ihrer Frau; andernfalls wäre ich jetzt nicht auf der Straße, sondern bei ihr, wie Sie wohl zugeben werden."

„Meiner Frau? Wer... wer hat Ihnen das gesagt, junger Mann? Ich bin unverheiratet, bin, wie gesagt, Junggeselle, ich... das heißt, nun ja... ich bin selbst ein Liebhaber..."

„Sie sagten, der Gatte... warte dort auf der Brükke..."

„Gewiß, gewiß – wenn ich es doch selbst gesagt habe? Aber sehen Sie, es gibt noch andere... Verwicklungen! Und Sie werden mir doch zugeben, junger Mann, daß eine gewisse Leichtfertigkeit, namentlich wenn sie beiden Charakteren eigen ist, das heißt, ich meine..."

„Schon gut, schon gut, aber um was..."

„Das heißt, ich bin durchaus nicht der Gatte..."

„Ganz recht, das haben Sie schon gesagt. Aber jetzt bitte ich Sie, nachdem ich Sie beruhigt habe, auch mir Ruhe zu gönnen, und damit Ihnen das leichter wird, verspreche ich Ihnen nochmals, Sie sogleich zu rufen. Jetzt aber werden Sie wohl die Güte haben, sich zurückzuziehen und mir den Weg gefälligst freizugeben. Ich warte nämlich gleichfalls."

„Oh, bitte, bitte, sofort, sofort werde ich mich entfernen! Ich kann Ihnen die leidenschaftliche Ungeduld Ihres

Herzens nur zu gut nachfühlen. Ich verstehe das, junger Mann. Oh, wie gut ich Sie jetzt verstehe!"

„Ja, was..."

„Auf Wiedersehen!... Übrigens, verzeihen Sie, junger Mann, ich komme schon wieder zu Ihnen... Ich weiß nicht, wie ich mich ausdrücken soll... Geben Sie mir noch einmal Ihr Ehrenwort, daß Sie nicht der Liebhaber sind!"

„Herr des Himmels!..."

„Nur noch eine Frage, die letzte: ist Ihnen der Familienname des Mannes Ihrer... das heißt, ich wollte sagen, derjenigen bekannt, für die Sie sich interessieren?"

„Selbstverständlich ist er mir bekannt; jedenfalls ist es nicht der Ihrige. Jetzt aber basta!"

„Aber woher kennen Sie denn meinen Namen?"

„Hören Sie, ich gebe Ihnen einen Rat: machen Sie, daß Sie davonkommen! So verlieren Sie nur Ihre Zeit, und sie kann inzwischen tausendmal unbemerkt aus dem Hause schlüpfen... Was wollen Sie denn noch? Die, die Sie suchen, ist in einem Fuchspelz und trägt eine Kapuze aus dunklem Samt, und die, die ich suche, hat einen karierten Umwurf und ein hellblaues Samthütchen... Was wollen Sie mehr?"

„Ein hellblaues Samthütchen! Aber sie hat ja gleichfalls einen karierten Umwurf und ein hellblaues Hütchen!" rief der lästige Herr bestürzt aus, der plötzlich wie angewurzelt vor dem jungen Manne stand.

„Ach, der Teufel! Na ja, das nennt man eben Zufall, mein Herr, so etwas kommt vor. Doch wozu rege ich mich auf! – Die, die ich erwarte, pflegt ja nicht dorthin zu gehen!"

„Aber wo ist sie denn jetzt – diejenige, die *Sie* erwarten?"

„Interessiert Sie das?"

„Offen gestanden, ich habe nichts anderes ..."

„Pfui, Teufel! Sie haben ja, weiß Gott, überhaupt kein Schamgefühl! Na, zum Kuckuck, ich will es Ihnen sagen: die, die *ich* erwarte, hat hier Bekannte in diesem Hause, im dritten Stock des Vorderhauses. So, und was wollen Sie jetzt noch wissen? Jetzt fehlte nur noch, daß Sie auch die Namen zu hören wünschen!"

„Mein Gott! Auch *ich* habe Bekannte im dritten Stock, hier im Vorderhaus ... General ..."

„General? ..."

„Jawohl, ein General. Ich kann Ihnen, wenn Sie wollen, auch sagen, wie die Familie heißt ... es ist die des Generals Polowízyn."

„Da haben wir's!... Das heißt, nein, die ist es nicht!" versetzte er schnell gefaßt (innerlich aber fluchte er ganz gotteslästerlich: ‚Ach, zum Teufel! da schlag' doch der Henker drein!').

„Nicht die?"

„Nein!"

Beide schwiegen plötzlich und starrten verständnislos einander an. „Na, zum ... was starren Sie mich denn so an?" fuhr plötzlich der junge Mann auf, ärgerlich die Starrheit von sich abschüttelnd.

Der Herr im Waschbärpelz wurde unruhig.

„Ich ... ich, offen gestanden ..."

„Nein, erlauben Sie mal, jetzt lassen Sie uns vernünftig reden. Die Sache geht uns beide an. Erklären Sie mir: wen haben Sie denn dort?"

„Das heißt, Sie meinen meine Bekannten?"

„Ja, Ihre Bekannten ..."

„Nun sehen Sie, sehen Sie! Ich sehe es ja Ihren Augen an, daß ich es erraten habe!"

„Teufel! Aber nein doch, nein! Zum Teufel! Sind Sie denn etwa blind? Ich stehe doch leibhaftig vor Ihnen, also kann ich doch nicht bei ihr sein. Aber jetzt reden Sie endlich! Übrigens hol's der Teufel, mir ist es schließlich auch gleichgültig, ob Sie reden oder nicht!"

Und der junge Mann drehte sich wütend auf dem Absatz um, schlug bezeichnenderweise mit der Hand durch die Luft und stampfte sogar mit dem Fuß auf.

„Ja, aber ich sage ja nichts, ich bitte Sie, ich bin ja gern bereit, Ihnen als einem Ehrenmann alles zu erzählen: anfangs ging meine Frau allein zu Polowízyns – sie ist mit ihnen verwandt, müssen Sie wissen – und ich ahnte natürlich nichts, das heißt: jeder Verdacht lag mir vollkommen fern. Gestern aber traf ich auf der Straße Seine Exzellenz: da mußte ich zu meiner Verwunderung vernehmen, daß sie bereits vor drei Wochen die Wohnung gewechselt hatten, meine Frau aber... das heißt, was sage ich! – nicht *meine* Frau, sie ist die Frau eines anderen – ihr Mann wartet, wie gesagt, dort auf der Wosnessénskij-Brücke. Also: diese Dame hat aber gesagt, daß sie noch vor zwei Tagen bei ihnen gewesen sei, und zwar hier in dieser Wohnung... Die Köchin wiederum erzählte mir, daß die Wohnung Seiner Exzellenz ein junger Mann, Bobýnizyn mit Namen, gemietet habe..."

„Ach, der Teufel! Das ist doch... Teufel noch eins!"

„Mein Herr, ich bin außer mir, ich bin entsetzt!"

„Ach, hol' Sie der Henker! Was geht das mich an, ob Sie außer sich sind oder nur entsetzt! Ach! Da, da schimmerte etwas Helles! Dort!... Sehen Sie?"

„Wo? wo? Rufen Sie nur ‚Iwan Andrejewitsch' und ich komme sofort..."

„Gut, gut... Teufel, so etwas ist mir bisher doch noch nicht vorgekommen! – Iwan Andrejewitsch!"

„Hier!" rief in diesem Augenblick der Gerufene und kehrte wie der Wind zurück, atemlos vor Schreck und Aufregung. „Was? was? wo?"

„Nein, diesmal rief ich nur so... ich wollte bloß wissen, wie diese Dame heißt?"

„Glaf..."

„Glafira?"

„Nein, nicht ganz so, nicht gerade Glafira... verzeihen Sie, aber ich kann Ihnen ihren Namen nicht nennen."

Der ehrenwerte Mann ward bei diesen Worten kreideweiß.

Simone de Beauvoir
Eine gebrochene Frau

Freitag, 26. November

In Gegenwart von Maurice habe ich jetzt immer das schreckliche Gefühl, vor einem Richter zu stehen. Er denkt Dinge von mir, die ich nicht erfahre; das macht mich schwindlig. Früher konnte ich ihm so ruhig in die Augen sehen, ja mehr noch, ich sah mich mit seinen Augen: ein Bild, das vielleicht sehr geschmeichelt war, in dem ich mich aber alles in allem wiedererkannte. Jetzt frage ich mich: Wen sieht er? Hält er mich für kleinlich, eifersüchtig, indiskret und sogar illoyal, weil ich mich hinter seinem Rücken nach Noëllie erkundige? Das ist ungerecht. Kann er denn nicht verstehen, daß ich beunruhigt bin und gern über sie Bescheid wissen möchte? Ich hasse Klatsch und Tratsch, und wenn ich mich trotzdem damit abgegeben habe, dann nur, weil ich es aus vielen Gründen für vertretbar hielt. Maurice hat den Vorfall übrigens mit keinem Wort mehr erwähnt; er benimmt sich tadellos. Aber ich spüre deutlich, daß er kein Vertrauen zu mir hat. Und manchmal glaube ich in seinen

Augen etwas zu lesen... nein, es ist eigentlich kein Mitleid, eher leichter Spott, würde ich sagen. (Dieser merkwürdige Blick, den er mir neulich zuwarf, als ich von meinem Abend mit Quillan erzählte!) Ja, es ist, als durchschaue er mich und finde mich rührend, aber auch ein wenig lächerlich. Gestern zum Beispiel: Ich hörte gerade Stockhausen, als Maurice ins Zimmer kam. „Ach, seit wann beschäftigst du dich mit moderner Musik?" fragte er in einem Ton, der irgendwie seltsam klang.

„Isabelle hat mir ein paar Platten geliehen, die sie besonders liebt."

„Sie liebt Stockhausen? Das ist ja ganz neu."

„Allerdings ist das neu. Es soll vorkommen, daß sich der Geschmack ändert."

„Und du? Magst du diese Musik?"

„Nein. Ich kann nichts damit anfangen."

Er lachte und gab mir einen Kuß; meine Offenheit schien ihn beruhigt zu haben. Dabei hatte ich das nur aus Berechnung gesagt. Mir war nämlich klargeworden, daß er wußte, weshalb ich diese Musik hörte, und folglich konnte ich nicht so tun, als gefiele sie mir, denn das hätte er mir niemals geglaubt.

Ergebnis: Ich wage nicht, ihm zu erzählen, was ich in letzter Zeit gelesen habe, obgleich ich einige dieser „neuen Romane" gar nicht schlecht finde. Er würde sich sofort einbilden, daß ich Noëllie den Rang ablaufen will. Wie kompliziert alles wird, wenn man dauernd Hintergedanken hat!

Lebhafte Auseinandersetzung mit Diana. Sie schwört beim Leben ihrer Kinder, niemals behauptet zu haben, daß sie von mir mit Erkundigungen beauftragt worden sei. Das müsse sich Noëllie aus den Fingern gesogen haben, meint sie. Allerdings gibt sie zu, daß sie zu einer Freundin gesagt hat: „Ja, im Augenblick interessiere ich mich sehr für Noëllie Guérard." Aber mit dieser Bemerkung hat sie ja mich in keiner Weise kompromittiert. Sehr geschickt ist sie trotzdem nicht vorgegangen. Ich habe sie gebeten, nichts mehr zu unternehmen. Nach ihrer Miene zu urteilen, war sie tief gekränkt.

Samstag, 27. November

Ich muß lernen, mich zu kontrollieren, mich genau zu beobachten, aber das entspricht so gar nicht meiner Natur. Früher handelte ich spontan, war offen und heiter; jetzt hingegen bin ich unruhig, bedrückt und voller Rachsucht. Vorhin – wir waren kaum mit dem Essen fertig – blätterte er in einer Zeitschrift. Bei Noëllie tut er das bestimmt nicht, dachte ich, und leider blieb es nicht beim Denken.

„Bei Noëllie würdest du das nicht tun", sagte ich heftig.

In seinen Augen blitzte es auf, aber er antwortete ruhig: „Ich wollte nur einen Blick auf diesen Artikel hier werfen. Reg dich doch nicht wegen jeder Lappalie auf."

„Ich kann nichts dafür. Mich regt eben alles auf."

Wir schwiegen eine Weile. Beim Essen hatte ich ausführlich erzählt, was tagsüber passiert war, und nun fand ich nichts mehr zu sagen.

„Hast du die *Briefe* von Wilde schon ausgelesen?" fragte er schließlich.

„Nein. Ich bin damit noch nicht weitergekommen."

„Du fandest sie doch so interessant..."

„Wenn du wüßtest, wie egal mir Wilde ist und wie wenig Lust ich habe, mit dir darüber zu sprechen."

Wieder schwiegen wir, bis ich aufstand und zum Plattenschrank ging. „Wollen wir uns nicht die Kantate anhören, die du neulich mitgebracht hast?"

„Gern."

Ich habe nicht lange zugehört. Plötzlich brach ich in Schluchzen aus. Die Musik war nur noch ein Alibi: Wir hatten uns nichts mehr zu sagen, denn von dem, was unser beider Gedanken so ganz in Anspruch nahm, wollte er ja nicht reden.

„Warum weinst du?" fragte er mit geduldiger Stimme.

„Weil ich dir lästig bin. Weil wir nicht mehr miteinander sprechen können. Du hast Schranken zwischen uns aufgerichtet."

„Nein, das bist du gewesen. Du mit deinem ewigen Gejammer."

Jeden Tag bringe ich ihn ein wenig mehr gegen mich auf. Ich will das gar nicht, und doch will ich es – besser gesagt, etwas in mir will es. Wenn er fröhlich und sorglos wirkt, denke ich sofort: Er macht sich's zu leicht. Und dann ist mir jeder Vorwand recht, seine Ruhe zu stören.

Montag, 30. November

Da ich mich wunderte, daß Maurice noch gar keine Pläne für unseren Winterurlaub gemacht hatte, fragte ich ihn gestern abend, als wir aus dem Kino kamen, wohin wir denn dieses Jahr fahren würden. Er wollte mich mit der Antwort abspeisen, darüber habe er noch nicht nachgedacht. Ich wurde mißtrauisch. (Neuerdings wittere ich förmlich, wenn etwas nicht stimmt. Übrigens ist das nicht weiter erstaunlich: Ich stoße ja überall auf Verdächtiges.) Als ich nicht lockerließ, sagte er schließlich sehr schnell, ohne mich anzusehen: „Wir fahren, wohin du willst, aber nimm bitte zur Kenntnis, daß ich einige Tage mit Noëllie in Courchevel verbringen werde."

Ich mache mich immer auf das Schlimmste gefaßt, und immer ist das, was geschieht, noch schlimmer als das, was ich erwartete.

„Wie viele Tage?" fragte ich.

„Zehn bis zwölf.“

„Und wie lange werden wir beide zusammen sein?“

„Ebenfalls zehn, zwölf Tage.“

„Also das geht zu weit! Ich soll die Hälfte unseres Urlaubs opfern, damit du …“ Die Wut drohte mich zu ersticken. Mühsam stieß ich hervor: „Habt ihr das gemeinsam beschlossen? Ohne mich zu fragen?“

„Nein, mit ihr habe ich noch gar nicht darüber gesprochen.“

„Dann laß es dabei. Sag ihr nichts und verzichte auf deinen Plan.“

„Ich brauche diese Tage mit ihr“, erwiderte er gelassen, aber ich hörte aus seinen Worten die kaum verhüllte Drohung heraus: Wenn du dich nicht fügst, wirst du in unserem Urlaub die Hölle auf Erden haben. Ich empfand Ekel bei dem Gedanken, daß ich auf diese Erpressung eingehen könnte. Schluß mit den widerlichen Konzessionen, die mich ohnehin nicht weiterbringen! Ich muß den Tatsachen ins Auge schauen: Hier handelt es sich nicht um ein flüchtiges Abenteuer. Er hat sein Leben zwischen Noëllie und mir aufgeteilt, und der bessere Teil ist nicht für mich bestimmt. Jetzt habe ich genug! Heute noch werde ich ihn vor die Wahl stellen. Sie oder ich.

Dienstag, 1. Dezember

Ich hatte mich also nicht getäuscht: Gegen mich war etwas im Gange. Wie ein Matador den Stier hat er mich ‚müde gemacht‘, bevor er ein rückhaltloses Geständnis ablegte. Ein verdächtiges Geständnis, das vielleicht nur ein Teil seines strategischen Manövers ist. Soll ich ihm glauben? Ich kann doch nicht acht Jahre lang blind gewesen sein. Hinterher hat er gesagt, es sei längst nicht alles wahr. Oder hat er gelogen, als er *das* sagte? Wo ist die Wahrheit? Gibt es sie überhaupt noch?

In welche rasende Wut habe ich ihn gebracht! War es wirklich so beleidigend, was ich ihm sagte? Wenn man in einem derartigen Zustand ist, läßt man sich leicht zu Äußerungen hinreißen, an die man sich nachher nicht mehr erinnert. Sicher ist allerdings, daß ich ihn kränken wollte. Es ist mir nur zu gut gelungen.

Dabei war ich sehr ruhig, als ich das Gespräch mit den Worten begann: „Ich will und kann nicht teilen. Du mußt dich entscheiden: sie oder ich."

Seine gequälte Miene war die eines Mannes, der sich sagt: Da haben wir's, das mußte ja kommen. Wie ziehe ich mich bloß aus der Klemme? Laut aber erwiderte er mit honigsüßer Stimme: „Ich bitte dich, hab doch ein Einsehen. Mute mir nicht zu, mit Noëllie zu brechen. Nicht jetzt."

„Doch, gerade jetzt. Mit dieser Geschichte muß endlich einmal Schluß sein, ich habe mir das schon viel zu lange mit angesehen." Ich blickte ihn herausfordernd an. „Nun, wer bedeutet dir mehr? Sie oder ich?"

„Du natürlich", antwortete er in unbeteiligtem Ton. Und er fügte hinzu: „Aber Noëllie bedeutet mir auch sehr viel."

Jetzt sah ich rot. „Gib's nur zu, in Wahrheit bedeutet sie dir alles! Bitte, dann geh doch zu ihr. Verlaß dieses Haus. Los, verschwinde! Nimm deine Sachen und mach, daß du fortkommst!"

Ich zerrte seinen Koffer aus dem Schrank, warf aufs Geratewohl Wäsche und Hemden hinein, riß Kleiderbügel von der Stange. Er packte mich am Arm. „Halt, hör auf!" Ich machte weiter. Ich wollte, daß er ging, ich wollte es wirklich, es war mir ernst damit. Weil ich nicht daran glaubte. Es war wie in einem schaurigen Psychodrama, wo man die Wahrheit spielt. Es ist die Wahrheit, aber man spielt sie.

„Geh doch zu ihr“, kreischte ich. „Geh zu diesem Frauenzimmer, dieser Intrigantin, dieser Winkeladvokatin!“

Er hielt meine Handgelenke wie in einem Schraubstock. „Nimm das sofort zurück.“

„Nein. Sie ist ein schmutziges Weibsbild. Sie hat dich mit Schmeicheleien gekapert. Nur aus Eitelkeit bist du auf sie hereingefallen. Du opferst unsere Liebe deiner Eitelkeit.“

„Sei still“, fuhr er mich an. Aber ich sprach weiter. Ich sprudelte alles hervor, was ich über Noëllie und auch über ihn dachte. Ja, jetzt fällt mir einiges wieder ein. Ich habe gesagt, er lasse sich bluffen wie ein Dummkopf, aber er sei ein Snob und ein Streber geworden, er sei nicht mehr der Mann, der einmal meine große Liebe war, früher habe er ein Herz gehabt und sich für seine Mitmenschen aufgeopfert, jetzt aber sei er ein kalter Egoist, den nur seine Karriere interessiere.

„Wer ist hier egoistisch?“ rief er, und nun hagelte es Beschuldigungen gegen mich. Egoistisch sei ich, ich allein, denn ich hätte von ihm den Verzicht auf seine Arbeit im Krankenhaus gefordert, ich hätte ihm ein Leben im Mittelmaß aufgezwungen, nur um ihn immer zu Hause zu haben, ich sei eifersüchtig auf seinen Beruf, ich wolle ihn geistig kastrieren ...

Ich stieß einen lauten Schrei aus und erinnerte ihn daran, daß er die Arbeit im Krankenhaus aus Liebe zu mir aufgegeben hatte. Ja, antwortete er, geliebt habe er mich wohl, aber auf eine so überstürzte Heirat sei er nicht versessen gewesen. Das Kind? Nun, da hätte man schon eine Lösung gefunden ...

„Schweig! Wir waren glücklich miteinander, sehr, sehr glücklich, und du hast oft gesagt, du lebtest nur für unsere Liebe.“

„Allerdings, denn einen anderen Lebenszweck hattest du mir ja nicht gelassen. Du bist nie auf den Gedanken gekommen, daß ich eines Tages darunter leiden würde. Und als ich dann von Simca fort wollte, hast du alles getan, um mich daran zu hindern."

Ich erinnere mich nicht mehr an den genauen Wortlaut der Sätze, aber sinngemäß spielte sich diese furchtbare Szene so ab. Er warf mir vor, daß ich herrschsüchtig sei und mir das Recht anmaßte, über ihn und über die Kinder zu bestimmen.

„Du hast Colette zu dieser idiotischen Heirat getrieben, und Lucienne ist nur ins Ausland gegangen, um dir zu entrinnen."

Außer mir vor Empörung, schrie ich ein zweites Mal auf und begann zu weinen. „Wie kannst du mich noch lieben, wenn du so schlecht von mir denkst?" fragte ich schluchzend.

Er schleuderte mir die Antwort förmlich ins Gesicht. „Ich liebe dich ja gar nicht mehr. Du hast mir in all den Jahren so viele Szenen gemacht, daß meine Liebe erloschen ist."

„Du lügst! Du lügst, weil du mir weh tun willst!"

„Nein, du belügst dich selbst. Ich will dir die Wahrheit sagen, da du sie angeblich so hoch schätzt. Und dann werden wir überlegen, wie es weitergehen soll."

Also: Seit acht Jahren liebt er mich nicht mehr und schläft mit anderen Frauen – mit der kleinen Pellerin, die er zwei Jahre behielt; mit einer südamerikanischen Patientin, von der ich noch nie etwas gehört habe; mit einer Krankenschwester aus der Klinik – und *seit achtzehn Monaten* mit Noëllie. Ich habe getobt und geheult, ich war am Rande eines Nervenzusammenbruchs. Er gab mir ein Beruhigungsmittel und sagte dann in verändertem Ton: „Hör zu, so ernst war das nicht gemeint.

Aber wenn du ungerecht bist, muß ich's eben auch werden."

Betrogen hat er mich, ja, das war keine Lüge. Aber er hat, wie er immer wieder beteuerte, niemals aufgehört, mich zu lieben. Ich war so schwach, daß ich ihn nur noch bitten konnte, mich allein zu lassen. Völlig gebrochen blieb ich zurück und versuchte immer von neuem, diese Szene zu verstehen und das Wahre vom Unwahren zu sondern.

Eine Erinnerung ist in meinem Gedächtnis aufgetaucht. Einmal, es mag drei Jahre her sein, kam ich nach Hause, ohne daß er mich hörte. Er telefonierte mit jemandem und lachte: dieses zärtlich vertrauliche Lachen, das ich so gut kenne. Die Worte konnte ich nicht verstehen; ich hörte nur die vertrauliche Zärtlichkeit in seiner Stimme. Die Erde tat sich auf: Ich war plötzlich in einem anderen Leben, einem Leben, in dem Maurice mich betrog und ich deswegen die grausamsten Qualen litt. Ich näherte mich mit lauten Schritten dem Zimmer.

„Wer war denn da am Telefon?" fragte ich.

„Eine unserer Schwestern."

„Du scheinst recht gut mit ihr befreundet zu sein."

„Ach, sie ist ein reizendes Mädchen, sehr nett und lustig", erwiderte er ohne die geringste Verlegenheit.

Und schon befand ich mich wieder in meinem Leben, an der Seite des Mannes, der mich liebte. Übrigens: Selbst wenn ich ihn mit einer anderen Frau im Bett gesehen hätte, ich wäre sicher gewesen, daß meine Augen mir einen Streich spielten. (Trotzdem ist die Erinnerung da, frisch, unversehrt, schmerzhaft.)

Er hat mit all diesen Frauen geschlafen, aber wurde seine Liebe zu mir dadurch beeinträchtigt? Und was ist Wahres an seinen Beschuldigungen? Über unsere Heirat und den Entschluß, die Stellung im Krankenhaus aufzugeben, haben wir damals lange und mit Bedacht gesprochen; daß es anders gewesen sei, hat er heute morgen zum erstenmal behauptet. Er hat Vorwürfe erfunden, um seine Weibergeschichten zu rechtfertigen: Wenn ich zu tadeln bin, ist seine Schuld nicht mehr so groß. Aber warum gerade diese Vorwürfe? Weshalb die grausamen Bemerkungen über mein Verhältnis zu den Kindern? Ich bin so stolz, daß sie gut geraten sind, jede in der Art, die ihrer Natur entspricht. Colette fühlte sich, genau wie ich, zu einem Leben als Ehefrau und Mutter berufen – weswegen hätte ich ihr Steine in den Weg legen sollen? Lucienne wollte auf eigenen Füßen stehen – ich habe sie nicht daran gehindert. Warum diese ungerechten, gehässigen Anklagen, mit denen Maurice mich überschüttet hat? Mein Kopf schmerzt, und ich bin nicht mehr imstande, einen klaren Gedanken zu fassen.

Colette, die ich anrief, kam sofort. Eben – es ist Mitternacht – hat sie mich verlassen. Das Gespräch mit ihr war gut für mich, war schlecht für mich, ich weiß nicht mehr, was gut für mich ist und was schlecht. Nein, ich war nicht anmaßend und herrschsüchtig; Colette hat mir wieder und wieder versichert, ich sei immer eine ideale Mutter gewesen, und wir, ihr Vater und ich, hätten eine wirklich harmonische Ehe geführt. Lucienne, sagte sie, habe wie so viele junge Leute das Familienleben als lästig empfunden, aber das sei nicht meine Schuld gewesen. (Die Schwierigkeiten, die ich mit Lucienne hatte, führt Colette auf einen „geradezu klassischen“ Ödipuskomplex zurück: Lucienne habe ihren Vater angebetet, und daraus könne man mir nun wirklich keinen Vorwurf machen.)

„Ich finde es widerlich von Papa, dir das zu sagen, was er gesagt hat“, erklärte Colette voller Entrüstung.

Aber sie war von jeher eifersüchtig auf Maurice, wegen Lucienne; deshalb ist sie so aggressiv, so bemüht, Fehler an ihm zu entdecken. Und so begierig, mich zu trösten. Lucienne mit ihrer strengen Sachlichkeit hätte mir besser raten können. Ich habe stundenlang mit Colette gesprochen und bin keinen Schritt weitergekommen.

Ich stecke in einer Sackgasse. Entweder ist Maurice ein Schuft – dann habe ich mir mein Leben verpfuscht, indem ich ihn liebte. Oder er hatte Gründe, sich von mir abzuwenden, so daß ich mich, ohne zu wissen, warum, als ein hassenswertes, verächtliches Geschöpf betrachten muß. Beide Möglichkeiten sind schrecklich.

Mittwoch, 2. Dezember

Isabelle glaubt – jedenfalls sagt sie es –, daß von dem, was Maurice zur Sprache brachte, nicht einmal ein Viertel ernst gemeint war. Daß er hinter meinem Rücken galante Abenteuer hatte, findet sie selbstverständlich. Sie hat ja schon immer behauptet, es sei für einen Mann unmöglich, zwanzig Jahre lang treu zu bleiben. Maurice, meint sie, hätte besser daran getan, mir seine Seitensprünge zu gestehen, aber er habe sich offenbar durch sein Treuegelöbnis gebunden gefühlt. Hätte er mich wirklich nur widerwillig geheiratet, so hätte ich das merken müssen, und wir wären nicht so glücklich miteinander gewesen. Isabelle rät mir, die ganze Geschichte zu vergessen. Ich sei im Vorteil, behauptet sie: Die Männer wählen immer den bequemsten Weg, und es ist nun einmal leichter und bequemer, bei der Ehefrau zu bleiben, als das Risiko eines neuen Lebens einzugehen. Auf Isabelles Zureden habe ich mich telefonisch bei einer alten Freundin von ihr angemeldet, einer Frauenärztin, die sich sehr gut mit Eheproblemen auskennt und mir vielleicht helfen kann. Vielleicht...

Maurcic behandelt mich seit Montag mit größter Aufmerksamkeit – wie immer, wenn er zu weit gegangen ist.

„Warum hast du acht Jahre lang eine Lüge aus unserer Ehe gemacht?“

„Ich wollte dir nicht weh tun.“

„Du hättest mir sagen müssen, daß du mich nicht mehr liebtest.“

„Aber das stimmt ja gar nicht! Du weißt doch, was man im Zorn alles zusammenredet. Du hast mir stets sehr viel bedeutet, und daran hat sich nichts geändert.“

„Ich kann dir unmöglich etwas bedeuten, wenn du auch nur die Hälfte von dem denkst, was du mir gesagt hast. Hältst du mich wirklich für eine unfähige Mutter?“

„Unfähig? Das wäre stark übertrieben.“

„Aber?“

„Ich habe dir immer wieder gesagt, du solltest die Kinder nicht so ängstlich behüten und umsorgen wie eine Glucke ihre Küken. Was hast du damit erreicht? Colette hat sich allzu willig von dir formen lassen, während Lucienne mit einem Antagonismus reagierte, der dich oft bekümmert hat.“

„Und der ihr schließlich doch geholfen hat, sich selbst zu finden. Sie ist mit ihrem Leben zufrieden, und Colette mit dem ihren auch. Was willst du mehr?“

„Ja, wenn sie wirklich zufrieden sind...“ Ich habe nichts weiter dazu gesagt. Er steckt voller Hintergedanken. Aber es gibt Antworten, die anzuhören ich nicht die Kraft hätte – folglich verzichte ich darauf, die Fragen zu stellen.

August Strindberg
Plädoyer eines Irren

Am Tag nach der Abreise weiß die ganze Hauptstadt, daß die Freifrau X. von einem Beamten der Königlichen Bibliothek entführt worden ist. Alles, was wir vorausgesehen, befürchtet und zu vermeiden gesucht hatten, um dem Verlust ihres Rufs vorzubeugen, war in einem Anfall von Schwäche zunichte geworden. Sie hatte alles verdorben, und jetzt lag es bei mir, für die Konsequenzen geradezustehen und die unglücklichen Folgen für ihre Theaterkarriere abzuwenden; diese waren um so ernster, als ihr nur eine einzige Bühne offenstand und gelockerte Sitten nicht gerade eine günstige Voraussetzung für ein Engagement am Königlichen Theater darstellten.

Am Morgen nach meiner Rückkehr mache ich also, um mir ein Alibi zu verschaffen, einen Besuch beim Chef der Bibliothek, der wegen einer leichteren Erkrankung zu Hause geblieben ist. Anschließend flaniere ich ein wenig durch die Hauptstraßen und gehe zur gewohnten Zeit zum Dienst. Am Abend besuche ich den Journalistenclub und verbreite die Neuigkeit von der Scheidung, die wegen der künstlerischen Ambitionen der Freifrau erfolgt sei; ich verkünde, die Sache sei völlig unschuldig, und bestätige das gute Einvernehmen der beiden Ehegatten, die sich ausschließlich aufgrund sozialer Vorurteile getrennt hätten.

Wenn ich geahnt hätte, wie ich mir mit diesen Gerüchten schaden würde, mit denen ich nur die Unschuld der Freifrau beweisen wollte, hätte ich gewiß… genauso gehandelt!

Die Zeitungen stürzen sich auf die Neuigkeit, aber die Öffentlichkeit stellt sich ungläubig angesichts einer solchen Liebe zur Kunst, denn zumindest bei Schauspielerinnen steht sie nicht besonders hoch im Kurs. Das verlassene Kind erweist sich als der wunde Punkt, und die Frauen wollen nicht auf den Köder anbeißen.

Unterdessen erreicht mich ein Brief aus Kopenhagen! Er ist ein einziger Verzweiflungsschrei! Voller Gewissensbisse und Sehnsucht nach ihrem Kind, befiehlt sie mir, sofort zu ihr zu reisen, weil die Verwandten sie quälen und, wie sie meint, im Zusammenspiel mit dem Freiherrn das für die Scheidung notwendige Aktenstück unterschlagen haben.

Ich weigere mich unverblümt zu fahren, und voller Wut schreibe ich einen drohenden Brief an den Freiherrn, der mir hochmütig antwortet, was einen entscheidenden Bruch herbeiführt.

Ein Telegramm, zwei Telegramme, und die Ruhe ist wiederhergestellt. Das fragliche Aktenstück findet sich wieder an, und der Prozeß nimmt seinen Fortgang.

Ich vertreibe mir die Abende mit detaillierten Anweisungen an sie, um ihre Sorge zu zerstreuen; ich rate ihr zu arbeiten, ihre Kunst zu studieren, ins Theater zu gehen, und, damit sie ein paar Nebeneinkünfte erhält, gelegentlich Korrespondenzen zu schreiben, die in einem angesehenen Blatt unterzubringen ich auf mich nehme.

Keine Antwort, und ich habe allen Anlaß zu glauben, daß meine wertvollen Ratschläge von diesem unabhängigen Geist in den Wind geschlagen worden sind.

Eine Woche ist vergangen, eine Woche voller Unruhe, Sorgen, Arbeit, als mich eines Morgens ein in Kopenhagen abgestempelter Brief im Bett überrascht.

Sie ist ruhig und guter Dinge; sie kann einen gewissen Stolz nicht verhehlen, daß es zwischen dem Freiherrn und mir zu einem Kampf unter Männern gekommen ist, und da wir ihr die beiden Briefe geschickt haben, kann sie sich ein Urteil bilden. Sie findet das Ganze stilvoll und bewundert meinen Mut. „Schade nur“, fügt sie hinzu, „daß zwei so harte Burschen nicht Freunde bleiben können!“ Dann erzählt sie mir von ihren Zerstreuungen. Sie amüsiere sich, pflege Umgang mit einem Kreis unbedeutender Künstler, was mir nicht sonderlich gefällt. Sie sei in Gesellschaft junger Herren ins Varieté gegangen, die ihr den Hof machten, und habe eine Eroberung gemacht – einen jungen Musiker, der aus künstlerischen Gründen seine Familie verlassen habe. Eine bemerkenswerte Parallele zu ihrem eigenen Schicksal! Dann folgen eine genaue Biographie des jungen Märtyrers und die Bitte (an mich), nicht eifersüchtig zu werden!

Was soll das? fragte ich mich. Der zugleich spöttische und herzliche Ton dieses Briefs verwirrt mich. Er scheint zwischen zwei Gläsern Wein geschrieben worden zu sein!

War es möglich, daß diese kalte und wollüstige Madonna zu den Frauen zählte, die von Geburt liederlich sind? Eine Kokette, eine Kokotte!

Ich halte ihr umgehend eine Standpauke, zeichne ein in kräftigen Farben gehaltenes Porträt von ihr, nenne sie eine Madame Bovary und beschwöre sie, aus diesem gefährlichen Traum am Rand der Gosse aufzuwachen!

Zur Antwort und zum Zeichen des höchsten Vertrauens schickt sie mir die Briefe des jungen Bewunderers. Liebesbriefe! Das gleiche alte Spiel mit Worten, Freundschaft, der unerklärlichen Sympathie der Seelen; das gesamte Repertoire abgenutzter alter Phrasen, deren auch wir uns bedient haben. Bruder und Schwester, kleine Mama, Kameraden und so weiter. Warme Decken, unter denen sich Verliebte verkriechen, um am Ende das Tier mit zwei Rücken zu spielen.

Es ist einfach unglaublich! Sie ist wahnsinnig, eine unbewußte Verbrecherin; sie hat nichts gelernt aus den harten Lektionen zweier entsetzlicher Monate, in denen die Herzen dreier Menschen auf glühenden Kohlen lagen! Und ich bin zum Sündenbock ausersehen, zum Lockvogel, zum Strohmann. Ich zerreiße mich, um ihr das ausschweifende Leben der Komödianten zu ermöglichen.

Was für ein neuer Schmerz! Was ich soeben angebetet habe, ist durch den Schmutz gezogen!

Da packt mich unsägliches Mitleid. Ich ahne, welche Zukunft dieser perversen Frau bevorsteht, und schwöre, sie wiederherzustellen, sie zu stützen und sie unter Aufbietung aller Kräfte vor einem fatalen Sturz zu bewahren.

Eifersüchtig! Dieses gemeine Frauenwort, um einen betrogenen Mann oder einen solchen, der kurz davor steht, in die Irre zu führen! Sie betrügt ihn, und beim ersten Anzeichen des Mißvergnügens von seiten des Mannes blendet sie ihn mit diesem Wort: eifersüchtig. Eifersüchtiger Mann, betrogener Mann. Und sich vorzustellen, daß es Frauen gibt, für die eifersüchtig gleich impotent ist, um damit den Mann zu umgarnen, so daß er die Augen schließt und gegen Beschuldigungen dieses Kalibers tatsächlich machtlos wird.

Nach vierzehn Tagen kehrt sie zurück! Niedlich, frisch, übersprudelnd; voller fröhlicher Erinnerungen, weil sie sich amüsiert hat! In ihrer aufsehenerregenden neuen Toilette aber finden sich Züge geschmackloser Extravaganz. Früher so einfach, fein und erlesen gekleidet, sieht sie jetzt wie eine Wahrsagerin aus!

Die Begegnung wird kühler, als wir uns vorgestellt haben. Und nach einem schrecklichen Schweigen kommt es zur Explosion.

Von der Bewunderung ihres neuen Freundes gestärkt, spielt sie die Stolze, macht sich lustig über mich, ärgert mich, und als sie ihr großartiges Kleid auf meinem zerschlissenen Sofa ausbreitet, greift sie zu einem erprobten Kniff. All unser Haß entlädt sich in einer heftigen Umarmung, die aber dennoch einen Rest von Zorn zurückläßt, der sich wiederum in niederträchtigen Vorwürfen entlädt. Entnervt von meiner maßlosen Leidenschaft, die ihrem trägen Naturell nicht paßt, fängt sie an zu weinen.

„Wie kannst du nur annehmen", schluchzt sie, „daß ich mit diesem jungen Mann spiele! Ich verspreche aber trotzdem, ihm niemals zu schreiben, obwohl mir das als Unhöflichkeit ausgelegt werden wird!"

Unhöflichkeit! Wieder eine ihrer Schmähungen! Ein Mann macht ihr den Hof, oder, mit anderen Worten, macht ihr Avancen, kommt ihr mit Vorschlägen, und sie akzeptiert das aus Furcht, unhöflich zu sein! Dieses Luder!

Wehe mir! Sie hat sich ein Paar neuer winziger Stiefel gekauft, und ich bin ihr auf Gnade und Ungnade ausgeliefert! Fluch über mich! Sie hat schwarze Strümpfe angezogen; ihre Wade ist fülliger geworden, und ihr Knie tritt weiß und lebendig zwischen den Leichentüchern hervor. Diese schwarzen Beine, die sich zwischen den üppigen Röcken hervorstehlen, haben eine teuflische Wirkung auf mich! Sie sind zwei mit Flor umwundene Trauerstäbe, die das Grab bewachen, in dem ich, koste es, was es wolle, Millionen meiner Lebenszellen beerdigen will, die Essenz meines Bluts.

Und um ohne Hemmungen in diese Mischung aus Himmel und Hölle eintreten zu können, schließe ich einen Pakt mit der Lüge. Ich bin dieser ewigen Befürchtungen überdrüssig und lüge. Nach gründlichen Recherchen in der Bibliothek habe ich Geheimnisse entdeckt, mit denen sich die Natur überspielen läßt. Ich rate ihr, zu nachträglichen Maßnahmen zu greifen, während ich mich zugleich auf einen organischen Fehler berufe, der mich zwar nicht unfruchtbar, aber doch weniger gefährlich mache. Am Ende glaube ich selbst daran, und sie läßt mir freie Bahn, so daß es meine Sache wird, für alle fatalen Konsequenzen geradezustehen.

Rosario Ferré
Wenn die Männer die Frauen lieben

Als du anfingst, alt zu werden, Ambrosio, hat sich das Schicksal zu meinen Gunsten gewendet. Du konntest nur Lust empfinden, wenn du mir zusahst, wie ich es mit diesen grünen Jungen trieb, die du mir die ganze Zeit daherbrachtest, und fingst an zu fürchten, daß sie sich heimlich mit mir träfen, daß sie mir mehr zahlten als du, daß ich dich eines Tages endgültig verlassen könnte. Da ließt du den Notar kommen und hast ein neues Testament verfaßt, in dem du deine Frau und mich zu gleichen Teilen begünstigt hast. Isabel la Negra blieb stehen, um die reich geschmückten Wände des Salons zu betrachten, und dachte, daß dieses Haus genau das Richtige sei für ihre neue Dancing Hall. Von heute an war Schluß mit den schäbigen Bumslokalen, den Dreiminutennummern für zehn Pesos, mit den Herrschaften, die kommen und gehen, und unsereins bleibt immer gleich bettelarm. Denn solang die Dancing Hall in der Vorstadt liegt, so supertoll sie auch sein mag, wird mir keiner mehr als zehn Pesos die Nacht zahlen wollen. Aber hier in diesem Haus und in dieser Wohngegend wäre es gleich etwas anderes. Da miet' ich mir ein paar junge Bräute, die mir helfen, und dann die Nummer für 50 Pesos, oder es spielt sich gar nichts ab. In diesem Haus ist's Schluß mit den ausgedienten Nutten, Schluß mit den trockenen Mösen, den abgenutzten Kitzlern, runzlig wie Orangenkerne oder entzündet wie Salzstreuer, Schluß mit dem Kobern auf Knutschkissen voll von Küchenschaben, Schluß mit dem Hast du Hunger, so heb' das Beinchen und lutsch dir einen ab, das hier wird einfach eine doppelte Knallhütte sein, und aus. Isabel Luberza war an Isabel la Negra herangetreten, ohne ein einziges Wort zu ihr zu sagen. Sie hatte die Arme ausgestreckt und ihr die Fingerspitzen auf die Wangen gelegt, betastete ihr Gesicht, als ob sie blind wäre. Jetzt nimmt sie mein Gesicht zwischen die Hände und küßt es ab, sie hat zu weinen begonnen. Verdammt, Ambrosio, du mußt ein Herz aus Stein gehabt haben, um sie derart leiden zu lassen. Jetzt nimmt sie meine Hände und starrt meine Fingernägel an, die ich immer mit Cherries Jubilee lackiere. Zu meiner Überraschung bemerke ich, daß ihre Nägel in derselben Farbe lackiert sind wie meine.

Am Anfang, Ambrosio, konnte ich nicht verstehen, wieso du, als du starbst, Isabel la Negra die Hälfte deiner gesamten Erbschaft hinterlassen hast, die Hälfte dieses Hauses, wo du und ich so glücklich gewesen waren. Am Tag nach dem Begräbnis, als ich merkte, daß der ganze Ort Bescheid wußte, daß sie mich nach Strich und Faden durch den Kakao zogen und jedes Wort genossen, das ihnen wie eine frisch geschälte, schutzlose Weintraube in den Mund fiel, spazierte ich durch die Straßen und wünschte allen den Tod auf den Hals. Es war damals, als sich alles zu ändern begann. Isabel la Negra ließ die Hütte abreißen, wo du sie immer besucht hattest, und baute mit deinem Geld ihre Dancing Hall. Da dachte ich daran, wieviel sie uns doch zuletzt bedeutet hatte, den Inbegriff all unserer Liebe, und ich konnte nicht akzeptieren, was dann aus ihr geworden war.

Denn der heilige Paulus sagt es klipp und klar, Ambrosio, es ist etwas anderes, ob man den Ehebruch mit Bescheidenheit und Maßen ausübt oder vor aller Augen ein Kuppelgewerbe aufzieht, ein Bumslokal mit Wurlitzer und Neonlicht. Klipp und klar sagt er es in seinem Brief an die Korinther, wenn eine Frau einen untreuen Mann hat, der mit Frauen fremdgeht, so ist es besser, wenn er bei einer Dirne bleibt als bei vielen. Und die Frau ihrerseits, wenn sie ihren Pflichten als Gattin und Mutter unterworfen bleibt, ihr strahlendweißes Fleisch kasteit, ihre Wurzeln im Leiden eintaucht wie am Ufer eines stillen Sees, verströmt einen unsagbaren Duft, einen jungfräulichen Hauch, der gen Himmel steigt und unserem Herrn unendlich Wohlgefallen bereitet.

Die ersten Jahre unserer Ehe, als ich hinter die Beziehung kam, die zwischen ihr und dir bestand, glaubte ich mich die unglücklichste aller Frauen. Vor lauter Weinen sah es aus, als hätte man mir Coramin in die Augenlider injiziert, die mir wie rote Fische über den Augäpfeln zitterten. Wenn du mein Haus betratst und von ihrem kamst, wußte ich es sofort. Ich erkannte es an deiner Art, wie du mir die Hand auf den Nacken legtest, an deiner trägen Art, deine Augen über meinen Körper gleiten zu lassen wie zwei satte Fliegen. Dann mußte ich besonders achtgeben auf meine Atlasunterröcke und meine französische Spitzenunterwäsche. Es war, als ob du von der Erinnerung an sie geritten würdest, als ob sie dir mit Armen und Beinen zusetzte und dich erbarmungslos aufpeitschte. Ich legte mich dann ins Bett und ließ es über mich ergehen. Aber immer behielt ich die Augen weit offen, über deine Schultern hinweg, die sich ein ums andere Mal niederbeugten, in der Anstrengung, sie nicht aus den Augen zu verlieren, damit sie nicht glauben sollte, ich würde mich ihm hingeben, nicht einmal aus Versehen.

Da beschloß ich, dich mit anderen Mitteln zu erobern, mit Hilfe dieser uralten Weisheit, die ich von meiner Mutter geerbt hatte und meine Mutter wieder von der ihren. Ich begann täglich die Serviette in den silbernen Serviettenring neben deinem Teller zu stecken, Tropfen von Zitronensaft in dein Wasserglas zu geben, persönlich deine Wäsche auf heißen Zinkplatten in die Sonne zu legen. Auf dein Bett legte ich die Leintücher, die noch lauwarm von der eingesaugten Sonne waren, weiß und weich unter der Handfläche wie eine gekalkte Mauer, breitete sie immer verkehrt aus, um sie dann auf die richtige Seite zu falten, damit sie dich so, wenn du dich schlafen legtest, ergötzen sollten, indem sie eine verschwenderische Fülle von Rosen und Schmetterlingen in allen Farbtönen entfalteten, die liebevollen Fäden im zartesten Rosa, in einem Rosa wie raffinierter Zucker, der dich an die noble Abstammung unserer Familiennamen gemahnen sollte, wobei ich immer achtgab, daß die Ranken unserer Initialen genau unterhalb der empfindlichen Wölbung deines Unterarms zu liegen kamen, damit sie bei jedem Anstreifen an diesem Gewissenswurm aus Seide die geheiligte Treue, die du unserer Verbindung schuldetest, in dir wachriefen. Aber alles war vergebens. Perlen vor die Säue geworfen.

So kam es, daß sie mit den Jahren so etwas wie ein notwendiges Übel wurde, ein Tumor, den wir im Schoß tragen und den wir allmählich mit unserem weichsten Fleisch umhüllen, damit er uns keine Beschwerden bereitet. Gerade wenn wir uns zu Tisch setzten, fühlte ich ihre Gegenwart manchmal am deutlichsten. Die Porzellanteller strömten von ihrem Grund einen pastösen Frieden aus, und die Schweißtröpfchen, die auf den Gläsern mit kaltem Wasser hingen, schwebten in der Hitze wie zerbrechliche Titten aus Eis, so daß es schien, als würden sie nie hinabgleiten, als würde die Kälte, die sie an das Kristallglas geheftet hielt, gleich wie unser Glück, dort für immer festgebannt verharren. Dann begann ich hartnäkkig an sie zu denken. Ich wünschte mir, ihre Gesichtszüge in meiner Phantasie auszumalen, um sie neben mir an den Tisch zu setzen, als ob sie dieses Glück, das uns vereinte, irgendwie erst möglich machte.

Ich stellte sie mir dann verführerisch schön vor, ihre Haut so absolut schwarz wie die meine weiß war, das Haar zu einem einzigen dicken, prallen Zopf geflochten, der ihr auf einer Seite des Kopfes herabhing, während ich den meinen, dünn und geschmeidig wie eine Uhrkette, um meinen Hals wickelte. Ich stellte mir ihre Zähne vor, groß und stark, täglich mit Guanábanafleisch eingerieben, damit sie noch weißer würden, verborgen hinter ihren dicken Lippen, von wo sie, die sich selten zeigten, nur in einem Aufblitzen echter Freude hervorkamen, und dann dachte ich an die meinen, klein und durchsichtig wie Fischschuppen, deren Ränder in einem ewigen höflichen Lächeln über meinen Lippen hervorschauten. Ich stellte mir ihre Augen vor, weich und hervorquellend wie Reineclauden, in diesem gelblichen Eiweiß, das immer die Augen der Farbigen umgibt, und dachte an die meinen, unruhig und hart wie Smaragdmurmeln, tagtäglich tyrannisiert in einem ewigen Hin und Her, Hin und Her, damit beschäftigt, die Höhe des Mehls und des Zukkers in den Dosen der Speisekammer zu kontrollieren, ein ums andere Mal das Silberbesteck in der Schatulle im Eßzimmer nachzuzählen, um sicherzugehen, daß ja kein Stück fehlt, die genaue Menge von Essen zu schätzen, damit nur nichts übrigbleibt, um mich heute nacht wieder ruhig schlafen legen zu können in der Gewißheit, daß ich meine Pflicht erfüllt habe, daß ich dein Vermögen gehütet habe, daß ich zu etwas gut gewesen bin und nicht nur der Fußabstreifer, an dem du dir heute morgen die Füße abgeputzt hast, an dem du dir rasch deinen Penis abgerieben hast, um zu einem fast keuschen Orgasmus zu kommen, so sauber wie der eines Schmetterlings, so ganz anders als die, die du mit ihr erlebst, wenn ihr zwei euch im Schlamm der Vorstadt wälzt, einem fruchtbaren Orgasmus, der in meinem Leib den geheiligten Samen deponierte, der deinen Namen tragen wird, so, wie es sich eben gehört zwischen einem Herrn und seiner Gemahlin, um mich heute nacht ruhig schlafen legen zu können in der Gewißheit, daß ich keine graue Fetzenpuppe bin, mit Maniokmehl ausgestopft, angekoppelt an die Form deines Körpers, wenn du dich an meiner Seite ins Bett legst, um die Gewißheit zu haben, daß ich dein liebes Weibchen gewesen bin, wie es sich gehört, sparsam und sauber, aber vor allem ein Ausbund an Ehrsamkeit, stiller Tabernakel deines rosigen Penis, den ich immer in mir trage, für alle übrigen ein zugenähter Schlitz, ordentlich mit Hunderterzwirn festgezurrt.

Auf diese Art und Weise hatten wir, Ambrosio, ohne daß du es wußtest, fast eine perfekte Harmonie zwischen uns dreien erreicht. Ich, die ich sie jeden Tag mehr liebte, begann, mein Fleisch zu kasteien, am Anfang noch mit kleinen, unbedeutenden Handlungen, um zu bewirken, daß sie auf den rechten Weg zurückkehre. Ich begann, den letzten Löffel der Mandelcreme auf dem Teller zu lassen, mir eine Schnalle des Gürtels über das bloße Fleisch zu ziehen, auf der Straße den Sonnenschirm zu schließen, wenn ich zum Spazieren ausging, damit meine Haut von der Sonne verbrannt würde. Diese Haut, die ich immer mit langen Ärmeln und hochgeschlossenem Kragen geschützt habe, um sie auf den Bällen zur Schau stellen zu können, denn sie ist zuverlässiger Beweis für meinen Stammbaum, dafür, daß wir in meiner Familie weiß auf allen vier Linien sind, diese Haut wie bräutlicher Atlas, wie Kalkmilch, die mir über das Dekolleté und die Arme fließt. Und so setzte ich mich ihretwegen dem Gerede der Leute aus, dem Hast du schon gesehen, wie melassebraun Frau Soundso mit dem Alter wird, die Ärmste, es heißt, das schlägt mit der Zeit durch, wer nicht ganz astrein ist, bei dem kommt's am Ende doch immer zum Vorschein.

Mit der Zeit merkte ich jedoch, daß diese Opfer nicht genug waren, daß sie sich irgendwie viel mehr verdient hatte. Ich stellte sie mir dann mit dir zusammen auf der Pritsche vor, in den ordinärsten Stellungen, wie sie sich den ganzen Körper befummeln, von hinten und von vorne belaxeln ließ. Irgendwie machte es mir Spaß, wenn ich sie mir so vorstellte, ganz zu einer Melassensuppe zerronnen, wie sie sich von dir diese Sachen gefallen ließ, die sich eine anständige Frau niemals gefallen lassen würde. Da begann ich mich dann hart zu kasteien, indem ich sie mir in dieser Verderbnis vorstellte, ihr aber stets verzieh, ihr verzieh in jeder Tasse kochendheißen Kaffees, die ich hinuntertrank, damit mir Brandblasen in der Kehle aufschössen, ihr verzieh in jedem frischen Schnitt, den ich mir an der Fingerkuppe zufügte, wenn ich die Häutchen vom Fleisch abschälte, und den ich langsam mit Salz kurierte. Aber du hast alles verdorben, Ambrosio, du hast alles mit einem Schlag zunichte gemacht, als du ihr die Hälfte deiner Erbschaft hinterließest, das Recht, sich zur Herrin über die Hälfte dieses Hauses aufzuschwingen, wenn es sie eines Tages danach gelüsten sollte.

Erst als ich vor einem Augenblick den Türklopfer hörte, wußte ich, daß ich die Partie noch nicht verloren hatte. Ich öffnete die Türe und wußte, daß sie es war, wußte von vornherein, was passieren mußte, aber als ich sie sah, fühlte ich einen Augenblick lang, daß mir die Kräfte schwanden. Sie war genau so, wie ich sie mir vorgestellt hatte. Ich fühlte Verlangen, ihre dicken Augenlider zu küssen, die halb über die weichen, glanzlosen Pupillen herabhingen, ihr mit den Fingerkuppen zart die Augäpfel nach innen zu drücken. Sie hatte ihren Zopf zu einer triumphierenden Mähne aus Rauch aufgelöst, die sich ihr über den Schultern bauschte, und es überraschte mich zu sehen, wie wenig sie gealtert war. Fast fühlte ich den Wunsch, ihr zu verzeihen, bei dem Gedanken daran, wie sehr sie dich geliebt hatte. Aber da begann sie sich vor meiner Nase in den Hüften zu wiegen, vor und zurück auf ihren roten Absätzen zu schaukeln, die Hand in die Taille gestemmt und den Ellbogen herausstehend, so daß das übelriechende Loch ihrer Achseln zum Vorschein kam. Das Innere ihres Dreiecks grub sich mir plötzlich ins Hirn, und ich dachte daran, wieviel ich doch ihretwegen gelitten hatte. Jenseits des Winkels ihres Armes konnte ich deutlich die noch offenstehende Tür ihres Cadillacs sehen, ein marineblaues Stück mit Goldknöpfen von der Uniform des Chauffeurs, der sie aufhielt. Da bat ich sie, weiterzukommen.

Ich wußte von Anfang an, wozu sie gekommen war. Es war ihr bereits gelungen, mich in allen Funktionen zu ersetzen, die ich mit dir zusammen im Ort ausgeübt hatte, an deinem Arm hängend wie ein blühender Jasmin an der Mauer. Jetzt will sie auch noch dieses Haus, sie wird sich immer mehr an deine Erinnerung klammern wie eine lästige Schlingpflanze, bis sie mir alles wegnimmt, bis sie den Staub deines Blutes aussaugt, mit dem ich mir jeden Morgen seit deinem Tod die Wangen geschminkt habe. Denn bis jetzt habe ich ihretwegen all dieses Leiden, all diese Dinge, die mich so sehr quälten, nur dunkel verstanden, wie wenn ich sie in einem blinden Spiegel gesehen hätte, aber jetzt werde ich zum ersten Mal klar sehen, jetzt werde ich endlich jenes Antlitz vollkommener Schönheit dem Antlitz meines Jammers gegenüberstellen können, um zu verstehen. Jetzt nähere ich mich ihr, denn ich will sie von Angesicht zu Angesicht sehen, sie sehen, wie sie wirklich ist, das Haar keine rebellische Rauchwolke mehr, die sich um ihren Kopf kräuselt, sondern dünn und geschmeidig, wie eine alte Kette um ihren Hals geschlungen, die Haut nicht mehr schwarz, sondern weiß, über ihre Schultern gegossen wie heiße Kalkmilch, ohne den geringsten Schatten eines Verdachts, nicht reinrassig weiß zu sein, und jetzt wiege ich mich in den Hüften, vor und zurück auf meinen roten Absätzen, von denen nun, langsam und still wie eine Flut, dieses Blut rinnt, das mir vor so langer Zeit von den Fingernägeln her aufgestiegen war, mein mit Cherries Jubilee lasiertes Blut.

II. EIN GUTER EIFERSÜCHTIGER WÄRE MANCHMAL SELBER GERN AN STELLE DER BETRÜGER

Miguel de Unamuno
Ein ganzer Mann

Julia sah ihren Mann an und rief, fast ohne zu wissen, was sie sagte:

„Und wenn sie es so machte? Wenn deine Frau es mit dir ebenso machte wie die seine mit ihm?"

„Torheiten!" Und Alejandro fing an zu lachen. „Du willst wohl unser Leben mit dem Salz deiner Bücher würzen? Aber wenn du mich auf die Probe stellen willst, indem du mich eifersüchtig machst, dann irrst du dich. Ich gehöre nicht zu dieser Sorte von Leuten. Mir mit so was zu kommen – mir! Amüsiere dich meinetwegen damit, diesem Narren von Bordaviella den Kopf zu verdrehen!"

Sollte es wirklich so sein, daß dieser Mann nichts von Eifersucht weiß? sagte Julia zu sich selbst. Sollte er sich gar keine Gedanken darüber machen, daß der Graf andauernd zu uns kommt, mich umwirbt und mir den Hof macht? Wie er es ja doch wirklich tut. Ist er meiner Treue und Liebe so sicher? Ist er seiner Macht über mich so gewiß? Oder ist es nur Gleichgültigkeit? Liebt er mich? Oder liebt er mich nicht? Und sie geriet geradezu außer sich. Ihr Herr und Gatte peinigte sie bis aufs Blut.

Die arme Frau versteifte sich immer mehr darauf, ihren Gatten eifersüchtig zu machen, weil sie darin den Prüfstein für seine Liebe erblickte. Allein vergebens. Sie konnte es nicht erreichen.

„Willst du mit mir zum Grafen gehen?"

„Wozu?"

„Zum Tee!"

„Zum Tee? Nein, ich habe keine Magenschmerzen. Zu meiner Zeit und bei uns zu Hause trank man diese trübe Flüssigkeit nur, wenn einem der Magen weh tat. Also gute Verrichtung, tröste den armen Grafen ein wenig! Die Gräfin und ihr neuester Freund, der jetzt eben an der Reihe ist, werden wohl auch dabeisein. Eine schöne Gesellschaft, das! Aber schließlich, das gehört dazu ..."

Inzwischen fuhr der Graf fort, Julia zu belagern. Er gab sich den Anschein, als fühlte er sich tiefbedrückt durch sein häusliches Unglück, um das Mitleid seiner Freundin zu erwecken, durch ihr Mitleid ihre Liebe zu gewinnen und eine sündige Leidenschaft in ihr zu entzünden. Auch gab er ihr zu verstehen, daß er mancherlei Einzelheiten aus ihrem internen Familienleben wüßte.

„Ja, Julia, es ist wahr, mein Haus ist eine Hölle, und Sie tun recht daran, mich zu bemitleiden. Oh, wenn wir uns doch früher kennengelernt hätten! Ehe ich dieses unglückliche Joch auf mich nahm! Und Sie das ..."

„Und ich das meine? Nicht wahr!"

„Nein, nein, das war es nicht, was ich sagen wollte ... nein."

„Also, was wollten Sie sagen, Graf?"

„Ehe Sie sich diesem Manne, Ihrem Gatten, hingaben ..."

„Haben Sie etwa Grund zu der Annahme, daß ich mich damals Ihnen hingegeben hätte?"

„Oh, oh, ohne Zweifel!“

„Wie eingebildet ihr Männer doch seid!“

„Eingebildet?“

„Ja, eingebildet. Ihr haltet euch alle für unwiderstehlich.“

„Ich – nicht ...“

„Also wer sonst?“

„Darf ich es Ihnen sagen, Julia?“

„Sagen Sie, was Sie wollen!“

„Also gut. So will ich es Ihnen sagen. Nicht ich wäre unwiderstehlich gewesen, sondern meine Liebe ... Jawohl, Julia, meine Liebe.“

„Aber das ist ja eine regelrechte Liebeserklärung, Herr Graf! Vergessen Sie nicht, daß ich eine verheiratete Frau bin, die in ihren Mann verliebt ist!“

„Das ... das ...“

„Wagen Sie daran zu zweifeln? Jawohl, verliebt, wie ich sagte, verliebt, ehrlich und aufrichtig verliebt in meinen Gatten.“

„Aber er seinerseits ...“

„Wie? Was war das? Wer hat Ihnen gesagt, daß er mich nicht liebt ...?“

„Sie selbst ...“

„Ich? Wann hätte ich Ihnen gesagt, daß Alejandro mich nicht liebt? Wann?“

„Sie haben es mir mit den Augen gesagt, mit Ihren Mienen, mit Ihrer ganzen Haltung ...“

„Hiernach wäre ich es gewesen, die Sie aufgefordert hätte, mich zu umwerben? Nun wohl, Herr Graf, es war das letztemal, daß Sie unser Haus betreten haben!“

„Um Gottes willen, Julia!“

„Das letztemal, sage ich!“

„Um Gottes willen, lassen Sie mich wenigstens wiederkommen, um Sie zu sehen, Sie betrachten zu dürfen, bei

Ihrem Anblick meine Tränen hinunterzuschlucken und still in mich hineinzuweinen."

„Wie hübsch!"

„Und was ich Ihnen sagte ... was Sie so zu kränken schien ..."

„Schien? – Es hat mich wirklich gekränkt."

„Kann ich Sie denn kränken?"

„Herr Graf ...!"

„Was ich Ihnen sagte und was Sie so gekränkt hat, war ja nur dies: daß ich Sie, wenn wir uns gekannt hätten, ehe ich mich für immer an meine Frau gekettet hatte und Sie sich an Ihren Gatten: daß ich Sie damals mit derselben unsinnigen Liebe geliebt hätte, mit der ich Sie heute liebe ... Lassen Sie mich Ihnen mein Herz öffnen! Ja, ich hätte Sie mit derselben irrsinnigen Liebe geliebt, mit der ich Sie heute liebe, und hätte mir Ihre Liebe durch die meine erobert. Nicht durch meinen Wert oder durch meine Verdienste hätte ich Sie gewonnen, sondern allein durch die Macht meiner Liebe. Denn, Julia, ich gehöre nicht zu jenen Menschen, die da glauben, durch ihren Wert und ihre Verdienste, durch das, was sie sind, ein Weib erringen und beherrschen zu können. Ich gehöre nicht zu denen, die da verlangen, geliebt zu werden, ohne ihre Liebe als Gegengeschenk darzubringen. Ich armer, heruntergekommener Aristokrat habe nichts von diesem Stolz in mir."

Julia sog langsam, Tropfen für Tropfen, das süße Gift in sich hinein.

„Denn es gibt Menschen, die unfähig sind, zu lieben, die aber fordern, daß man sie liebe, und ein Recht auf unbegrenzte Liebe und Treue von seiten der Frau zu haben glauben, die sich ihnen hingibt. Es gibt Menschen, die sich eine berühmte Schönheit zur Frau nehmen, um mit ihr zu prunken, sie neben sich zu haben und mit sich herumzuführen, wie man eine gezähmte Löwin mit sich herumführt, um sagen zu können: Das ist meine Löwin! Seht, wie folgsam, wie ergeben sie mir ist! Sollte man deswegen seine Löwin lieben?“

„Herr Graf, Herr Graf, jetzt betreten Sie ein Feld ... Sie verirren sich ...“

Hier rückte der Graf noch etwas näher an sie heran und flüsterte ihr etwas zu; seine Lippen berührten dabei fast ihr Ohr, und die wundervolle Muschel von rosigem Fleisch, die von einem Ring glänzenden kastanienbraunen Haares umrahmt wurde, verspürte den Hauch seines heftig wogenden Atems:

„Wohin – in wen ich mich verirre – das bist du! In dich, in deine Seele ...“, sprach er leise.

Dieses „du“ ließ das schuldvolle Ohr sich in ein glühendes Rot verfärben.

Julias Busen wogte wie das Meer, wenn der wilde Nordwind es peitscht.

„Ja, Julia, ich dringe in dich, in deine Seele ein.“

„Lassen Sie mich, um Gottes willen, lassen Sie mich in Ruhe, Graf! Wenn er jetzt hereinkäme ...!”

„Oh, jetzt wird er nicht hereintreten. Was liegt ihm an dir? Er läßt uns allein. Er läßt uns allein, weil er dich nicht liebt ... Nein, er liebt dich nicht. Er liebt dich nicht, Julia ... er liebt dich nicht!“

„Er hat volles Vertrauen zu mir ...“

„Zu dir nicht! Zu sich selbst! Er hat ein unerschütterliches Vertrauen zu sich selbst; verblendet, wie er ist, glaubt er, weil er Alejandro Gómez ist – ihm, dem Alejandro Gómez, der sich ein großes Vermögen zusammengerafft hat – ich will lieber nicht wissen, auf welche Weise –, ihm könne es nicht passieren, von seiner Frau betrogen zu werden. Und mich verachtet er, das weiß ich ...“

„Ja, er verachtet Sie ...“

„Ich wußte es. Aber ebenso wie mich verachtet er dich."

„Bei Gott, Herr Graf, bei Gott, schweigen Sie, oder Sie töten mich ...!"

„Wer dich töten wird, ist er. Und du wirst nicht die erste sein ..."

„Das ist eine Infamie, Herr Graf, das ist eine Infamie. Mein Mann hat nie seine Frau getötet, gehen Sie, gehen Sie und kommen Sie nie wieder!"

„Ich gehe, aber ich komme wieder, du selbst wirst mich rufen ..."

Er ging und ließ sie, aufs tiefste verletzt, mit einer schmerzhaften Wunde im Herzen zurück. Hat dieser Mann recht? sagte sie sich. Ist es wirklich so, wie er behauptet? Er hat mir zum Bewußtsein gebracht, was ich mir selbst nicht eingestehen wollte. Ist es wahr, daß er mich verachtet? Ist es wahr? Liebt er mich wirklich nicht?

„Sagen Sie alles, was Ihnen beliebt, aber wägen Sie Ihre Worte gut ab, denn ich habe hier noch eine zweite Flasche bei der Hand ..."

„Dann" – und hierbei erhob der Sekundant seine Stimme –, „dann sind Sie kein Kavalier, Don Alejandro Gómez."

„Das ist doch klar, daß ich keiner bin; das ist klar, daß ich keiner bin. Ich ein Kavalier? Wann denn und woher nur? Ich bin als Eseltreiber geboren, Herr, und nicht als Kavalier. Ich bin auch nicht auf dem Esel zu *ihm* geritten, den man meinen Vater nannte, um mein Vesperbrot einzunehmen, sondern ich bin zu Fuß hingegangen, jawohl zu Fuß. Klar, daß ich kein Kavalier bin. Kavalier! Ich und ein Kavalier! Ich ... Gehen Sie ... gehen Sie doch ...!"

„Jawohl, gehen wir", sagte einer der Sekundanten zum

andern, „denn hier haben wir nichts mehr zu tun. – Sie werden die Konsequenzen dieses unqualifizierbaren Benehmens zu tragen haben, Don Alejandro."

„Ganz Ihrer Ansicht, ich nehme sie auf mich, und was diesen... na also diesen Kavalier anbetrifft, der seine Zunge nicht im Zaum halten kann und dem ich einen Schlag auf den Schädel gegeben habe, so sagen Sie ihm bitte – ich wiederhole das noch einmal –, er soll mir die Rechnung seines Arztes einsenden und sich in Zukunft überlegen, was er sagt. Und Sie, meine Herren, wenn Sie – denn es kann ja alles passieren –, wenn Sie einmal etwas von diesem unmöglichen Menschen, diesem Barbaren und groben Klotz von einem Millionär, ohne jedes kavaliermäßige Ehrgefühl, wünschen sollten, so kommen Sie bitte nur zu mir, ich will Ihnen gerne dienen, wie ich schon anderen Herren und Kavalieren gedient habe."

„Das ist nicht zum Aushalten – gehen wir!" sagten die Sekundanten.

Damit gingen sie.

Am selben Abend erzählte Don Alejandro seiner Frau von diesem Auftritt und seiner Begegnung mit den Zeugen, nachdem er ihr vorher erzählt hatte, wie er dem Mann die Flasche an den Kopf geworfen hatte, und er sprach mit großer Befriedigung von seiner Heldentat. Sie hörte ihn furchtlos an.

„Ich ein Kavalier? Ein Kavalier! Ich!" rief er aus. „Ich, Alejandro Gómez? Niemals! Ich bin nicht mehr als ein Mann, aber ein ganzer Mann, nicht mehr als ein ganzer Mann."

„Und ich?" sagte sie, um nur etwas zu sagen.

„Du? Du bist ein ganzes Weib. Eine Frau, die Romane liest. Und er – das Gräflein, der Schachspieler –, das ist ein Nichts, eine Null, nicht mehr als eine Null. Aber wozu sollte ich ihn dir nehmen, wenn er zu deiner Unterhaltung beiträgt und wenn du dich mit ihm amüsierst, so wie du dich mit einem Schoßhündchen vergnügst? Wenn du dir ein Hündchen gekauft hättest, so ein langhaariges Hündchen, weißt du, oder ein Angorakätzchen oder ein Äffchen, und es nun streicheltest oder gar küßtest – würde ich dir etwa das Hündchen, würde ich dir etwa das Kätzchen oder das Äffchen wegnehmen und es vom Balkon auf die Straße werfen? Das wäre noch schöner! Vor allem: es könnte ja auch einem Vorübergehenden auf den Kopf fallen. Und mit dem Gräfchen ist es genau dieselbe Sache, das ist doch auch nur so ein kleiner Köter, so ein Äffchen, so ein Kätzchen. Amüsier dich mit ihm, soviel du Lust hast!"

„Aber, Alejandro, die Leute haben recht, wenn sie sagen … Du mußt diesem Mann dein Haus verbieten!"

„Mann?"

„Also gut, du mußt dem Grafen von Bordaviella dein Haus verbieten!"

„Tu du es doch! Solange du ihm nicht das Haus verbietest, ist das ganze Gerede, daß es ihm gelungen sei, dein Herz zu gewinnen, nichts als infames Geschwätz. Denn wäre es wirklich so weit gekommen, daß du anfingest, dich für ihn zu interessieren, so hättest du ihm längst den Laufpaß gegeben, um dich vor der Gefahr zu schützen."

„Und wenn ich mich wirklich für ihn interessierte?"

„Gut, schon gut. Das kenne ich. Ich kenne das: du willst mich eifersüchtig machen. Mich? Aber wann wirst du dich endlich davon überzeugen, Weib, daß ich nicht bin wie die anderen?"

Julia verstand ihren Gatten immer weniger, und doch fühlte sie sich immer mehr von ihm bezwungen, unterjocht und von der heißen Sehnsucht gefoltert, zu erfahren, ob er sie liebte oder nicht. Alejandro seinerseits war zwar von der Treue seiner Frau überzeugt, besser, davon durchdrungen, daß seine Frau, seine eigene Frau, ihn, Alejandro, nicht betrügen könnte: ihn, der nichts Geringeres war als ein ganzer Mann; er sagte sich jedoch: Das Leben in der Stadt und das Romanlesen haben dieser armen Frau den Kopf verdreht. Und so beschloß er denn, mit ihr aufs Land zu gehen. Sie begaben sich auf eines seiner Güter.

„Ein kurzer Landaufenthalt wird dir guttun", sagte er, „das beruhigt die Nerven. Und wenn du dich ohne dein Kätzchen langweilen solltest, kannst du das Gräflein auffordern, uns zu begleiten. Denn du weißt doch, daß ich nicht eifersüchtig und deiner ganz sicher bin."

Hier auf dem Lande steigerten sich die Selbstquälereien der armen Julia noch. Sie langweilte sich fürchterlich. Ihr Gatte wollte ihr nicht gestatten, Bücher zu lesen.

„Ich habe dich hierhergebracht, damit du dich von deinen Büchern trennst und deine Neurasthenie loswirst, bevor es schlimmer wird."

„Meine Neurasthenie?"

„Das ist doch klar. Alle deine Quälereien kommen nur daher. An alledem sind allein die Bücher schuld."

„So werde ich wohl nie mehr lesen dürfen?"

„Nein, das verlange ich nicht... Ich verlange überhaupt nichts von dir. Bin ich denn ein Tyrann? Habe ich je etwas von dir verlangt?"

„Nein, nicht einmal das: daß ich dich lieben soll!"

„Natürlich! Weil man so etwas nicht von einem Men schen verlangen kann. Und überdies weiß ich doch, daß du mich liebst und keinen anderen zu lieben vermagst. Nachdem du mich kennengelernt und durch mich erfahren hast, was ein Mann ist, kannst du keinen anderen mehr lieben, auch wenn du es dir noch so sehr vornähmest. Das versichere ich dir! Aber sprechen wir nicht mehr von diesen Büchern. Ich habe dir schon gesagt, daß ich diese Romantik nicht leiden kann. Das sind Kindereien, die höchstens dazu gut sind, um mit irgendeinem schmächtigen Grafen beim Tee darüber zu reden."

Der Kummer der armen Julia wurde noch verstärkt, als sie die Entdeckung machte, daß ihr Gatte sich in einen Liebeshandel mit einer einfachen und sehr wenig verführerischen Magd eingelassen hatte. Als sie eines Abends nach dem Abendessen allein waren, sagte Julia plötzlich zu ihm:

„Du glaubst wohl, ich merke nichts von deinen Beziehungen zu Simona?"

„Ich habe mir ja auch keine besondere Mühe gegeben, sie zu verheimlichen; aber das ist doch so unwichtig!"

„Was willst du damit sagen?"

„Daß du mir zu schön dazu bist, um dich jeden Tag zu besitzen!"

Julia erbebte; es war das erstemal, daß ihr Mann sie so offen und unverhüllt „schön" nannte. Allein – liebte er sie auch wirklich?

„Aber mit diesem ordinären Frauenzimmer...", sagte Julia, bloß um etwas zu sagen.

„Gerade deswegen. Sogar ihre Unsauberkeit gefällt mir. Du mußt nicht vergessen, daß ich sozusagen auf einem Misthaufen aufgewachsen bin und etwas von dem habe, was einer meiner Freunde ‚Behagen am Schmutz' nennt. Und jetzt nach diesem bäuerlichen Zwischengericht werde ich deine Schönheit, deine Anmut und Eleganz noch mehr schätzen lernen."

„Ich weiß nicht recht, ob das, was du mir sagst, Schmeicheleien sind oder Beschimpfungen."

„Schon gut. Das sind alles die Nerven; und ich glaubte dich auf dem Wege der Besserung..."

„Natürlich, ihr Männer könnt machen, was euch beliebt, ihr könnt uns betrügen…"
„Wer hat dich betrogen?"
„Du!"
„Das nennst du betrügen! Bah, die Bücher, die Bücher… ich gebe nicht einen Pfifferling für die Simona und…"
„Freilich! Sie bedeutet dir nicht mehr als ein Hündchen oder ein Kätzchen oder ein Äffchen!"
„Ein Äffchen. Natürlich. Nicht mehr als ein Äffchen! Mit einem Äffchen hat sie die größte Ähnlichkeit! Du hast es ausgesprochen: ein Äffchen! – Aber habe ich damit aufgehört, dein Mann zu sein?"
„Du willst wohl sagen, ich habe damit nicht aufgehört, deine Frau zu sein…"
„Ich sehe, Julia, du wirst wieder vernünftig!"
„Natürlich. So was wirkt ansteckend."
„Aber das hast du hoffentlich von mir und nicht von deinem Kätzchen?"
„Selbstverständlich von dir."
„Also gut, ich glaube nicht, daß dieser ländliche Zwischenfall dich eifersüchtig gemacht hat. Du und eifersüchtig! Du? Du meine Frau? Und auf dies Affenweib! Übrigens, was sie betrifft, ich mache ihr ein schönes Geschenk, und sie ist entzückt."
„Freilich, wenn man Geld hat…"
„Und mit dieser Mitgift kriegt sie im Handumdrehen einen Mann. Und wird ihrem Gatten zugleich mit der Mitgift einen Sohn schenken. Und wenn der Sohn nach seinem Vater gerät, der ein ganzer Mann ist, trägt der Freier einen doppelten Gewinn davon."
„Schweig, schweig, schweig!"
Die arme Julia fing an zu weinen.
„Ich dachte, der Landaufenthalt würde dich von deiner

Neurasthenie heilen. Wir müssen uns in acht nehmen, daß sie nicht schlimmer wird."

Zwei Tage darauf kehrten sie in die Stadt zurück.

Und wieder gab sich Julia ganz ihrem Kummer und ihren Sorgen hin, und von neuem begann der Graf von Bordaviella mit seinen Besuchen, wenn er sich dabei auch ein wenig in acht nahm. Diesmal war es Julia, die, zum Äußersten getrieben, den Einflüsterungen des Grafen ihr Ohr lieh und ihr Gift in sich einsog; vor allem suchte sie ihre freundschaftlichen Beziehungen zu dem Grafen auch nach außen hin und ihrem Gatten gegenüber demonstrativ zu betonen, so daß dieser sich zuweilen sagte: Sie muß aufs Land zurück und sich in Behandlung begeben.

Eines Tages, als ihre Verzweiflung keine Grenzen mehr kannte, fuhr sie ihren Gatten mit den Worten an:

„Du bist kein Mann, Alejandro! Du bist kein Mann!"

„Wer? Ich? Und warum nicht?"

„Nein, du bist kein Mann, du bist kein Mann!"

„Sprich, erklär dich näher!"

„Ich weiß, daß du mich nicht liebst, daß dir nichts an mir liegt, daß ich für dich nicht die Mutter deines Sohnes bin und daß du mich nur aus Eitelkeit geheiratet hast, um mit mir zu prunken und mit meiner Schönheit Staat zu machen, um ..."

„Gut, schon gut, das ist Romantik. Warum bin ich kein Mann?"

„Ich weiß, daß du mich nicht liebst."

„Ich habe dir schon hundertmal gesagt, daß dies Gerede von Lieben und Nichtlieben und alle diese Albernheiten nur Redensarten sind, die du von deinem Kavalier, dem Grafen, gelernt hast."

„Ich weiß ja, daß du mich nicht liebst."

„Nun gut, und was weiter?"

„Und daß du damit einverstanden bist, daß der Graf – das Kätzchen, wie du ihn nennst – hier zu jeder Zeit ein- und ausgeht..."

„Wer damit einverstanden ist, das bist doch du!"

„Warum soll ich nicht damit einverstanden sein, wenn er doch mein Geliebter ist? Du hast doch gehört: mein Geliebter! Das Kätzchen ist mein Liebhaber!"

Alejandro blickte seine Frau ruhig und ohne eine Spur von Erregung an, während diese, die einen Wutausbruch erwartet hatte, noch mehr in Erregung geriet und schrie:

„Wie? Du tötest mich nicht, wie die andere?"

„Weder ist es wahr, daß ich die andere getötet habe, noch ist es wahr, daß das Kätzchen dein Geliebter ist. Du belügst mich, um mich in Wut zu bringen. Du willst einen Othello aus mir machen. Mein Haus ist kein Theater. Und wenn du so weiter fortfährst, wird schließlich alles damit enden, daß du wahnsinnig wirst und daß man dich ins Irrenhaus sperrt."

„Wahnsinnig? Ich wahnsinnig?"

„Unheilbar wahnsinnig. Zu glauben, daß du einen Geliebten hast! Mich das glauben machen wollen! Als ob mein Weib mich betrügen könnte! Mich! Alejandro Gómez ist doch kein Kätzchen. Er ist ein ganzer Mann. Nein, du wirst nicht erreichen, was du willst, du wirst es nicht dahin bringen, daß ich dir allerhand Romanphrasen und verliebte Redensarten ins Ohr flüstere, wie dein gräflicher Kavalier es zu tun pflegt. Mein Haus ist kein Theater!"

„Feigling, Feigling! Feigling!" schrie Julia ganz außer sich. „Feigling!"

Dagegen muß ich etwas Durchgreifendes tun, sagte sich ihr Gatte..., und damit ging er.

Anaïs Nin

Henry, June und ich

Als ich Henry auf dem grauen Bahnhof treffe, wallt sofort mein heißes Blut auf, und bei ihm entdecke ich das gleiche. Wie er mir sagt, konnte er kaum zum Bahnhof gehen, so sehr quälte ihn das Verlangen nach mir. Ich weigere mich, in seine Wohnung mitzugehen, weil Fred dort ist, und schlage das Hotel Anjou vor, in das mich Eudardo geführt hat. Ich sehe den Argwohn in seinen Augen und freue mich darüber. Wir gehen in das Hotel. Er will, daß ich mit der Concierge spreche. Ich bitte sie um Zimmer Nummer drei. Das kostet dreißig Francs, antwortet sie. Ich sage: „Und Sie werden es uns für fünfundzwanzig geben." Damit hole ich den Schlüssel vom Haken. Ich steige die Treppe hinauf. Mitten auf der Treppe hält Henry mich fest, um mich zu küssen. Wir sind im Zimmer. Mit seinem herzlichen Lachen sagt er: „Anaïs, du bist ein Teufel!" Ich schweige. Er hat es so eilig, daß mir keine Zeit bleibt, mich auszuziehen.

Und hier zögere ich – aus Unerfahrenheit, völlig benommen von der Intensität und Zügellosigkeit jener Stunden. Ich erinnere mich nur an Henrys Gier, seine Kraft, seine Freude über mein Hinterteil, das er wunderschön findet – und ach, den Fluß des Honigs, die Paroxysmen der Lust, die Stunden und Stunden der Kopulation. Ebenbürtigkeit! Die ganze Tiefe, nach der ich mich sehnte, die Dunkelheit, die Endgültigkeit, die Absolution. Der tiefste Grund meines Seins wird von einem Körper berüht, der mich überwältigt, mich überschwemmt, der seine glutheiße Zunge mit so großer Kraft in mir dreht. „Sag mir, sag mir, was du empfindest!" ruft er aus. Aber ich kann nicht. Das Blut ist mir in die Augen gestiegen, in den Kopf und hat alle Worte ertränkt. Ich möchte wild, wortlos aufschreien – unartikulierte Schreie, sinnlos, aus dem tiefsten, primitivsten Grund meines Seins, ergießen sich auf meinem Leib wie Honig. Tränen eines Glücks, das mich sprachlos, wortlos, besiegt verstummen läßt.

O Gott, ich habe einen so überwältigenden Tag erlebt, Stunden so absoluter weiblicher Unterwerfung, habe mich so ganz und gar hingegeben, daß mir nichts mehr zu geben bleibt.

Aber ich lüge. Ich beschönige. Meine Worte sind nicht profund genug, nicht ungezügelt genug. Sie tarnen, verbergen. Ich werde nicht ruhen, bis ich von meinem Versinken in eine Sinnlichkeit erzählt habe, die so dunkel, so großartig, so wild war, wie meine Momente mystischen Schaffens überwältigend, ekstatisch, erhebend waren.

Bevor wir uns heute trafen, hatte er mir geschrieben: „Ich kann nur sagen, daß ich verrückt nach Dir bin. Ich versuchte, einen Brief zu schreiben, und konnte es nicht. Ich warte voll Ungeduld darauf, Dich wiederzusehen. Bis Dienstag ist es noch so lange! Und nicht nur Dienstag – ich frage mich, wann Du zu mir kommst und über Nacht bleibst, wann ich Dich für eine längere Zeit haben darf. Es ist qualvoll für mich, Dich nur ein paar Stunden lang zu sehen und Dich dann herausgeben zu müssen. Wenn ich Dich sehe, ist alles, was ich sagen wollte, ausgelöscht. Die Zeit ist so kostbar, und Worte sind unwichtig. Aber Du machst mich so glücklich, weil ich mit Dir reden *kann.* Ich liebe Dein Strahlen, Deine Vorbereitungen für den Höhenflug, Deine Beine wie eine Klammer, die Wärme zwischen Deinen Beinen. Ja, Anaïs, ich möchte Dich demaskieren, ich bin zu ritterlich zu Dir. Ich möchte Dich lange und inbrünstig betrachten, Deinen Rock heben, Dich liebkosen, Dich erforschen. Weißt Du, daß ich Dich noch kaum betrachtet habe? Ich weiß nicht, wie ich Dir meine Gefühle schildern soll. Ich lebe in einer ununterbrochenen Erwartung. Du kommst, und die Zeit eilt vorüber wie im Traum. Erst wenn Du gehst, werde ich mir Deiner Gegenwart voll bewußt. Dann jedoch ist es zu spät. Du betäubst mich. Ich versuche mir Dein Leben in Louveciennes vorzustellen, aber es geht nicht. Dein Buch? Auch das erscheint mir unwirklich. Nur wenn Du kommst und ich Dich ansehe, wird das Bild klarer. Aber Du gehst so schnell wieder fort, daß ich nicht weiß, was ich denken soll. Ja, ich sehe die Puschkin-Legende ganz deutlich. Ich sehe Dich in Gedanken auf jenem Thron sitzen, mit Schmuck um den Hals, Sandalen, dicken Ringen, lackierten Fingernägeln, einer fremdartigen, spanischen Stimme, wie Du eine Lüge lebst, die nicht direkt eine Lüge ist, sondern ein Märchen. Dies ist alles ein bißchen betrunken, Anaïs. Ich sage mir: ‚Hier ist die erste Frau, der gegenüber ich absolut aufrichtig sein kann.‘ Ich weiß noch, wie Du sagtest: ‚Du könntest mich hintergehen, und ich würde es nicht merken.‘ Wenn ich durch die Boulevards schlendere und daran denke, kann ich dich nicht hintergehen – und dennoch würde ich es gern tun. Ich meine, ich werde nie absolut treu sein können – das liegt mir nicht. Dafür liebe ich die Frauen oder das Leben zu sehr – welches von beiden, weiß ich nicht. Aber lache, Anaïs... Ich höre Dich so gern lachen. Du bist die einzige Frau, die fröhlich sein kann, die eine weise Toleranz besitzt – nein, mehr: Du scheinst mich dazu zu drängen, daß ich Dich betrüge. Dafür liebe ich Dich. Und was treibt Dich dazu – die Liebe? Oh, es ist wunderbar, jemanden zu lieben und gleichzeitig frei zu sein!

Ich weiß nicht, was ich von Dir erwarte, aber es ist irgendwie etwas Wunderbares. Ich werde alles von Dir verlangen – selbst das Unmögliche –, weil Du mich dazu ermunterst. Du bist wahrhaft stark. Mir gefällt sogar Deine Falschheit, Dein Verrat. Sie wirken aristokratisch auf mich. (Hat ‚aristokratisch' in meinem Mund einen falschen Klang?)

Jawohl, Anaïs, ich habe mir überlegt, wie ich Dich betrügen könnte, aber ich kann es nicht. Ich begehre Dich. Ich möchte Dich ausziehen und Dich ein bißchen vulgär werden sehen – ach, ich weiß nicht, was ich sage. Ich bin ein wenig betrunken, weil Du nicht hier bist. Ich möchte in die Hände klatschen können und voilà, Anaïs! Ich will dich besitzen, Dich gebrauchen, ich will Dich ficken, will Dich so manches lehren. Nein, ich würdige Dich nicht – Gott behüte! Vielleicht möchte ich Dich sogar ein bißchen demütigen – warum nur, warum? Warum falle ich nicht auf die Knie und bete Dich ganz einfach an? Das kann ich nicht, ich liebe Dich lachend. Gefällt Dir das? Und Liebste, Anaïs, ich bin so vielerlei Dinge. Du siehst jetzt nur die guten Dinge – oder läßt mich das wenigstens glauben. Ich möchte Dich mindestens einen ganzen Tag lang bei mir haben. Ich möchte mit Dir zusammen etwas erreichen – Dich besitzen. Du weißt nicht, wie unersättlich ich bin. Oder wie feige. Und wie egoistisch!

Ich habe Dir gegenüber mein gutes Betragen gezeigt. Aber ich warne Dich, ich bin kein Engel. Ich glaube eigentlich, daß ich ein bißchen betrunken bin. Ich liebe Dich. Ich werde jetzt zu Bett gehen: Es ist zu qualvoll, wach zu bleiben. Ich bin unersättlich. Ich werde Dich bitten, das Ummögliche zu tun. Was das ist, weiß ich nicht. Vermutlich wirst Du es mir sagen. Du denkst schneller als ich. Ich liebe Deine Fotze, Anaïs; sie macht mich verrückt. Und wie Du meinen Namen aussprichst! O Gott, es ist überirdisch! Hör zu, ich bin sehr betrunken. Es tut mir weh, allein hier zu sein. Ich brauche dich.

Kann ich Dir alles sagen? Das kann ich doch, oder? Komm also ganz schnell her und fick mit mir! Komm mit mir zugleich! Schling deine Beine um mich. Wärme mich!“

Es kam mir vor, als läse ich seine unterschwelligsten Gefühle: Es kam mir vor, als umarme mich in diesen Worten das ganze Leben. Ich spürte die höchste Herausforderung an meine Anbetung des Lebens und wollte so gern nachgeben, mich selbst dem ganzen Leben hingeben, das Henry ist. Welch neue Empfindungen weckt er in mir, welch neue Torturen, welch neue Ängste und welch neuen Mut!

Seit unserem Tag kein weiterer Brief von ihm. Er war, genau wie ich, von einer ungeheuren Erleichterung, Befriedigung, Müdigkeit erfüllt.

Und dann?

Gestern kam er nach Louveciennes. Ein neuer Henry, oder vielmehr, der Henry, den ich hinter dem allgemein bekannten spürte, der Henry jenseits dessen, was er geschrieben hat, jenseits all des Buchstabenwissens, mein Henry, der Mann, den ich jetzt unendlich liebe, zu sehr, gefährlich.

Er wirkte so ernst. Er hatte einen Brief von June erhalten, mit Bleistift geschrieben, konfus, verrückt, wie der eines Kindes, bewegend, schlicht, Aufschreie ihrer Liebe zu ihm. „Ein solcher Brief löscht alles aus.“ Ich wußte, der Augenblick war gekommen, um meine June zu beschreiben, ihm meine June zu schenken. „Weil du sie“, sagte ich, „dadurch nur noch mehr lieben wirst. Es ist eine wunderschöne June. Bisher hatte ich das Gefühl, du würdest über mein Porträt lachen, über seine Naivität spotten. Heute weiß ich, daß du es nicht tun wirst.“

Ich lese ihm alles vor, was ich in meinem Tagebuch

über June geschrieben habe. Und was geschieht? Er ist zutiefst gerührt, von Qual zerrissen. Er glaubt mir. „Genauso hätte ich über June schreiben sollen. Alles andere ist unvollständig, oberflächlich. Du hast sie verstanden, Anaïs." Aber Moment! Er hat die Sanftmut, die Zärtlichkeit aus seinen Schriften ausgespart, hat nur dem Haß, der Gewalttätigkeit Ausdruck verliehen. Ich habe hinzugefügt, was er ausgelassen hat. Aber er hat es nicht ausgelassen, weil er es nicht empfindet oder nicht kennt oder (wie June meint) nicht versteht, sondern weil es schwieriger auszudrücken ist. Bisher ist das, was er schreibt, nur aus der Gewalttätigkeit erwachsen, aus ihm herausgepeitscht worden, haben die Schläge ihn klagen und fluchen lassen. Doch nun sitzt er da, und ich vertraue ihm ganz und gar, diesem empfindsamen, tiefgründigen Henry. Er ist gewonnen.

Er sagt: „Eine solche Liebe ist wunderbar, Anaïs. Ich hasse oder verachte sie nicht. Ich verstehe, was ihr einander gegeben habt. Ich verstehe es so gut! Lies, lies! Es ist eine Offenbarung für mich."

Ich lese – und zittere, während ich lese – bis zu unserem Kuß. Er versteht es nur allzu gut.

Auf einmal sagt er: „Jetzt, Anaïs, wird mir klar, daß das, was ich dir gebe, im Vergleich dazu plump und primitiv ist. Mir ist klar, wenn June wiederkommt..."

Ich unterbreche ihn. „Du weißt ja nicht, was du mir gegeben hast! Es ist weder plump noch primitiv! Heute zum Beispiel ..." Ich ersticke fast an meinen Gefühlen, die viel zu verworren sind. Ich möchte ihm sagen, wieviel er mir gegeben hat. Wir sind beide von derselben Angst gelähmt. Ich sage: „Heute siehst du eine schöne June."

„Nein, ich hasse sie!"

„Du haßt sie?"

„Jawohl, ich hasse sie", behauptet Henry. „Weil ich an

deinen Notizen erkenne, daß wir auf sie hereingefallen sind, daß du auf sie hereingefallen bist, daß sie mit ihren Lügen einen bösartigen, destruktiven Zweck verfolgt, daß diese Lügen mich in deinen und dich in meinen Augen schlechtmachen sollen. Wenn June zurückkommt, wird sie uns gegeneinander vergiften. Davor fürchte ich mich."

„Aber Henry, es gibt etwas zwischen uns, ein Band, das June unmöglich begreifen oder verstehen kann."

„Den Verstand", sagte er leise.

„Dafür wird sie uns hassen, ja, und uns mit ihren eigenen Waffen bekämpfen."

„Und ihre Waffen sind die Lügen", gab er zurück.

Wir waren uns beide akut ihrer Macht über uns bewußt, der neuen Bande, die uns verbinden.

„Wenn es mir möglich wäre, June hierher zurückzuholen – würdest du wollen, daß ich es tue?" fragte ich ihn.

Henry zuckte zusammen, dann stürzte er sich plötzlich auf mich. „Ach, Anaïs, stell mir nicht so eine Frage! Frag mich nicht!"

Eines Tages sprachen wir über seine Arbeit. „Vielleicht könntest du hier in Louveciennes gar nicht schreiben", meinte ich. „Es ist zu friedlich, nichts treibt dich voran."

„Es wäre ein ganz anderes Schreiben", gab er zurück. Dabei dachte er an Proust, dessen Darstellung der Albertine ihn verfolgt.

Wie weit sind wir von seinem betrunkenen Brief entfernt!

Gestern war er entwaffnend; war er so ganz. Wie er alles in sich aufnahm! June hat sich ihm kaum anvertraut. Wird er kehrtmachen und all seine Gefühle leugnen? Ich neckte ihn. „Vielleicht trifft das, was ich geschrieben habe, alles nicht zu, nicht auf June, nicht auf mich. Vielleicht ist es Heuchelei." – „Nein! Nein!" Er war überzeugt. Echte Leidenschaften, echte Liebe, echte Impulse.

„Zum erstenmal sehe ich Schönheit in alldem", gesteht Henry.

Ich fürchte, nicht aufrichtig genug gewesen zu sein. Ich staune, wie bewegt Henry ist.

„Und ich bin nicht der *Idiot*?" frage ich.

„Nein, du *siehst,* du siehst einfach mehr", entgegnet Henry. „Was du siehst, ist wirklich da. Ja." Er denkt beim Sprechen. Häufig wiederholt er einen Satz, um Zeit zum Nachdenken zu gewinnen. Das, was hinter dieser kompakten Stirn vorgeht, fasziniert mich.

Die Leidenschaft von Dostojewskis Sprache hat uns beide befreit. Er war ein bedeutender Autor für Henry. Nun, da wir mit derselben Inbrunst, derselben Begeisterung, derselben Leidenschaft leben, bin ich selig. Dies ist das Leben, dies sind die Gespräche, die Emotionen, die zu mir gehören. Jetzt atme ich frei. Ich bin zu Hause. Ich bin ich selbst.

Nachdem ich bei Henry war, treffe ich mich mit Eduardo. „Ich will dich, Anaïs! Gib mir eine neue Chance! Du gehörst zu mir. Wie habe ich heute Nachmittag unter dem Bewußtsein gelitten, daß du bei Henry bist! Ich bin noch nie eifersüchtig gewesen; doch jetzt ist meine Eifersucht so groß, daß sie mich umbringt."

Er ist erschreckend blaß. Er lächelt sonst immer, genau wie ich. Jetzt aber will es ihm nicht gelingen. Ich bin noch nicht an den Anblick des Schmerzes gewöhnt, den ich zufüge; oder vielmehr, der Eduardo zugefügt wird. Er wühlt mich auf. Und doch bin ich, tief innen, eiskalt. Ich sitze da, sehe Eduardos schmerzverzerrtes Gesicht und empfinde nichts als Mitleid. „Kommst du mit mir?"

„Nein." Ich bringe alle Ausreden vor, die ihm nicht

weh tun. Ich sage ihm alles, nur nicht, daß ich Henry liebe.

Schließlich trage ich den Sieg davon. Ich lasse mich von ihm im Taxi zum Bahnhof bringen, wo ich mich mit Hugo treffe. Ich lasse mich von ihm küssen. Ich verspreche, mich am Montag mit ihm zu treffen. Ich bin schwach. Aber ich möchte seinem Leben nicht schaden, ihn nicht verletzen, ihm nicht sein neues Selbstbewußtsein rauben. Dafür ist noch genug von meiner alten Liebe zu ihm vorhanden. Ich warnte ihn, daß ich ihn vernichten könne, obwohl ich ungern vernichte, und daß ich einen Mann gefunden habe, den ich nicht vernichten könne, daß dieser der richtige Mann für mich sei. Ich versuchte, ihn dazu zu bringen, daß er mich haßt. Aber er sagte nur: „Ich begehre dich, Anaïs." Im Horoskop steht, daß wir einander ergänzen.

Das Wichtigste ist die Reaktion auf das Leben. June und Henry reagieren genauso übertrieben wie ich. Hugo ist schwerfälliger, träger. Heute tauchte er aus seiner Schwerfälligkeit so weit auf, daß er sich für *Die Besessenen* interessierte. Ich veranlaßte ihn, seine Gedanken darüber aufzuschreiben, weil sie so schön waren. In seinen besten Augenblicken ist er sehr tiefgründig.

Er verkörpert die Wahrheit. Er ist Schatow, fähig zur Liebe und zum Glauben. Was aber bin dann ich? An jenem Freitag, als ich in den Armen von drei Männern lag – was war ich da?

An Eduardo: „Hör zu, *cousin chéri*, ich schreibe Dir im Zug nach Hause. Ich zittere vor Schmerz über diesen Vormittag. Der Tag erschien mir so lastend, daß ich kaum zu atmen vermochte... Du warst wunderbar, voll Aktivität, Leben, Gefühl, Kraft. Es ist tragisch für mich, daß

Du Deine besten Momente hast, wenn ich Dich am meisten liebe, nur nicht sinnlich, nur nicht sinnlich. Es ist uns bestimmt, einander niemals mit denselben Gefühlen zu begegnen. Im Augenblick ist es Henry, der meinen Körper besitzt. *Cousin chéri,* heute habe ich zum letztenmal versucht, das Leben einem Ideal anzupassen. Mein Ideal war immer, mein Leben lang auf Dich zu warten, aber ich habe zu lange gewartet, und nun folge ich meinen Trieben, und die führen mich zu Henry. Verzeih mir! Es ist ja nicht so, daß Du nicht die Kraft hättest, mich zu halten. Würdest Du sagen, daß Du mich früher nicht geliebt hast, weil ich weniger liebenswert war? Nein. Zu behaupten, Dir mangele es an Kraft, wäre genauso unzutreffend, wie zu behaupten, ich hätte mich verändert. Das Leben ist nicht rational; es ist einfach verrückt und voller Schmerzen. Heute habe ich Henry nicht gesehen, und morgen werde ich ihn auch nicht sehen. Diese zwei Tage werde ich der Erinnerung an unsere gemeinsamen Stunden widmen. Du mußt Fatalist sein, ja, wie ich es heute bin, aber Du darfst keine niedrigen oder bitteren Gedanken hegen, etwa die Idee, ich hätte mit Dir aus lauter Eitelkeit gespielt. Auch Eduardo, *querido*, ich akzeptiere den Schmerz, der nicht aus solchen Gründen erwächst, sondern aus echten Quellen – echten Schmerz über die Niedertracht des Lebens, die uns beide auf unterschiedliche Art verletzt. Such nicht das *Warum,* denn in der Liebe gibt es kein Warum, keine Erklärung, keine Lösungen."

Als ich heimkam, warf ich mich auf die Couch; ich konnte kaum atmen. Auf Eduardos flehentliche Bitte hin hatte ich mich heute am frühen Vormittag mit ihm getroffen. Er hatte die beiden Tage damit verbracht, eifersüchtig auf Henry zu sein, zu erkennen, daß er, der Narzißt, nun doch von einem anderen Menschen besessen ist. „Wie gut tut es doch, einmal aus sich selbst herauszukommen! Zwei Tage lang habe ich ununterbrochen an dich denken müssen, habe schlecht geschlafen, habe geträumt, ich hätte dich so hart, o ja, so hart geschlagen, daß dein Kopf herunterfiel und ich ihn auf den Armen umhergetragen habe. Anaïs, ich werde dich den ganzen Tag lang für mich haben. Das hast du mir versprochen. Den ganzen Tag." Ich will nichts als aus dem Café fliehen. Das sage ich ihm auch. Seine Bitten, seine Sanftmut, seine Intensität wecken ganz vage meine alte Liebe und mein Mitleid, die Richmond-Hill-Liebe mit ihren unbestimmten Erwartungen, dem altgewohnten Gedanken: Natürlich begehre ich Eduardo.

Ich fürchte, daß er sich wieder in seinem Narzißmus verschließt, denn Schmerz kann er nicht ertragen. „Ich bin gekommen, selbst deine Knochen anzubeten, Anaïs!" Ich bin leicht, ganz leicht erregt, möchte aber am liebsten vor ihm davonlaufen. Ich weiß nicht, warum, aber ich gehorche ihm, folge ihm.

Es tut mir weh, *Albertine disparue* zu lesen, denn Henry hat es mit Randbemerkungen versehen, und Albertine ist June. Ich kann jedes Anwachsen seiner Eifersucht, seiner Zweifel, seiner Zärtlichkeit, seiner Reue, seiner Angst, seiner Leidenschaft verfolgen und werde von einer glühenden Eifersucht auf June verzehrt. Im Augenblick ist diese Liebe, die so gerecht verteilt war zwischen Henry und June, daß ich keine Eifersucht empfinden konnte, ist diese Liebe stärker auf Henry gerichtet, und ich fühle Qual und Angst.

Trotzdem habe ich letzte Nacht von June geträumt. June war unerwartet zurückgekommen. Wir schlossen uns in einem Zimmer ein. Draußen warteten Hugo, Henry und andere darauf, daß wir uns ankleideten, weil wir zum Dinner gehen wollten. Ich begehrte June. Ich bat sie, sich auszuziehen. Stück um Stück entdeckte ich unter bewundernden Ausrufen ihren Körper, sah in diesem Alptraum jedoch auch seine Defekte, seltsame Mißbildungen. Dennoch fand ich sie ganz und gar begehrenswert. Ich bat sie, mich zwischen ihre Beine sehen zu lassen. Sie öffnete sie, hob sie, und ich sah dicht mit grobem schwarzem Haar bedecktes Fleisch wie bei einem Mann, aber die äußerste Spitze ihres Fleisches war schneeweiß. Was mich entsetzte, war die Tatsache, daß sie sich wie rasend bewegte und daß sich die Lippen sehr schnell öffneten und schlossen wie das Maul eines Goldfisches im Teich, wenn er frißt. Ich beobachtete sie fasziniert und angewidert; dann stürzte ich mich auf sie und sagte: „Ich möchte meine Zunge da hineinstecken." Sie ließ es zu, schien mit meinen Aktivitäten aber nicht zufrieden zu sein, sondern wirkte kalt und unruhig. Plötzlich richtete sie sich auf, warf mich nieder, beugte sich über mich, und als sie auf mir lag, fühlte ich, daß ein Penis mich berührte. Als ich sie danach fragte, antwortete sie triumphierend: „Ja, ich habe einen kleinen. Freust du dich nicht?" – „Aber wie kannst du den vor Henry verbergen?" wollte ich wissen. Sie lächelte hinterhältig. Der ganze Traum war beherrscht von einer Atmosphäre großer Unordnung: Bewegungen, die nichts bewirkten, alles kam zu spät, alle warteten, ruhelos und deprimiert.

Und dennoch bin ich eifersüchtig auf all die Leiden, die Henry mit ihr durchmacht. Ich habe das Gefühl, daß ich allmählich Klugheit und Verständnis verliere, daß meine Instinkte heulen wie wilde Dschungeltiere. Wenn ich an die Nachmittage mit Henry im Hotel Anjou denke, leide ich. Zwei Nachmittage, die mir in den Körper, in den Verstand eingebrannt sind.

Als ich gestern von Eduardo nach Hause kam, suchte

ich Zuflucht in Hugos Armen. Auf mir lastete die Angst um Eduardo und die Sehnsucht nach Henry, doch zugleich überkam mich, als ich in Hugos Armen lag und ihn lediglich auf Mund und Hals küßte, ein so süßes, tiefes Gefühl, daß es die ganze Dunkelheit und Gemeinheit des Lebens zu besiegen schien. Es kam mir vor, als sei ich eine Aussätzige und seine Kraft sei so groß, daß er mich augenblicklich durch einen Kuß heilen könne. Gestern nacht liebte ich ihn mit einer Lauterkeit, die alle Höhepunkte überragt, nach denen meine fiebrige Leidenschaft mich gieren läßt. Proust schreibt, Glück sei etwas, bei dem es keine Leidenschaft gebe. Gestern nacht lernte ich das Glück kennen und kann aufrichtig sagen, daß nur Hugo es mir jemals geschenkt hat und daß kein Aufwallen meines von Leidenschaft besessenen Körpers oder Geistes das schlagen kann.

Lilien Faschinger
Frau mit drei Flugzeugen

Dante und Gabriel sitzen auf kleinen Stühlen an einem hellblau gestrichenen runden Metalltisch und trinken schwarzen Kaffee und Anisschnaps. Die Lehnen der Stühle berühren die heiße Außenwand eines Hafencafés. Auf dem Boden steht eine Reisetasche, an deren Henkel zwei Paar hohe Schnürschuhe aus braunem Wildleder gebunden sind.

Dante hebt die Hand, um die Augen gegen die Sonne zu schützen.

Sieh doch, sagt sie und deutet mit der anderen Hand auf ein Schiff, das im Begriff ist abzufahren. Die Verladerampe geht langsam hoch, und gleichzeitig läuft eine junge Frau mit erhobenen Armen aus dem dunklen Laderaum und die Rampe hinauf.

I wanna get out. Let me get off this ship. I gotta get off, ruft sie.

Die Rampe senkt sich wieder, und die Frau läuft mit ihrem Rucksack vom Schiff. Auf dem Pier bleibt sie stehen und dreht sich um. Das Schiff zieht die Ladeklappe wieder ein und setzt sich langsam in Bewegung. Die Menschen auf dem Schiff blicken über die Reling zurück auf die Insel. Einige winken.

Stupid bastards, murmelt die Frau, während sie an Dante und Gabriel vorbeigeht, den Rucksack abstreift und sich an den Nebentisch setzt.

Gefällt sie dir, fragt Dante und sieht Gabriel von der Seite an.

Gabriel wendet den Kopf, sieht die Frau an und sagt nichts.

Gefällt sie dir, wiederholt Dante.

Nein, sagt Gabriel.

Lüg nicht. Sie gefällt dir.

Nicht besonders. Hör auf damit.

Sie schweigen und blicken auf das Meer. Das Meer ist glatt und ruhig. Das Schiff entfernt sich, am Horizont taucht ein zweites auf. Es ist ein graues Kriegsschiff.

Yes, Greek coffee. And an egg. Hard-boiled. And some bread, bestellt die Frau am Nebentisch. Der Kellner verjagt ein paar Fliegen mit einem Tuch und sagt etwas so leise, daß man es nicht versteht.

Dante steht auf. Gabriel ergreift ihre Hand, öffnet die Knie und zieht sie in den entstehenden Zwischenraum. Er legt seine Hände auf ihre Hüften und blickt zu ihr hoch. Sie steht im Gegenlicht über ihm, er sieht ihr Gesicht nicht.

Dummes Kind, sagt er und küßt sie schnell auf den Bauch.

Als sie sich ihm entwinden will, preßt er die Oberschenkel zusammen und spannt die Muskeln an. Gleichzeitig verstärkt er den Griff um ihre Hüften. Sie kämpft wortlos, bis er sie losläßt. Dann beugt sie sich zu ihm hinunter und küßt ihn leicht auf den Mund.

Ich liebe dich, sagt sie, nimmt einen Fotoapparat aus der Reisetasche, hält ihn an die Augen und geht damit ein paar Schritte rückwärts.

Du fällst ins Wasser, ruft Gabriel. Sie bleibt stehen und blickt ihn durch das Sucherobjektiv an. Er sitzt zurückgelehnt auf dem Stuhl, in einem dunkelblauen Hemd, dessen Ärmel bis zu den Ellbogen reichen und dessen oberste weiße Knöpfe geöffnet sind. Die nackten goldbraunen Beine sind locker auseinandergeklappt, die Füße in den Sandalen vorgestreckt. Die glatten dunklen Haare liegen hinter den Ohren an und fallen ihm fast bis auf die Schultern.

Mach schon, ruft er.

Wie schön er ist. Wie fremd er ist. Er sieht mich kaum. Er ist so kurzsichtig.

Gleich, sagt sie und schwenkt den Fotoapparat ein wenig nach rechts, bis die Frau im Sucherobjektiv erscheint. Dann drückt sie auf den Auslöser.

Sie läuft zurück und küßt ihn.

Du bist sehr fotogen, sagt sie. Ich liebe dich.

Als die Schiffssirene ertönt, leeren sie ihre Gläser und betreten das Schiff, das schon seit einigen Stunden im Hafen liegt. Sie finden Platz auf dem Promenadendeck. Zwei blonde junge Männer legen sich neben sie auf eine weiß gestrichene Holzbank, betten die Köpfe auf ihre Rucksäcke und schlafen sofort ein. Einer der beiden trägt eine lange weiße Hose mit großen schwarzen Punkten, der andere eine schwarzweiß gestreifte.

Gabriel zieht ein Päckchen Spielkarten aus der Reisetasche.

Spielen wir, schlägt er vor.

Sie spielen lange, beobachtet von den sie umgebenden Passagieren.

Wir spielen. Wir sind verheiratet. Ich bin mit diesem Mann verheiratet. Seit einer Woche. Wir stellen das Glück zur Schau. Sind wir glücklich.

Einer der blonden Männer wacht auf.

Wir sind so müde, sagt er. Wir haben die ganze Nacht am Strand getanzt. Wir sind Dänen. Bitte wecken Sie uns, wenn wir in Santorin ankommen.

Er legt den Kopf wieder auf den Rucksack und schließt die Augen.

Ihnen gegenüber sitzen eine rothaarige Frau Mitte Dreißig und ein bleicher, schwarzhaariger junger Mann.

Als Kind stand ich einmal in der Nacht auf und stellte alle Blumentöpfe in der Wohnung um mein Bett, sagt der Mann. Am Morgen wußte ich nichts davon.

Du und der Vollmond, sagt die Frau lächelnd.

Der Mann nimmt ihre Hände, verbirgt sein Gesicht in ihnen und küßt sie heftig.

Bewegung entsteht unter den an der Reling Stehenden. Dante und Gabriel laufen zum Geländer. Vor ihnen öffnet sich der große, halb versunkene Krater von Santorin. Zur Linken des mit Wasser gefüllten Kraters erhebt sich eine schwarzrote Felswand. Darauf liegt die weiße Stadt wie eine Schicht Schnee. Am Eingang des Kraters springen Delphine aus dem Wasser. Gabriel zeigt mit dem Finger auf sie.

Sieh sie dir genau an, sagt er. So lachst du. Genau so. Wie ein Delphin.

Sie gehen zurück zu ihren Plätzen und essen ein paar Tomaten, Käse und etwas Brot. Dazu trinken sie Wein aus einer halbvollen Flasche, die in einem Außenfach der Reisetasche steckt. Dann wecken sie die beiden Dänen und gehen zum Ausgang. Jeder hält einen Griff der Reisetasche. Die Schuhe baumeln zu beiden Seiten der Tasche herunter.

Am Hafen tritt ein Mann auf sie zu.

You need a room, fragt er.

Sie sind einverstanden und fahren mit ihm auf der Ladefläche seines blauen Kleinlastwagens die kurvenreiche Straße bis zur Stadt hinauf. Unterwegs kommen sie an einer Gruppe älterer Amerikanerinnen auf Eseln vorüber. Eine Amerikanerin mit seitlich spitz zulaufender grellgrüner Sonnenbrille hat Schwierigkeiten, sich auf dem Rücken ihres Tieres zu halten. Ängstlich blickt sie über die Schulter zurück zu ihrer Freundin.

Oh, Carol, I'm falling, kreischt sie.

Der Mann hält vor einem Haus direkt an der Steilwand, die Hunderte Meter senkrecht zum Meer abfällt. Die Fenster des Zimmers, das man ihnen angeboten hat, geben den Blick frei auf die dunkle Wasserfläche des Kraters, auf einige kleine schwarze Inseln und auf die Felswand gegenüber.

Dante und Gabriel stehen auf dem Balkon ihres Zimmers und blicken in den Abgrund.

Neunzehnhundertsechsundfünfzig war hier das große Erdbeben, sagt Gabriel, läßt seinen Zigarettenstummel vom Balkon fallen und blickt ihm nach. Er geht ins Zimmer zurück und legt sich angekleidet auf das straff gespannte weiße Leintuch auf dem breiten Bett. Eine Weile sitzt Dante auf dem Balkon. Dann tritt sie an das Bett, auf dem Gabriel schläft. Er liegt auf der Seite, in einer anmutigen Krümmung, die Hände an die Wange gelegt, die Knie leicht angezogen.

Sie betrachtet ihn am liebsten, wenn er schläft. Nach der Begegnung mit ihm hat sie darauf gewartet, wie er im Schlaf aussehen wird. Sie hat gewußt, daß der weitere Verlauf ihrer Beziehung davon abhängen wird.

Wie schön er ist. Wie fremd er ist.

Gabriel dreht sich auf den Rücken und beginnt im Schlaf zu lachen. Er öffnet die Augen.

Ich habe von einer Frau geträumt, die ein gelbes Holzflugzeug als Hut trug, sagt er. Es sah sehr komisch aus.

Deshalb hast du gelacht, sagt Dante. War die Frau in dem Traum schön.

Gabriel sieht sie an und schweigt.

Komm her, sagt er und breitet die Arme aus.

Dante kniet sich neben ihn auf das Bett. Gabriel schiebt die Hände unter ihr T-Shirt. Sie schließt die Augen und überläßt sich der Berührung. Nach einer Weile nimmt sie seine Hände von ihrer Brust.

Hast du sie mehr geliebt als mich, fragt sie.

Gabriel richtet sich auf und lehnt sich an die Wand.

Fang nicht damit an, sagt er.

Hast du sie mehr geliebt.

Darauf antworte ich nicht.

Sag es mir. Sag es, flüstert sie, krümmt die Finger und gräbt die Nägel spielerisch in seine Oberschenkel.

In der Nacht ist es heiß. Dante schläft kaum. Um nicht von den Mücken gestochen zu werden, hat sie die Decke über den Kopf gezogen. Als sie merkt, daß Licht gemacht wird, zieht sie die Decke weg. Gabriel steht auf dem Bett, hat eine zusammengerollte Zeitung in der Hand und versucht, Stechmücken damit zu erschlagen. Er flucht laut.

Ich werde mich bei der Hauswirtin beschweren, ruft er.

Beruhige dich, sagt Dante.

Am nächsten Tag mieten sie ein Motorrad und fahren die Küste entlang, auf der Suche nach einem ruhigen Platz am Strand. Sie halten über einer kleinen weißen Bucht. Dante steigt ab, stellt die Kamera auf einen Felsblock am Straßenrand und drückt auf den Selbstauslöser. Dann läuft sie zum Motorrad zurück, setzt sich hinter Gabriel, umfängt ihn mit den Armen von hinten und legt den Kopf auf seinen Rücken.

Ich friere uns ein. Ich friere unser Glück ein.

Sie steigen zum Meer hinunter, bahnen sich vorsichtig einen Weg durch niedriges Dorngesträuch hindurch. Auf halbem Wege stellt sich Dante in den Schatten eines Johannisbrotbaumes. Die Bucht sieht nicht mehr ganz so weiß aus. Sie klettern weiter, bis sie den Strand erreicht haben, und legen eine Decke auf die groben grauen Kiesel. Die Flut hat Seegras angeschwemmt, das in der Sonne trocknet und faulig riecht. Schwarze Teerflecken säumen den Wasserrand. An einer durch Felsblöcke vor dem Wind geschützten Stelle sind die Überreste eines Feuers und einer Mahlzeit zu sehen. Mitten auf dem Strand liegt eine eingedrückte rote Coladose. Nirgends ist ein Mensch.

Sie breiten ihre Decke aus und gehen ins Meer. Ihre Sohlen spüren weiche Pflanzen, glatte Steine, die Stacheln der Seeigel. Dante setzt die Taucherbrille auf und schwimmt ein Stück die Küste entlang. Nach etwa hundert Metern wird der Strand felsig, das Meer tiefer. Dante verliert den Boden unter den Füßen. Sie taucht und gleitet an den Felsen vorüber. Sie fährt mit den Fingern über die grünschwarze, mit Pflanzen bedeckte Oberfläche der Felsen. Die Pflanzen wiegen sich langsam hin und her. Dante spürt ihre federartige Zartheit und Weichheit. Sie drückt sich an die Felsen, tastet sich an ihnen entlang und dringt in kleine schwarze Buchten und Grotten ein. Fische huschen an ihrer Taucherbrille vorüber. Sie taucht tiefer, das Wasser wird schwärzer und kälter. Plötzlich befindet sie sich unter einem überhängenden Felsen. Sie erschrickt und versucht an die Wasseroberfläche zu schwimmen, stößt aber mit dem Kopf an das Gestein, bevor sie sie erreicht. Die Luft wird knapp. In panischer Blindheit schwimmt sie umher. Schließlich erreicht sie die Oberfläche, schießt aus dem Wasser und reißt den Mund auf, um Luft einzusaugen. Sie greift nach einer vorspringenden Klippe und hält sich mit kalten weißen Fingern daran fest. Langsam findet sie ihren Atemrhythmus wieder. Sie zieht sich auf die Klippe und legt sich auf einen warmen, glatten, windgeschützten Stein. Der Stein verläuft schräg nach unten, und ihre Füße werden vom Wasser leicht umspült. Sie blickt in die Sonne und schließt die Augen. Hinter geschlossenen Lidern betrachtet sie eine rote, von feinen, durchsichtigen Bläschen wie von Pantoffeltierchen durchzogene Fläche.

Bilder aus Gabriels Vergangenheit steigen auf, aus der Zeit, als sie ihn nicht gekannt hat. Er geht mit dem Mädchen durch einen Park in einer Großstadt. Das Mädchen hat langes dunkles Haar und trägt einen Korb mit Essen. Es bleibt stehen, blickt zu ihm auf, lächelt und zieht in sanft in ein Gebüsch.

Dante sieht den schlanken, langhaarigen, achtzehnjährigen Gabriel neben dem Lenker eines Autos. Der Mann hat schütteres blondes Haar und trägt einen taubengrauen Anzug. Er blickt kurz auf Gabriels Profil und legt ihm die Hand zwischen die Beine. Dann sieht sie, wie er anhält und Gabriel aus dem Auto stößt. In der Dunkelheit kriecht Gabriel an den Straßenrand. Gelbe Scheinwerfer kommen näher, beleuchten seine Waden und verschwinden. Gleich darauf befindet sich Gabriel auf einem Friedhof. Zwischen zwei Gräbern rollt er seinen Schlafsack aus, schlüpft hinein und weint sich in den Schlaf.

Dante spürt, wie jemand ihre Füße ergreift und sie nach unten zieht. Sie schreit auf. Bevor sie ins Wasser gleitet, läßt Gabriel sie los, zieht sich aus dem Wasser und legt sich neben sie.

Da bist du ja, sagt er.

Er beugt sich über ihr Gesicht und schüttelt seine nassen, glitzernden Haare. Sie schlägt um sich, und er lacht und hält ihre Arme fest. Dann hört er zu lachen auf und küßt die Vertiefung unter ihrem Hals. Sie biegt den Kopf zurück und streckt die Zehen.

So warm bist du, sagt er und gibt ihre Arme frei. Sie liegt ruhig, während er ihr die Träger des Badeanzugs über die Schultern streift.

Gemeinsam schwimmen sie zum Sandstrand zurück. Ein paar Meter von ihrer Decke entfernt sitzen zwei nackte Mädchen. Ihre Haut ist sehr weiß, ihre Haare sind hellblond. Sie unterhalten sich in einer Sprache, die Dante nicht versteht. Sie schützen sich nicht vor der Sonne. Dante legt sich auf den Bauch, setzt ihre Sonnenbrille auf und betrachtet die Mädchen lange.

Schöne Mädchen. Frühstück im Grünen. Paßt auf. Die Männer in den schwarzen Anzügen sind näher, als ihr glaubt. Paßt auf. Niemand wird euch schützen. Laßt sie nicht an eure Haut. Die brandschatzenden Blicke. Auch die Sonne nicht. Nachts werdet ihr euch vor Hitze in den Betten wälzen.

Diese Haut, sagt Gabriel. Es könnten Holländerinnen sein. Als kämen sie aus einem Pensionat.

War ihre Haut auch so, fragt Dante. So zart.

Gabriel seufzt, steht auf und geht den Strand entlang,

die Füße im warmen Wasser, bis sie ihn aus den Augen verliert. Dante legt das Gesicht auf die Decke.

Sie sieht, wie Gabriel sich in einem weißen Hemd mit dem langhaarigen dunklen Mädchen auf eine von Gebüsch gesäumte Wiese setzt. Der Wind fährt durch die Sträucher. Gabriel greift in den Korb mit dem Essen, öffnet zwei rote Coladosen und reicht eine dem Mädchen. Dann legt er seinen Kopf in ihren Schoß. Das Mädchen sitzt aufrecht und rührt sich nicht.

Dante steht auf und geht mit tief gebeugtem Rücken über den Sand. Sie sucht ungewöhnliche Steine. Die beiden nackten Mädchen sprechen miteinander und beachten sie nicht. Sie findet einen größeren Stein, durch den ein Loch geht. Es gibt ein Tier, das Löcher in Steine bohrt. Mit einer Handvoll Steinen kehrt sie zur Decke zurück.

Gabriel ist wiedergekommen und dreht und wendet die Steine in der Hand. Er nimmt einen Stift aus Dantes Handtasche und beginnt die Steine zu bemalen. Er bringt hier und dort einen kurzen Strich an, um ihre Form zu betonen. Ein Schuh, eine Muschel, ein Paket. Dante sieht die veränderten Steine an und geht mit ihnen zu einer die Bucht begrenzenden, etwa drei Meter hohen Felswand. Dort bleibt sie stehen und stellt langsam einen Stein nach dem anderen in die kleinen Nischen in der Wand. Gabriel folgt ihr und betrachtet das Werk mit auf die Hüften gestützten Händen.

Wir lassen sie hier, sagt er. Es ist unser Museum. Die anderen werden kommen und es sich ansehen. Moderne Steine.

Den Schuh nehme ich mit, sagt Dante.

Am späten Nachmittag gehen sie zu einer Kapelle auf der Kuppe eines Hügels. Ein Mönch kehrt mit einem Besen den Lehmboden. Auf dem Altar stehen Olivenölflaschen, gefüllt mit Lampenöl.

Dante legt sich auf die schmale, außen um die Kapelle verlaufende Bank und zieht die Knie an. Gabriel tritt mit dem Fotoapparat zu ihr und beugt sich über sie. Als er auf den Auslöser drückt, bedeckt Dante mit der Hand ihre Augen.

Laß das, sagt sie. Du weißt, daß ich das nicht mag.

Gabriel setzt sich zu Dantes Füßen.

Warum hast du mich geheiratet, fragt er.

Um dich zu quälen, sagt Dante lächelnd. Damit du mich wieder verläßt. Damit du mich nie vergißt.

Schlange, sagt er.

Sie gehen den Hügel hinunter, durch Weinkulturen mit niedrigen, sich am Boden windenden Rebstöcken und über die weißen Treppen der Stadt. Sie setzen sich an einen Tisch auf dem Platz vor einem Café, in dessen Mitte eine große Platane steht. Das Café heißt Platanos. Die Kellnerin ist Engländerin. Als sie den Kaffee serviert, lächelt sie Gabriel an. Er nimmt eine Serviette und beginnt darauf zu zeichnen.

Was zeichnest du, fragt Dante.

Den Kopf der Kellnerin.

Sie ist kalt, sagt Dante.

Nein, sagt Gabriel.

Hör auf zu zeichnen.

Nein, sagt Gabriel und zeichnet auf dem Papiertischtuch weiter.

Die beiden Dänen setzen sich an einen Nebentisch und winken ihnen zu.

Ich gehe jetzt, sagt Dante und steht auf.

Im Morgengrauen erwacht Dante. Durch die offene Balkontür hört sie das Krähen eines Hahns. Neben ihr schläft Gabriel, den Kopf von ihr abgewandt. Sie steht auf und geht auf den Balkon. Die Aussicht auf den Krater ist durch einen feinen, hellgrauen Dunstschleier erschwert.

Das Glück. Wie traurig. Das dunkelhaarige Mädchen. Es schenkt Gabriel ein Foto, dann geht es. Gabriel tritt in eine Telefonzelle und ruft das Mädchen an. Er läßt es zwanzigmal läuten. Niemand meldet sich. Gabriel geht durch den Stadtpark von Brüssel. Er setzt sich auf eine Bank und zieht seine Turnschuhe aus.

Dante geht ins Zimmer zurück und legt sich wieder neben Gabriel. Er dreht sich im Schlaf um und zieht sie an sich.

Wie war ihr Name, flüstert sie.

Gabriel wacht auf.

Was ist, fragt er.

Wie war ihr Name.

Gabriel läßt sie los, sitzt mit gekrümmtem Rücken auf dem Bett und reißt die Augen auf.

Laß mich schlafen.

Den Vornamen, sagt Dante.

Gabriel ballt die Hände vor dem Gesicht zur Faust. Dann holt er mit dem rechten Arm aus und schlägt mit den weißen Knöcheln an die Wand. Als er sie zurückzieht, sind die Knöchel blutig.

Dante fährt allein mit dem Bus zum Strand. Nach längerem Suchen findet sie dieselbe Stelle wie tags zuvor. Die beiden nackten Mädchen sind nicht dort. Dante zieht sich aus und legt sich auf die Decke. Sie setzt den Walkman auf. In a play/Where the actors die. Die Sonne scheint heiß auf ihren Bauch. Das nahe Gesträuch duftet. Sie schrickt auf, als ihr jemand von hinten die Hand auf die Augen legt. Sie schlägt die Hand weg und setzt sich auf. Es ist einer der beiden Dänen. Er trägt eine rote Badehose. Sie nimmt den Walkman ab.

Wo ist Ihr Mann, fragt er. Was schauen Sie so.

Er ist im Zimmer geblieben. Er verträgt die Hitze nicht, sagt Dante.

Ich habe die Hitze gern, sagt der Däne und spielt mit dem Fotoapparat, der neben der Decke liegt.

Ich auch, sagt Dante.

Ein Flugzeug fliegt über sie hinweg. Der Däne blickt durch das Objektiv auf sie und drückt ab.

Was machen Sie da. Lassen Sie das, sagt Dante.

Der Däne lacht.

Ich habe Sie mit dem Flugzeug über Ihrem Kopf fotografiert, sagt er. Es wird ein interessantes Foto.

Legen Sie den Fotoapparat hin, sagt Dante.

Der Däne kommt der Aufforderung nach und blickt sie an. Sie schweigen. Als ein zweites Flugzeug hinter Dantes Kopf auftaucht, nimmt er den Apparat schnell an sich und drückt nochmals auf den Auslöser.

Die gleiche Frau, aber ein anderes Flugzeug, sagt er.

Dante zieht die Knie an die Brust und verschränkt die Arme.

Man macht so etwas nicht, sagt sie.

Der Däne legt den Fotoapparat nicht aus der Hand.

Warum verstecken Sie Ihren Körper, fragt er. Sie sind sehr schön. Sie können es sich erlauben, aufrecht dazusitzen.

Ein drittes Flugzeug steigt hinter Dante in den Himmel, und wieder macht der Däne ein Foto.

Es ist eine Serie, sagt er. Frau mit drei Flugzeugen. Sie müssen die Fotos untereinander an der Wand befestigen. Unbedingt.

Er steht auf. Dante stützt sich mit den Händen auf der

Decke ab und blickt mit durchgedrücktem Rücken zu ihm hoch. Blitzschnell greift er mit den Händen nach ihren Brüsten und berührt sie leicht. Dann läuft er ins Meer und schwimmt davon.

Dante steht auf und blickt dem Dänen nach. Dann geht sie zum Wasser und sieht den Einsiedlerkrebsen zu. Sie hebt eines der Tiere auf, das sich sofort in sein Haus zurückzieht. Sie setzt sich mit ausgestreckten Beinen ins seichte Wasser und läßt sich von den Wellen sanft vor und zurückschaukeln. Sie schaut auf den Teil ihres Körpers, der sich unter Wasser befindet. Er wirkt weiß und verkürzt.

Das dunkelhaarige Mädchen ist unbesiegbar. Es ist eingegossen in die Vergangenheit wie in durchsichtiges Baumharz.

Dante geht zur Decke zurück und setzt den Walkman wieder auf. Sie legt sich auf den Rücken. In a plane/ Going to Helsinki. Als etwas Kaltes ihren Bauch berührt, schreit sie leise auf. Sie öffnet die Augen und sieht, daß der Däne zurückgekommen ist und ihr einen nassen kalten Stein aufgelegt hat.

Bleiben Sie liegen, sagt er lächelnd. Ich habe noch mehr Steine in meiner Hand. Es ist ein interessantes Gefühl, nicht wahr.

Dante verhält sich ruhig, während der Däne ihr weiter kleine Steine auf den Bauch legt. Sie spürt, wie sich ihre Bauchdecke durch das Gewicht senkt.

Ich mache ein Muster, sagt der Däne. Ein Kreuz. Ein Kreuz auf Ihrem Bauch. Ein Kreis auf Ihrem Sonnengeflecht. Interessant. Halten Sie still.

Der Däne konzentriert sich auf seine Tätigkeit, wählt genau aus, entscheidet sich für bestimmte Steine. Langsam trocknen die Steine auf Dantes Haut. Sie genießt das Gefühl und merkt, daß sie benommen wird. Mit einem Ruck erhebt sie sich, so daß die Steine von ihr abfallen.

Was machen Sie da, ruft der Däne. Sie zerstören mein Kunstwerk.

Ich gehe jetzt, sagt sie und schlüpft in ihr leichtes Sommerkleid.

Vor dem Haus sitzt Gabriel mit der Zimmerwirtin und trinkt Likör aus einem dicken, giftgrünen Glas.

Wo warst du, fragt er.

Am Strand, sagt Dante. Ich war ganz allein.

Die Zimmerwirtin bedeutet Dante, Platz zu nehmen, und stellt ein Glas für sie hin. Eine Unterhaltung ist nicht möglich, da sie nur Griechisch spricht. So schweigen sie und lächeln einander an. Die Zimmerwirtin hat das tragische Aussehen mancher Griechinnen.

Abends gehen Dante und Gabriel durch die Stadt. Gabriel hat den Arm um sie gelegt und verhält sich zärtlich. Sie betreten ein Geschäft, in dem Gabriel verschiedene Wollpullover anprobiert. Dante sieht zu, wie er sich vor dem Spiegel bewegt und wie die kleine Verkäuferin ihn hier und dort leicht berührt.

Aber ich ertrage das Glück nicht.

Er entscheidet sich für einen dicken, blauweiß gemusterten Pullover. Die Verkäuferin packt ihn in eine hellblaue, knisternde Plastiktüte, die Gabriel auf der Straße hin und her schwenkt.

Ich hätte nicht gedacht, daß ich einen solchen Pullover finden würde, sagt er. Er ist perfekt.

Im Café Platanos essen sie Lammfleisch auf kleinen Spießchen und geschabte Gurken mit Joghurt und Knoblauch. Dazu trinken sie Weißwein. Gabriels Gesicht ist leicht gerötet, er berührt Dantes Knie unter dem Tisch.

Gehen wir nach Hause, sagt er.

Sie gehen den Weg, der an der Steilwand entlangführt. Gabriel faßt sie an der Hand und zieht sie mit sich.

Komm, sagt er leise. Ich freue mich auf dich.

Dante sträubt sich.

Geh nicht so schnell, sagt sie.

Die Sonne ist untergegangen. Im Westen liegt ein violetter Schimmer über dem Himmel.

Dante bleibt stehen. Gabriel geht ein paar Schritte weiter und wendet sich dann zu ihr um.

Sag mir die Wahrheit, sagt sie. Du hast sie mehr geliebt. Wie war ihr Name. Sag mir die Wahrheit.

Gabriel steht reglos. Dann macht er eine weit ausholende Bewegung mit der rechten Hand und wirft die hellblaue Plastiktüte in einem hohen Bogen über die Steilwand. In der Luft fällt der Pullover aus der Tüte. Dante sieht, wie er weit unten auf einem Felsvorsprung auftrifft und weiterkollert, bis sein Fall zu Ende ist. Er erreicht das Wasser nicht und bleibt im Gestrüpp hängen. Als sie den Blick vom Pullover abwendet, ist Gabriel fort. Sie sieht ihn weit vor sich laufen, bis er hinter einer Biegung verschwindet.

III. EIN GUTER EIFERSÜCHTIGER KANN PHANTASTISCH PROJIZIEREN

Marcel Proust
Die Gefangene

Während ich Albertines Schritte hörte und mich mit Behagen in dem Gedanken wiegte, sie werde an dem betreffenden Abend nicht wieder ausgehen, stellte ich mit Verwunderung fest, daß für dies junge Mädchen, dessen Bekanntschaft zu machen ich früher nicht einmal erhofft hätte, das tägliche Nachhausekommen jetzt eine Heimkehr zu mir geworden war. Das aus Geheimnis und Sinnenreiz gewobene, flüchtige, bruchstückhafte Vergnügen, das ich in Balbec an jenem Abend kennengelernt hatte, an dem sie zum Übernachten ins Hotel gekommen war, hatte sich vervollständigt, befestigt und erfüllte mein vordem leeres Heim mit einem steten Vorrat an häuslicher, ja an Familienleben gemahnender Süße, die bis in die Korridore ausstrahlte, einer Süße, an der alle meine Sinne, teils wirklich, teils – in den Augenblicken, in denen ich allein war – in meiner Phantasie und in der Erwartung ihrer Heimkehr sich in Ruhe sättigten. Wenn ich gehört hatte, daß Albertines Zimmertür sich hinter ihr schloß, und noch ein Freund bei mir war, so beeilte ich mich, ihn zum Aufbruch zu bewegen, ließ ihn jedoch nicht eher allein, als bis ich ihn ganz sicher zur Treppe geleitet hatte, die ich sogar notfalls noch ein paar Stufen mit ihm hinunterging.

Im Eingangsflur kam mir Albertine entgegen. „Warte, während ich meine Sachen ablege, schicke ich dir Andrée, sie ist eine Sekunde mit heraufgekommen, um dir guten Abend zu sagen.“ Und noch mit dem großen grauen Schleier über der Chinchillatoque, die ich ihr in Balbec geschenkt hatte, zog sie sich wieder in ihr Zimmer zurück, als habe sie erraten, daß Andrée, von mir beauftragt, über sie zu wachen, an Hand so mancher Einzelheiten, zum Beispiel, indem sie ihrer beider Begegnung mit einer Bekannten erwähnte, mir eine etwas nähere Bestimmung der unbekannten Regionen ermöglichen würde, in denen die Spazierfahrt stattgefunden hatte, mit der sie den ganzen Tag verbracht und die ich mir nicht hatte vorstellen können.

Andrées Fehler hatten sich stärker akzentuiert, sie war nicht mehr so angenehm wie zu der Zeit, als ich ihre Bekanntschaft machte. Es lag jetzt in ihrem Wesen ganz obenauf eine Art von bitterer Unrast, die immer bereit war, wie über dem Meer sich in einem Unwetter zu entladen, wofern ich nur auf irgend etwas zu sprechen kam, was für Albertine und mich etwa angenehm war. Das hinderte nicht, daß Andrée zu mir besser war, mich mehr lieben konnte – oft erhielt ich den Beweis dafür – als freundlichere Leute. Aber der geringste Anschein von Glück, den man an sich trug, brachte bei ihr, wenn er nicht durch sie selbst zustande gekommen war, einen nervösen, unangenehmen Eindruck hervor wie das Geräusch einer Tür, die man zu heftig schließt. Sie ließ Leiden gelten, mit denen sie nichts zu tun hatte, aber nicht Vergnügungen; wenn sie mich krank sah, war sie tief betrübt, sie bedauerte mich, hätte mich gepflegt. Genoß ich aber eine so bedeutungslose Befriedigung wie die, mich mit behaglicher Miene zu strecken, ein Buch zu schließen und dabei zu sagen: ‚Ah! ich habe eben zwei bezaubernde Stunden mit Lesen zugebracht, was für ein amüsantes Buch!', so riefen diese Worte, die meiner Mutter, Albertine oder Saint-Loup Vergnügen bereitet hätten, bei Andrée eine Art von Mißbilligung, vielleicht auch einfach von nervösem Unbehagen hervor. Jede Genugtuung auf meiner Seite weckte eine Gereiztheit in ihr, die sie nicht zu verhehlen vermochte. Zu diesen Fehlern gesellten sich noch andere, schwerere. Eines Tages, als ich von jenem jungen Mann sprach, der sich so gut in allem ausgekannt hatte, was Pferderennen, Tennis und Golf betraf, aber so völlig unkultiviert in allem übrigen war und den ich in Gesellschaft der ‚kleinen Schar' in Balbec getroffen hatte, fing Andrée höhnisch zu lachen an. „Sie wissen doch, sagte sie, daß sein Vater gestohlen hat, um ein Haar wäre ein Verfahren gegen ihn eingeleitet worden. Sie wollen sich jetzt aus Trotz um so mehr aufspielen, aber mir macht es Spaß, es überall zu erzählen. Ich möchte, daß sie mich wegen verleumderischer Nachrede verklagen. Da würde ich aber eine schöne Aussage machen!" Ihre Augen funkelten. Nun aber erfuhr ich, daß jener Vater keinerlei Unregelmäßigkeiten begangen hatte und daß Andrée es ebensogut wie jeder andere wußte. Sie aber hatte sich von dem Sohn verschmäht geglaubt und hatte nach etwas gesucht, womit sie ihm Schwierigkeiten, ja Unehre bereiten könnte, hatte einen ganzen Roman von Aussagen erfunden, die sie in ihrer Phantasie zu machen aufgefordert worden war, und wußte vielleicht, nachdem sie sich unaufhörlich alle Einzelheiten wiederholt hatte, selbst nicht mehr, wie weit sie der Wahrheit entsprachen. So wie sie jetzt geworden war (und selbst ohne ihre kurzen wahnwitzigen Haßanfälle), hätte ich sie nicht zu sehen gewünscht, und wäre es auch nur wegen der übelwollenden Empfindlichkeit, die mit einer scharfen, eisigen Schicht ihre wahre, wärmere und bessere Natur umhüllte. Aber die Auskünfte, die nur sie mir über meine Freundin geben konnte, interessierten mich doch zu sehr, als daß ich eine so seltene Gelegenheit, etwas zu erfahren, hätte versäumen mögen. Andrée trat ein und schloß die Tür hinter sich; sie hatten eine Freundin getroffen; Albertine aber hatte mir nichts von ihr erzählt. „Was haben sie gesagt?" – „Ich weiß nicht, denn ich habe die Gelegenheit benutzt, um Wolle für sie zu kaufen." – „Wolle?" – „Ja, Albertine hatte mich darum gebeten." – „Das war doch erst recht ein Grund, nicht wegzugehen, sie hat das vielleicht nur gesagt, um Sie zu entfernen." – „Aber sie hatte mich darum gebeten, noch bevor wir ihre Freundin trafen." – „Ah!" antwortete ich und atmete wieder etwas auf. Sogleich jedoch setzte mein Argwohn von neuem ein. Aber wer weiß, ob sie nicht mit ihrer Freundin ein Rendezvous verabredet und sich nur einen Vorwand zurechtgelegt hatte, um allein zu sein, wann es ihr gerade paßte? War ich im übrigen ganz sicher, daß nicht die alte Hypothese (die, nach welcher mir Andrée nicht immer nur die Wahrheit sagte) doch die richtige war? Andrée steckte vielleicht mit Albertine unter einer Decke.

Liebe, sagte ich mir in Balbec, empfinden wir für eine Person, mit deren Handlungen allein unsere Eifersucht sich zu beschäftigen scheint; man hat das Gefühl, man würde, wenn jene sie einem alle mitteilte, am Ende leicht von seiner Liebe geheilt sein. Die Eifersucht mag noch so geschickt von dem verborgen werden, der an ihr krankt, sie wird rasch von der entdeckt, die sie eingeflößt hat und die nun ihrerseits Geschicklichkeit walten läßt. Sie versucht uns von allem abzulenken, was uns unglücklich machen könnte, und es gelingt ihr leicht, denn warum sollte dem Ungewarnten ein belangloser Satz die Lüge enthüllen, die sich dahinter verbirgt? Wir unterscheiden ihn nicht von anderen; ängstlich vorgebracht, wird er gedankenlos angehört. Später, wenn wir allein sind, besinnen wir uns auf diesen Satz, und er wird uns vermutlich dann nicht mehr ganz der Wirklichkeit zu entsprechen scheinen. Aber erinnern wir uns denn auch nur richtig an ihn? Es ist, als entstehe spontan in uns an diesem Satz und an der Genauigkeit unserer Erinnerung ein Zweifel von der Art derjenigen, durch die man bei gewissen nervösen Zuständen sich niemals zu erinnern vermag, ob man den Riegel vorgeschoben hat, und zwar beim fünfzigsten ebensowenig wie beim ersten Mal. Man könnte sagen, daß man dieselbe Handlung unendlich oft vollziehen kann, ohne daß sie jemals von einer genauen und befreienden Erinnerung begleitet wird, wenigstens aber können wir zum einundfünfzigsten Mal die Tür noch einmal wieder schließen, während der beunruhigende Satz in der Vergangenheit liegt und nur durch einen vagen Hörvorgang aufgenommen wurde, den wir aus uns selbst nicht wieder erneuern können. Dann üben wir unsere Aufmerksamkeit an anderen Äußerungen, hinter denen sich nichts verbirgt, und das einzige Heilmittel – das wir aber ablehnen – würde darin bestehen, gar nicht daran zu denken, damit in uns nicht der Wunsch aufkommen kann, es besser wissen zu wollen.

Sobald die Eifersucht erkannt ist, wird sie von der, auf die sie sich bezieht, als ein Mißtrauen ausgelegt, welches zur Täuschung berechtigt. Im übrigen haben wir bei dem Versuch, etwas zu erfahren, mit dem Lügen und Täuschen selbst den Anfang gemacht. Diese Andrées und Aimés versprechen uns zwar, nichts zu sagen, doch halten sie sich auch daran? Bloch seinerseits hatte nichts versprechen können, weil er gar nichts wußte, und vorausgesetzt, daß sie mit jedem von den dreien spricht, wird Albertine mit Hilfe von dem, was Saint-Loup als ‚Recoupements' bezeichnet hätte, das heißt durch Rückschlüsse, in Erfahrung bringen, daß wir sie belügen, wenn wir behaupten, wir ständen ihren Handlungen gleichgültig gegenüber und seien psychisch außerstande, sie überwachen zu lassen. Da es so bei allem, was Albertine tat, an die Stelle meines zur Gewohnheit gewordenen, nie endenden Zweifels trat – eines Zweifels, der zu vage, um nicht schmerzlos zu bleiben und für die Eifersucht das war, was für den Kummer das beginnende Vergessen ist, bei dem ein Abklingen aus der zunehmenden Undeutlichkeit entsteht –, warf das kleine Bruchstück einer Antwort, welches Andrée mir brachte, sofort neue Fragen in mir auf: dadurch, daß ich einen winzigen Teil der großen Zone erforscht hatte, die sich rings um mich ausbreitete, hatte ich nur erreicht, jenes Unkennbare, das für uns, wenn wir tatsächlich versuchen, es uns vorzustellen, das wirkliche Leben einer anderen Person ist, etwas mehr einzudämmen.

Aber ich fragte Andrée weiter aus, während Albertine aus Diskretion und um mir (erriet sie es wohl?) genügend Muße für dies Verhör zu lassen, sich in aller Ruhe in ihrem Zimmer umkleidete.

– Ich glaube, Albertines Onkel und Tante mögen mich recht gern, sagte ich unbedacht zu Andrée, ohne mir ihren Charakter dabei vor Augen zu halten. Sofort stellte ich fest, daß ihr aus einer wabernden Masse bestehendes Gesicht sich veränderte wie Fruchtsaft, der zu gären beginnt; es sah aus, als ob es sich definitiv zersetzte. Ihr Mund bekam etwas Herbes. Nichts mehr war an Andrée von jener jugendlicher Heiterkeit zu finden, die sie, wie die gesamte übrige ‚kleine Schar', trotz ihrer Kränklichkeit in jenem Jahr meines ersten Aufenthalts in Balbec entfaltet hatte und die jetzt (allerdings war Andrée seitdem um einige Jahre älter geworden) so schnell bei ihr entschwand. Aber unwillkürlich sollte ich sie zum Wiedererblühen bringen, bevor Andrée mich noch verließ, um zum Abendessen nach Hause zurückzukehren. „Jemand hat heute von Ihnen in den höchsten Tönen gesprochen“, sagte ich zu ihr. Sofort zuckte ein Strahl von Freude in ihrem Blick auf, sie sah so aus, als ob sie mich wirklich liebe. Sie vermied mich anzusehen, aber lachte ins Unbestimmte mit ihren plötzlich ganz rund gewordenen Augen. „Wer war das denn?“ fragte sie mit naivem, begehrlichem Interesse im Ton. Ich sagte es ihr, und ganz gleich, wer es war, sie war dadurch beglückt.

Alberto Moravia
Der Zuschauer

Ich antworte mit zweideutiger Aufrichtigkeit: „Du hast recht, aber manchmal vergesse ich, ich weiß nicht warum, daß du mein Vater bist.“

Mit seltsamer Courage gibt er zurück: „Ich weiß nicht, was ich sonst für dich sein könnte, außer dein Vater.“

Beinahe rufe ich aus: Mein Nebenbuhler, Silvias Liebhaber!, doch ich halte mich zurück. In bewußter Schmeichelei bleibe ich bei meiner Aussage: „Es ist komisch, aber ich vergesse fortwährend den Altersunterschied.“

Mit Bitterkeit stellt er fest: „Ich leider nicht.“

Mit deutlicher Anspielung auf sein Verhältnis mit Silvia halte ich ihm entgegen: „Tatsache ist, daß du mir in bestimmten Momenten vorkommst wie ein Gleichaltriger, einer, der ohne weiteres mein Nebenbuhler sein könnte.“

Er geht nicht auf die Anspielung ein. Er schaut in die Luft und sagt: „Und dabei bin ich ein alter Mann.“ Er wartet einen Augenblick und fügt dann hinzu: „Ein Alter, der sich manchmal vormacht, er sei noch ein Junger."

Ich schweige, warte. Er fährt fort: „Manchmal möchte ich diesen Frauen, die mir und sich selber etwas vormachen, sagen: Aber seht ihr denn nicht, daß ich fast schon ein Leichnam bin? Daß ich eine welke Haut habe, schlaffe Muskeln, klapperdürre Beine, einen wabbeligen Bauch, tief ausgehöhlte Augen? Kann man mal erfahren, was ihr eigentlich an mir findet?"

Er spricht mit eher zornigem als bitterem Unterton, wie verärgert. Ich suche ihn zu trösten: „Auf diese Dinge kommt es den Frauen nicht an."

„Und worauf kommt es ihnen dann an?"

Ich möchte ihm eine flegelhafte, ungerechte Anwort hinschmettern: Auf das, was du vor ein paar Tagen zur Schau gestellt hast, als Fausta dir die Spritze verabreichte. Aber ich spüre, damit würde ich nicht ausdrücken, was ich denke, sondern was er bei jener Gelegenheit dachte. Ich ergehe mich in Sentenzen: „Jedermann bedarf der Lebenslust, die Frauen aber mehr als die Männer, ihnen kommt es nur auf die Lebenslust an. Man sieht, du hast welche."

Dann sind wir beide stumm. Jetzt, angesichts der bitteren Stimmung meines Vaters, muß ich mir sagen, daß ich nur meine Zeit vergeude, ich werde es nie schaffen, daß er mir vollkommen gleichgültig wird, denn das ist das einzige Gefühl oder besser Nicht-Gefühl, das ich für ihn empfinden möchte. Die grundlegende Frage aber ist: Will ich wirklich wissen, ob Silvia seine Geliebte ist oder nicht? Und wenn an meinem Verdacht überhaupt nichts Wahres wäre? Wenn meine Rekonstruktion ihres Verhältnisses, die sich ja einzig auf das eine Wort „Sau" gründet – ausgesprochen vor siebenundzwanzig Jahren von meiner Mutter und vor wenigen Tagen von Silvia wiederholt –, wenn diese Rekonstruktion nichts wäre als ein Hirngespinst? Wenn ich, mit einem Wort, im Begriffe stünde, zu einem jener Eifersüchtigen zu werden, die lieber sich in eine grundlose Gewißheit flüchten als eine begründete Ungewißheit auszuhalten?

Ich denke angestrengt nach und resümiere in Gedanken einmal mehr sämtliche Indizien, die leider alle rein psychologischer Natur sind. Ich also wäre der Mann, den Silvia liebt, der Mann ihres Lebens; für den Mann, mit dem sie mich betrügt, habe sie lediglich ein sogenannter „Koller" erfaßt. Mit diesem Mann möchte sie Schluß machen, aber jedesmal, wenn sie ihn sieht, „stolpert sie wieder rein", weil er es mit ihr auf eine für sie neue, unwiderstehliche Art treibt. Der Mann, mit dem sie mich betrügt, möchte selbst auch das Verhältnis beenden, aber auch er „stolpert wieder rein", offensichtlich darum, weil er… Hier halte ich inne, weil mich jäh eine einfache Feststellung durchfährt: Es gibt nur einen einzigen Mann auf der Welt, der obwohl von Silvia stark angezogen, dennoch die Verpflichtung fühlen könnte, mit ihr zu brechen, und dieser Mann ist mein Vater.

So kann ich nichts tun, was mir die Illusion erhielte, zwischen meinem Vater und meiner Frau sei nichts vorgefallen. Ich stehe nur noch vor dem Dilemma, ob ich auf die Kenntnis der Wahrheit verzichten und untätig abwarten soll, bis der „Koller" von allein vorübergeht, oder ob ich versuchen soll, mehr, ja alles darüber zu erfahren. Zur ersten Lösung neige ich auf Grund der einfachen Überlegung, was kümmert es mich, ob ich alles genau weiß, da ich ja doch nicht auf Silvia verzichten will, sie liebe und sie gewiß auch dann noch lieben würde, wenn sie mir erklärte, daß sie keineswegs die Absicht habe, mit meinem Vater Schluß zu machen? Merkwürdigerweise drängt mich aber gerade die Liebe zur entgegengesetzten Lösung, ich muß es wissen, ich muß alles wissen, weil ich nur so mein Gefühl auf die Probe stellen und erfahren kann, ob ich Silvia wirklich liebe.

Doch muß ich, um alles zu wissen, nicht etwa bei meinem Vater beginnen? Ja, so ist es; wenngleich es mir zutiefst widerstrebt, mit ihm, und sei es auch nur indirekt, über Silvia zu sprechen. Mühsam beginne ich: „Meinst du nicht, daß vielleicht mehr Lebenskraft in dem Manne steckt, der rechtzeitig aufhört, als in dem, der sich völlig gehenläßt? Selbstverständlich wohnt der Begierde eine große Vitalität inne, doch viel, ja vielleicht sogar mehr, auch im Verzicht."

Mein Vater scheint sich jetzt von der momentanen Depression erholt zu haben, die ihn eben noch, beim Gespräch über das Alter, so aufrichtig mir gegenüber sein ließ. Er schaut mich fragend an und sagt: „Wieso kommt denn heute kein Frühstück?"

Ich unterrichte ihn: „Du bist sehr spät wach geworden und Fausta auch. Ich glaube, sie ist runtergegangen, Brot zu kaufen. Nun? Beantwortest du meine Frage nicht?"

Sonderbarerweise weicht er der Auseinandersetzung nicht aus. Er erwidert sogleich, in nachdenklichem Ton: „Der Kern deiner Frage ist, ob es in Sachen Liebe richtig ist, aufzuhören, zu verzichten. Und ich sage dir: Es mag richtig sein, aber kein Mensch hat es je getan, ohne es hinterher zu bereuen."

Nun, so muß ich denken, da hat er's mir gegeben. Er hat, daran ist kein Zweifel möglich, den versteckten Sinn meiner Auslassungen über die Vitalität verstanden und zahlt mir mit gleicher Münze heim. Ich mustere ihn, und mein Blick muß ihm allzu forschend erscheinen, denn er fährt fort: „Im Grunde bist du ja der gleichen Meinung wie ich."

Ich möchte ihm entgegenrufen: Also stimmt es nicht,

was Silvia behauptet, daß du, im Einklang mit ihr, eure Beziehung beenden möchtest! Also willst du sie bis zum Grunde auskosten! Doch ich bringe nur die ungeschickte Antwort heraus: „Eigentlich nicht. Doch auf jeden Fall läßt sich nicht leugnen, daß du sehr klare Vorstellungen hast."

Spürt er meine Angst? Man möchte meinen, ja, denn er fährt gelassen fort: „Damit wir uns recht verstehen. Man kann in der Liebe auch aufhören, verzichten. Doch das bedeutet nur, daß die Vitalität den Überdruß nicht zu besiegen vermag. Daß man also nicht genug liebt."

„Oder vielleicht auch, daß man nicht vital genug ist?"

„Es gibt alles mögliche. Es gibt die Sammler; Don Juan zum Beispiel war ein solcher Sammler. Einer von der Sorte, die denkt, ich habe noch keine, sagen wir, Dunkelhaarige mit blauen Augen gehabt. Und dann suchen sie nach einer und finden sie, und sobald die auch in die Sammlung eingereiht ist, verlieren sie das Interesse an ihr."

Ich bin nahe daran, auszurufen: Deiner Sammlung fehlte ein seltenes Exemplar, nicht? Die Frau deines Sohnes, deine Schwiegertochter! Statt dessen sage ich in belehrendem Ton: „Don Juan ist kein Sammler. Er ist ein Mann der Macht."

Mein Vater sieht mich einen Augenblick forschend an, zweifellos um zu ergründen, ob ich weiter auf ihn anspiele. Dann fragt er: „Wie das?"

„Auf die einfachste und direkteste Weise, jene, die uns veranlaßt, eine Bestätigung unseres Daseins in der Herrschaft über andere zu suchen. In Don Juans Fall, über andere Frauen."

„Mag sein", sagte er nachlässig, „doch es bleibt die Tatsache, daß viele nur zu sich selbst sagen wollen, auch das Weib da hab' ich mir ins Bett geholt. In dem Fall ist es gewiß möglich, zu verzichten. Aber das ist keine Liebe."

So läßt er mich nicht nur wissen, daß er mit Silvia geschlafen hat, sondern auch, daß er sie nicht liebt und mit ihr nur ein Abenteuer gehabt hat, um danach sagen zu können: Die hab' ich auch im Bett gehabt. Ich merke, daß ich mich durch seine Verachtung für Silvia grausam erniedrigt fühle; voller Zorn begreife ich, daß es mir lieber gewesen wäre, wenn er sie wirklich liebte. Während ich verzweifelt bin, so denke ich weiter, stehen sie demnach im Begriff, ihr Verhältnis aus einer Art lustloser Übersättigung zu beenden: Silvia hat das Neue an der Liebe *more ferarum* ausgekostet; und mein Vater hat jetzt das beruhigende Gefühl, daß er nun auch die Schwiegertochter im Bett gehabt hat. Abermals scheint er meine Gedanken zu erraten, denn er wirft ein: „Manche Frauen geben alles, was sie geben können, beim ersten Mal. Und wenn die Neugier gestillt ist, was bleibt dann?"

„Fades Fleisch", sage ich.

Fades Fleisch! Silvias Körper fades Fleisch! Silvias Schönheit, die zugleich geistiger und sinnlicher Natur, geheimnisvoll vieldeutig ist, verglichen mit einem nach nichts schmeckenden Steak! Meine byzantinische Madonna auf die Stufe einer Schlächterware herabgewürdigt! Ich fühle mich, wie gesagt, erniedrigt, und zwar doppelt: erniedrigt auch, weil ich mich erniedrigt fühle.

Plötzlich aber kommt es zu einer neuerlichen Wendung. Mein Vater argumentiert unerwartet so: „Doch wenn man es sich recht überlegt, kann man auf eine Liebe auch darum verzichten, weil sie gar zu schön war und man die Erinnerung daran unversehrt bewahren will, ehe sie langweilig oder Schlimmeres wird. Ja, auch das kommt vor."

Was fährt da in mich? Ich möchte auf einmal die Hand meines Vaters ergreifen und in gerührter Dankbarkeit küssen. Ja, das möchte ich, weil er mit diesem Satz über die Liebe zwei für mich sehr bedeutungsvolle Dinge ausgesprochen hat: Erstens, daß sein Verhältnis mit Silvia „gar zu schön“ gewesen ist, und zweitens, daß er ebendarum, weil es so schön war, darauf verzichten will. Doch welche Niedrigkeit eines Sohnes steckt in meiner Dankbarkeit!

Im gleichen Augenblick tönt vom anderen Ende des Arbeitszimmers eine Baritonstimme: „Ist es gestattet?“ Mein Vater hebt den Blick und sagt resigniert: „Nur herein, nur herein.“

Es ist Osvaldo, der kleine Physiotherapeut mit dem Glatzkopf und dem Schnauzbart wie ein Fahrradlenker. Er tritt ein und trägt vor sich her zwei Unterarmstützkrücken aus glänzendem Metall. Seine Haltung ist zugleich triumphierend und unecht, das Unechte daran ist jedoch so beschaffen, daß es infolge seines zugleich professionellen und unterwürfigen Charakters meinem Vater gefallen muß. „Guten Morgen, Herr Professor, guten Morgen. Heute ist ein großer Tag, Herr Professor. Ein neues Leben: wir fangen wieder an zu laufen.“

Mein Vater blickt ihn zweifelnd an, als ob ihm das Männchen das Gelingen eines unwahrscheinlichen wissenschaftlichen Experiments verkündete. „Ich hab’ richtige Angst, daß ich es nicht schaffe. Gestern bin ich mal versuchsweise mit einem Fuß aufgetreten, und da drehte sich mir alles, wirklich ein bißchen zu arg. Komisch, solange ich bettlägerig war, fühlte ich mich stark wie ein Löwe.“

Gestelzt doziert Osvaldo: „Man hängt sein Herz an alles, selbst ans Bett. Aber keine Angst, Professor. Jetzt stehen Sie auf, wir drehen eine kleine Runde durch die Wohnung, besuchen die Signorina Fausta in der Küche.“

„Aber ich bin noch nicht angezogen."

„Sie müssen sich doch deswegen nicht anziehen. Die kleine Runde können Sie im Pyjama machen. Ein neues Leben, Herr Professor, ein neues Leben!"

Der kleine Mann tritt an das Bett, lehnt die Krücken an den Sessel und schickt sich an, die Bettdecke zurückzuschlagen. Mein Vater gebietet ihm hastig Einhalt. „Nein, Moment, was wollen Sie machen?"

„Das Bett aufschlagen, und dann sollen Sie im Pyjama durch die Wohnung gehen." Nun kommt es zu einer stummen Szene, die vielleicht nur ein paar Sekunden dauert, mir aber lange und geheimnisvoll bedeutungsträchtig erscheint. Mein Vater schaut mich an, schaut das Männchen an und schaut auf seinen eigenen Körper, der unter der Bettdecke ausgestreckt liegt. Schließlich sagt er: „Gut, machen wir eine kleine Runde. Doch zumindest mit einem neuen Schlafanzug. Doto, bitte hol mir von nebenan, aus Faustas Zimmer, einen neuen Pyjama."

Ich erhebe mich und frage: „Wo sind die Pyjamas?"

Mein Vater blickt mich eine Sekunde schweigend an, als ob er auch nicht mehr wüßte, wo die Pyjamas liegen, dann sagt er barsch: „In der Kommode, oberste Schublade."

Ich gehe zur Tür des Zimmers, in dem Fausta schläft – vor dem Unfall das Schlafzimmer meines Vaters – und trete ein. Es ist ein quadratisches Zimmer mit sehr hoher Decke, möbliert im Empirestil, ein Bett, eine Kommode, ein Schrank mit bronzenen Säulchen und Kapitellchen, ein paar Sessel mit leierförmigen Rückenlehnen. Das Bett, in dem Fausta heute nacht schlief, ist noch nicht gemacht, die Bettdecke zurückgeschlagen, so daß man geradezu ahnt, wie der jugendliche Körper der Pflegerin mit einem Satz herausgesprungen ist; durch die Fensterscheiben fällt ein Sonnenstrahl, der den gelb-grün gestreiften Stoff der Stuhlsitze und der Bettdecke in grelles Licht taucht. Ich ziehe die oberste Schublade der Kommode auf, und da liegen in der Tat, ordentlich geplättet und gefaltet, zwei Reihen Schlafanzüge. Ich wähle einen nußbraunen und schiebe die Lade zu; plötzlich aber halte ich inne, weil ich durch die offenstehende Tür zum Arbeitszimmer hören kann, wie mein Vater zu Osvaldo sagt: „Mir war so heiß heute nacht, und da hab' ich mir im Schlaf offenbar die Pyjamahose heruntergestrampelt. Da schauen Sie mal, wo sie gelandet ist."

Ich höre Osvaldo in devotem Ton antworten: „Wir haben kaum erst April, und es ist schon heiß wie im Juni", was eine gepfefferte Lüge ist, denn wir haben ganz im Gegenteil einen ziemlich kalten April mit häufigen Unwettern. Nach einem kurzen Blick in den Spiegel der Kommode, wo ich mein eigenes, gedankenschweres Antlitz erblicke (doch gedankenschwer wovon, weshalb?), kehre ich in das Arbeitszimmer zurück.

Osvaldo steht neben dem Bett, mein Vater liegt noch ausgestreckt, ohne Bettdecke da, nackt bis zur Hüfte, und erscheint mir so in einer verkürzten Perspektive, die mich an Mantegnas Christus erinnert. Doch der Vergleich mit dem berühmten Bild lenkt mich nicht ab von einem jähen Verdacht. Mir wird jetzt klar, weshalb mein Vater mich und nicht Osvaldo gebeten hat, ihm den Schlafanzug zu holen: weil er nicht wollte, daß ich ihn in dem Augenblick, als der Physiotherapeut die Bettdecke zurückschlug, nackt sah. Und das, weil er sich nicht so sehr seiner Blöße schämte, als vielmehr wegen der fehlenden Pyjamahose, denn diese, so sehe ich, hat er keineswegs zu den Füßen heruntergestrampelt, wie es passiert wäre, wenn er sie der Wärme wegen hätte abstreifen wollen, sondern sie liegt zusammengeknäuelt unter seinem Gesäß, ist aus einer anderen Art Ungeduld, die sich leicht vorstellen läßt, dahingelangt. Als ich eintrete, zieht Osvaldo sie gerade unter ihm hervor, mein Vater wölbt den Unterleib und hebt das Gesäß an, um ihm behilflich zu sein. Diese Beobachtung festigt in meinem Kopf ein Bild, das mich besessen macht: Silvia, wie sie meinem Vater hilft, sich die Hose von den Beinen zu streifen, und er, der sie sich vor rasender Begierde unter den Rücken stopft. Ja, Silvia hat ihn heute nacht aufgesucht; und darum ist er so spät erwacht; jetzt kann er nicht umhin, sich aus einem nachträglichen Schuldgefühl heraus vor mir zu schämen, nachdem er ein weiteres Mal seine schwachen Skrupel und ihr unerfahrenes Widerstreben besiegt hat.

Ich trete entschlossen heran und reiche ihm den Pyjama. „Ist der richtig?“

Er nickt, aus einem Grunde, den ich nicht begreife, scheint er verlegen. Dann merke ich, daß er auf seinen Bauch schaut; und da sage ich mir, daß er vielleicht heute nacht einen Orgasmus mit Ejakulation gehabt hat und jetzt feststellt, daß ein Unterschied zu sehen ist zwischen dem begierdegeschwellten und dem nach Stillung der Begierde erschlafften Glied. Osvaldo sagt: „Und jetzt, Professor, drehen Sie sich im Bett und setzen Sie sich auf, die Füße auf den Boden. Ja, recht so. Und nun versuchen Sie aufzustehen.“

Nun steht mein Vater neben dem Bett, in dem nußbraunen Schlafanzug mit cremefarbenen Revers und zu langen Hosenbeinen, die ihm die Füße bedecken. Verwirrt und gleichsam schon müde, bevor er noch mit dem Laufen angefangen hat, streicht er sich mit der Hand über den Kopf und glättet sein Haar, das dessen gar nicht bedarf. Der Therapeut reicht ihm die Krücken: „Und nun, Professor, stützen Sie sich auf die Krücken und versuchen Sie, die Beine zu bewegen.“

„Aber mir dreht sich alles!"

„Nicht so schlimm, das ist normal, schließlich sind Sie seit drei Monaten nicht mehr gelaufen. Den Anfang machen ist alles. Morgen drehen Sie dann schon eine Runde durchs Haus."

An dieser Stelle sage ich zu meinem Vater, daß ich gehen muß; er mag mich gar nicht gehört haben, so emsig ist er mit den Krücken beschäftigt. Geräuschlos schlüpfe ich aus der Tür.

Barbara Bronnen
Haarlocke

Im Rückblick sehe ich heute, daß mit dem Kleid etwas begann, was ich hätte verhindern müssen, aber wie eine Törin sagte ich zu allem, was diese Tochter von mir forderte, ja.

Leicht waren Katrins Schritte neben mir gewesen, sie ging ohne Jacke in meinem Kleid an jenem Nachmittag, und ab und zu fühlte sie den Stoff des Ärmels zwischen ihren Fingern und strich sich über die Hüften, weil er so glatt und fein war, und jedesmal war es ein Stich in meinem Herzen, wenn ich sie ansah. Jetzt gingen wir auf den Wald zu hin zum See, und sie tänzelte neben mir mit ihren vierundzwanzig Jahren, war voller Pläne, voller Leben: die neue Tabori-Inszenierung hatte sie gesehen, den neuen Jarmusch-Film, die Clemente-Ausstellung, die Diskussion mit den Politikern aus den neuen Bundesländern. Und immer löste sich Neues aus ihrem Erzähl-Strudel heraus, Dinge, die ich noch nicht wußte und über die ich mich wunderte. Sie berichtete aus dem vielfältig verflochtenen Leben einer jungen Frau von heute, der es nicht an Geld mangelt und deren Tage vom Rhythmus der Theater-, Kino-, Konzertpremieren und Vernissagen bestimmt werden – ein wenig snobby, beflissen und nicht ganz aufrichtig, aber auch neugierig und wissensdurstig. Es gibt heute immer mehr von diesen jungen Frauen, die alleine leben und sich alles leisten können, Kleider, Kaschmir, Leder, ein feines Auto, eine schicke Wohnung, die aber auch für die Kurden spenden, die Eritreer, Greenpeace und die den Rest des Geldes in Aktien anlegen. In Katrins Fall gab es dazu noch weitgesteckte Ziele: sie wußte genau, was sie wollte.

Selbst ich, die ich ja nicht erfolglos zu nennen bin, fühlte mich von ihren Aktivitäten bedroht, von ihrem Ehrgeiz. Ich zweifelte keine Sekunde an ihrem Aufstieg. Ein Mann jedoch brauchte offenbar nur ein paar Monate, um ihre Kompetenz als Frau in Frage zu stellen, die Kürze ihrer flüchtigen Beziehungen alarmierte mich. Sie war so verbissen darauf aus, interessant zu sein, daß sie gar nicht merkte, wie kurzlebig und zerstörerisch das war, doch ich hatte längst gelernt, nichts dazu zu sagen. Und in Gedanken beschäftigte ich mich schon wieder mit Angelo und unserer befristeten Zeit in Emmeran: Wie lange Katrin wohl bleiben wollte? Diese Frage lag mir am Herzen.

„Bis morgen", sagte sie.

„Morgen schon", fast war ich erleichtert.

„Ja, ich muß. Ich kann nicht Xenia so lange ins Kraut schießen lassen, die ist so was von karrieregeil, nein, die wird mich nicht verdrängen."

Worum es ginge, fragte ich und betrachtete irritiert den entschlossenen Zug um ihre feuchten Lippen.

„Sie ist spitz darauf, Peters Nachfolgerin zu werden, er

geht ab ’93 in Ruhestand. Sie scheut keine Tricks, mich auszubooten.“

Sie hatte es sich in den Kopf gesetzt, die Agentur so bald wie möglich selbständig zu übernehmen, und wartete nur auf ihre Chance. Sie fürchtete weder Arbeit noch Konkurrenz, ihr unendliches Selbstvertrauen ließ alles andere in den Hintergrund treten.

„Ach“, sagte ich, nun doch überrascht, „du willst, tatsächlich...“ Ruckartig fuhr ihr Körper, umspannt von meinem schimmernden Kleid, zu mir herum, und fast erschrocken blickte ich sie an.

„Was sonst! Diese dumme Pute mit ihren fetten fünfzig ist und bleibt die geborene Assistentin, für alles andere ist die zu alt! Daß sie der Boß wird, diese Flausen werde ich ihr austreiben, da kannst du sicher sein.“

Verletzende und grausame Worte nicht nur für jene Frau, sondern auch für mich, aber an mich dachte sie dabei wohl gar nicht. Und als ich ruhig und leise sagte: „Warum sollte eine Frau in meinem Alter nicht mit der Aufgabe zurechtkommen, eure Agentur zu leiten“, zuckte sie nur achtlos mit den Schultern: Sie hatte mir gar nicht zugehört, sondern zupfte am feinen Stoff über ihrem unversehrten Körper. Und während sie ihre schönen, manikürten Fingernägel besah, sagte sie, und ihr Tonfall dabei gefiel mir gar nicht: „Sie hat eine Menge Zeit verbracht mit Warten und Beinebreitmachen, und es ist nichts dabei rausgekommen. Warum sollte ich es nicht schaffen, auch wenn ich erst vierundzwanzig bin?“

Ehe ich ihr antworten konnte, schaute sie mich an, als wäre meine Kritik gerade erst bei ihr angekommen; ein wenig schien ich ihr wohl doch zu bedeuten, denn nun lenkte sie ein und wurde sanft und schuldbewußt.

„Jetzt bildest du dir etwas ein, Johanna“, sagte sie, „mit dir hat das nichts zu tun. Außerdem bist du nicht wie sie; was Männer angeht, hat die kein bißchen Selbstachtung…" Und sie hielt inne, lauschte auf meinen tiefen Atemzug.

„Vielleicht solltest du Deiner Frau in meinem Alter ein wenig mehr Verständnis entgegenbringen", sagte ich trocken, „vielleicht hat es Gründe, warum sie so ist."

„Klar", sagte sie brav, aber ich sah ihr an, daß sie in keiner Weise in Betracht ziehen würde, was ich gesagt hatte. Eine Weile schwiegen wir, und ich schaute lange auf den spiegelnden See, bis ich wieder ruhiger wurde. Kurz darauf ließ ich mich im Gras nieder, und es machte mir Freude, die Halme zwischen den Fingern zu reiben, während Katrin herumsprang, ausgelassen und forciert vergnügt. Sie kam mir wie ein Kind vor, das unartig gewesen ist und nun Sorglosigkeit demonstrieren will, als würde sie nie das Messer wetzen. Ich blickte sie an, um zu verstehen, woher sie das nahm und ob das echt war, soviel Überschwang und unbändige Kindlichkeit, und das mit ihren Sechshundert-Mark-Schuhen, dem exquisiten Ohrring und meinem Schimmerkleid – wirklich ein seltsamer Anblick, wie mein Glanzstück so auf Naturkind machte und um die Bäume sprang.

Ich ärgerte mich ein wenig, weil es mir vorkam, als täte sie das nur, um mich zu verstören, und ich dachte gerade daran, ob sie mich später einmal im Altersheim besuchen würde, als ich Angelos Stimme hörte, der meinen Namen rief, aber mich sah er gar nicht, sondern nur Katrins Kehrseite, auf die er zukam, im Gesicht den Ausdruck tiefen Erstaunens.

Er blieb stehen, um die Gestalt beim Herumtollen zu beobachten, und als sie sich unvermittelt umwandte, rührte er sich lange nicht vor Verblüffung; erst dann verstand er. Ein seltsames Schweigen breitete sich zwischen uns aus, und ich glaube, daß ich in diesem Augenblick eine Fährte aufnahm, ich witterte etwas, ohne zu wissen, was es war.

Untrüglich sehe ich heute auch das Komische dieser Situation, wie seine aufgerissenen Augen auf ihrem, meinem Kleid hafteten, ihrem Gesicht mit meinen Zügen, ihrem Mund, geschwungen wie meiner. Erst dann entdeckte er mich, und seine Augen schweiften von ihr zu mir und wieder zu ihr. Gleich darauf ging er auf mich zu, und ich erhob mich, plötzlich unsicher und scheu, und als er vor mir stand, öffnete sich sein Mund, er lachte unwiderstehlich mit seinen weißen Zähnen und schloß mich in seine Arme: „Johanna, ist das deine Tochter? Das kann nur deine Tochter sein, stimmt's?"

Katrin war stehengeblieben und sah zu, wie er mich an sich preßte, und ihre Augen musterten ihn ungeniert, als seine Hände über meine Wangen strichen. Behutsam löste ich mich und sagte ernst: „Ja. Katrin, und das ist Angelo."

Katrin blickte ihn an, die Augen umwölkt von Sinnlichkeit, ihr rechter Mundwinkel hob sich mokant wie ihre rechte Braue. Also das sind Sie, schien ihr Blick zu sagen, so ein junger Typ.

„Wäre ich dreißig Jahre früher geboren, Sie würden mir gefallen", scherzte sie, aber hinter ihren Lidern lauerte etwas Wachsames, und ihre Worte blieben ohne Echo. Ich blickte sie an, und mein Herz begann zu klopfen, als ich dachte: wenn ich ein junger Mann wäre, verliebt in eine reife Frau, so eine Tochter würde ich mir erfinden.

„Wie geht's denn so? Hier wird es Ihnen kaum gefallen..." sagte er flapsig mit einem anzüglichen Blick auf ihre goldenen Schuhe.

„Mal sehn." Sie bedachte ihn mit einem frechen Blick. „Ich mag so Überfälle, aber Mami ist noch im Schockzustand." Aufrecht und selbstbewußt stand sie da, körperlich so ganz meine Tochter, und jetzt verzog sie keine Miene, als Angelo wieder den Arm um mich legte und meinen Blick suchte.

„Ich wollte schon immer mal sehen, wie du als junge Frau ausgesehen hast", und er lachte leise, während er mich auf die Wange küßte, „ich meine, du hast deine Jugend bislang ausgelassen in deinen Geschichten, und ich bin sehr neugierig, wie du weißt."

Wieder ein Blick von mir zu ihr, als gäbe es da sichtbare Fäden, und er sagte, immer noch erstaunt: „Eine solche Ähnlichkeit, es ist unglaublich. So also hat meine junge Johanna ausgesehen, genauso ...", und er schnalzte anerkennend mit der Zunge.

„Jetzt weißt du es", sagte ich „Katrin sieht heruntergerissen aus, wie ich damals, nur – anders ..."

„Weiß gar nicht, ob ich das so besonders mag." Ihr Mund kräuselte sich, „ich meine, es ist irgendwie festnagelnd, als eine jüngere Ausgabe herumzulaufen, und umgekehrt ..." Und ihr Blick drückte ein mitleidiges Interesse aus, als frage sie sich, wie ich mit dem Makel des Älterwerdens zurechtkäme.

In der Erinnerung fühle ich diesen Blick noch auf mir ruhen, und ich empfinde es heute noch nach, dieses Anwachsen einer leisen Furcht in mir, der Furcht vor einem Schmerz. Aber ich versenkte sie sogleich tief in mir, wo sie sich im stillen nährte und nur darauf wartete, wieder nach oben zu kommen.

Zunächst jedoch gingen wir um den See herum, während mein Blick ab und zu auf Katrin ruhte, die zwischen uns war, sicher, daß ihr niemand widerstehen konnte. Ihre Augen, dunkel wie Bohnenpaste, flirteten mit Angelo, schon ging sie eingehängt mit ihm, und ihre Füße bewegten sich tänzelnd, ihr Kopf war ganz ihm zugewandt.

Nur dann und wann unterbrach sie ihr kleinmädchenhaftes Geplapper, um einen flüchtigen Blick auf mich zu werfen, als wolle sie sich versichern, ob ich überhaupt mitkäme.

Tatsächlich gab es eine Menge Dinge, über die ich längst nicht so informiert war wie die beiden, aber darum ging es eigentlich nicht. Katrins Anwesenheit, ihr vertrauliches Geplauder, ihr Flirten veränderte die Beziehung zwischen Angelo und mir; mit Geschick und Schläue raffte sie alles Interesse an sich. Ja, das war ganz Katrin: sie produzierte sich auf geradezu hysterische Weise und machte sich zum Mittelpunkt, korrespondierte mit Angelo durch winzige intime Botschaften und ließ mich immer mehr links liegen. Ich war nicht eingeweiht.

Ich erinnere mich noch an ihrer beider Kichern und wie ausgeschlossen ich mich fühlte, ich war eifersüchtig, eifersüchtig auf ihre Übereinstimmung und ihre Aufmerksamkeit füreinander, eifersüchtig, weil sie scherzten und tändelten und weil es ihm so gefiel. Und obwohl er auch mich einzubeziehen suchte, feinfühlig hinter seinem kecken und albernen Verhalten, und obwohl er mich immer fest am Arm hielt und ab und zu sein Gesicht an meine Wange legte, war mir, als wäre zwischen den beiden etwas, wozu ich keinen Zugang hatte, und ich beobachtete sie immer angespannter. Und als wir in der Dämmerung vor den „Altemmeraner Stuben", entgegen seinem Namen ein exotisches Restaurant, standen und die beiden dafür plädierten, die Gesundheitskost einmal wegzulassen, nickte ich nur noch achselzuckend und lustlos. Heute sehe ich das Ausmaß meiner Ressentiments mit Schrecken, ängstlich hatte ich mich zurückgezogen und so das Zusammensein, auf das ich mich doch hätte freuen können, zu einem Alptraum gemacht. Mir kommt es heute so vor, als wollte ich unbedingt leiden. Mein Herz hatte sich verdunkelt.

Ich spüre die feine Verletzung noch, die ich empfand, als Angelo und Katrin, während wir die Karten studierten, klug über die Magie der Schatten sprachen, denn beide hatten ihre Weisheiten von mir, und ich fühlte noch die leichte Erregung, die mich angesichts des mich umwerbenden tunesischen Kellners überkam und der Berührung seines Arms. Zum erstenmal empfand ich mich als plump und alt, und im Gesicht meiner Tochter, meinem Spiegel, las ich, wer ich war: eine mittelalterliche Mami im Hosenanzug. Ach, der verdammte Hosenanzug! Um all dies zu übertünchen, auch um die Worte des Kellners in mir zum Schweigen zu bringen, der gesagt hatte: „Schöner Schwiegersohn, schöne Tochter, schönes Paar", legte ich ein emsiges Geflirte mit dem Tunesier an den Tag, sein Blick wurde unverschämt wie seine Gesten. Und während ich meinen Salat aß, buntes, exotisches, rötliches Zeug mit bläulichen Blättern durchsetzt, wie man es inzwischen in jedem bayerischen Nest erhält, und während ich trank, zuviel trank, fühlte er sich aufgerufen, seinen Namen zu nennen – er hieß Camel, „nicht Tier, nicht Sigarett" –, und lud mich schließlich nach Tunesien ein: „Sie kommen, ich machen Sie jung und schön." Und wie in einem meiner schlimmsten Träume hörte ich nicht auf, mich gegen das Gefühl der Unwirklichkeit aufzubäumen, indem ich wie wild redete und gestikulierte, und als wir endlich gingen, nachdem Angelo entschlossen den Kellner in seine Grenzen verwiesen und ohne ein Wimpernzucken die Rechnung bezahlt hatte, konnte ich mich nur noch mühsam aufrecht halten, betrunken nicht vom Alkohol, sondern von meinen dämonischen Einflüsterungen.

Auf dem Heimweg blieb ich stumm. Mein Blick verlor sich in den beleuchteten Fenstern und im Sternenhimmel, der tief und glitzernd über mir hing, mir war wie damals, als ich vierzehn war und in die Nacht hinausblickte, und in Gedanken schlüpfte ich in eine Szene aus meiner Jugend. Ich sah mich, wie ich mich damals in Mutters Stökkelschuhen vor dem Spiegel hin und her drehte, unsterblich verliebt in ihren Freund, einen vierzigjährigen Dichter, den ich bewunderte in seinen abgerissenen Kleidern, mit seinem langen Haar. Und jedesmal, wenn ich ihn im Vorgarten auf unser Haus zugehen sah, klopfte mein Herz, und ich sah eine unbegreifliche Schönheit darin, wie er ausschritt, mit ausgreifenden Körpergesten und wippender Haarlocke. Es machte mich verrückt, daß ich für ihn nichts als ein kleines Mädchen war, schüchtern, dümmlich und verloren. Und eines Abends, als ich die beiden, die ich belauschte, in übermütiger Umschlingung auf dem Sofa entdeckte, brach meine Welt zusammen, unbemerkt schlich ich davon, enttäuscht, entrüstet, unglücklich und gekränkt, wie es nur eine Vierzehnjährige sein kann, aber auch gequält von unbezwinglicher Eifersucht.

Am Morgen darauf, als ich vor meiner Mutter stand, das Haar getürmt und die Lippen geschminkt, bereit, ihr meine Meinung zu sagen, da blickte sie nur kurz von ihren Töpfen auf und sagte ungerührt: „Wisch dir das Zeug aus dem Gesicht", und wandte sich wieder ihrer Arbeit zu. Doch keineswegs wollte ich gehorchen, ich rührte mich nicht von der Stelle und sprach ihr das Recht ab, mich zurechtzuweisen, voll Zorn verwies ich auf meinen Vater: „Es ist nicht richtig, was du tust."

Die Ohrfeige aus ihrer Hand erhöhte meine Wut, und ich stolzierte aus der Küche, mit hoch erhobenem Kopf, unverzeihlich arrogant in meiner Präpotenz, mit der ich meiner reifen Mutter das Recht auf Liebe absprach, schockiert aber auch, voll Sehnsucht und voll Haß.

Ich blickte auf Angelo, meinen kleinen Angelo, seine fröhlichen vertrauten Züge. Warum nur versteckte ich, was gestern noch strahlte und schimmerte? Ich hatte immer angenommen, ich verfügte in meinem Alter über so etwas wie Selbstkontrolle, doch je mehr ich über jenen Abend nachdachte, desto mehr ärgerte ich mich über mich selbst.

Isabella Bossi Fedrigotti
Zwei Schwestern aus gutem Hause

Eines Tages deutete Virginia an, daß sie wegfahren würde. „Verreist du? Wohin? Kommst du bald wieder? Mit wem fährst du?“ fragte Mama. „Ich fahre mit Tullio, und die Kinder kommen mit“, verkündete deine Schwester, und schon am selben Abend war sie fort. Papa hat sich nicht von ihr verabschiedet. Zu dir sagte Virginia, die Atmosphäre im Haus sei bedrückend geworden, sie müsse ihr Leben leben, Tullio sei aus dem Alter heraus, heimlich in ihr Zimmer zu kommen, um mit ihr zu schlafen. Und du, in welchem Alter warst du? In dem Alter, noch die kleine Tochter zu spielen, für immer allein zu schlafen und mit der Erinnerung an einen zu leben, der seine Versprechungen nicht gehalten hatte? Virginia riet dir, schnell fortzugehen. „Bleib nicht hier hocken, diese Welt ist Vergangenheit.“ Später jedoch, als Papa und Mama nicht mehr lebten, hat sie dich drangsaliert, um dir diese vergangene Welt, das alte Haus, den Garten, die Felder, wegzunehmen.

Bis ihre Söhne und Enkel es bekommen, müssen sie sich noch ein wenig gedulden. Außerdem weißt du, daß sie das Haus verkaufen und sich von dem Erlös etwas am Meer oder im Gebirge oder – in einer eleganteren Gegend als dieser hier – auf dem Lande kaufen wollen. Vielleicht möchten sie auch nur in den Genuß des Geldes kommen, die alten Möbel mitnehmen, um sie in ihre Stadtwohnungen zu stellen – die du nie hast sehen wollen: Du stellst sie dir blitzblank vor wie in der Werbung –, und das leere Haus an eine Schule, an die Gemeinde oder an einen Bauunternehmer verkaufen, der Wohnungen daraus machen könnte... Nur sind ihre Frauen nicht damit einverstanden, sie haben ihre Liebe zum Alten entdeckt, zu den Häusern von früher mit den großen Küchen. Auch dies haben sie in der Werbung oder in irgendwelchen Zeitschriften für Wohnungseinrichtungen gesehen. Du hast es daran gemerkt, wie sie deine alten Sachen berühren und betrachten, nicht das wertlose Zeug, das Beppina gefällt, sondern die guten Stücke. Sie möchten herkommen und hier wohnen, um die Schloßherren spielen zu können und ihren Freunden mit den Ahnenbildern auf der Treppe zu zeigen, daß sie eine Vergangenheit haben.

Du weißt nicht, was du vorziehen würdest. Ein Verkauf wäre vielleicht das beste; womöglich gar die Umwandlung in eine Bibliothek oder in irgend etwas Nüchternes wie Standesamt oder Schule, jedenfalls etwas, das nachts ruhig und menschenleer bliebe, so daß die Wände, die Zimmer, die Korridore während der stillen Stunden die alten Gespenster, das Leben, die Gerüche und Geräusche der Vergangenheit hervorsickern lassen könnten.

Du mußt daran denken, Ordnung zu schaffen und alles zu regeln, bevor du gehst: die Briefe verbrennen, die Photographien aus den Rahmen nehmen, die Bücher durchblättern, um Zettel und Notizen, die zwischen den

Seiten liegengeblieben sind, zu entfernen. Das Archiv, die Kontobücher, die Wäscheschränke in Ordnung bringen und auch deine Kleider, zumindest die, die du kaum noch anziehst, um nicht alles Beppina zu überlassen. Du möchtest nicht, daß sie etwas aus deinem Leben entdecken, was du nie erzählt hast, du willst keine Spuren hinterlassen, die etwas über dich aussagen. Damit nicht passiert, was dir mit Virginia passiert ist.

Sechzig Jahre danach erinnerst du dich noch immer an Mamas Gesicht bei der Abreise deiner Schwester: Blaß stand sie da und versuchte zu lächeln, um ihr Unglücklichsein zu verbergen. Sie war sicher, daß Virginia nicht zurückkehren würde, zumindest nicht, um in diesem Haus zu leben, und sie erfand Rechtfertigungen, um sich zu trösten: „Sie muß ihr Leben leben, sie braucht eine Luftveränderung, vielleicht ist Tullio der Richtige für sie." Niemand antwortete ihr, aber sie fuhr fort, ihre Gedanken auszusprechen, und hinterher wollte sie in Virginias Zimmer und in dem der Kinder nichts anrühren, damit alles bereit wäre, wenn sie zurückkämen.

Du hast Virginias Sachen durchgesehen, nachdem sie abgereist war, die vergessenen oder zurückgelassenen Kleider, die ungeordneten Papiere in den Schubladen – sollte man sie wegwerfen, verbrennen oder nicht berühren? –, die Dinge, die ihr nicht wichtig oder nicht schön genug erschienen waren, um an ihrem neuen Leben teilzuhaben. Eine Kette aus Glasperlen, Schuhe, die ein wenig altmodisch waren, eine angebrochene Puderdose und ihre Tagebücher. Tagebucher aus einem alten Leben, das sie nicht abgeschlossen hatte, und die deshalb für das gerade neu begonnene nicht zu gebrauchen waren. Du hast dich also in ihr Zimmer zurückgezogen, die Luft eingeatmet, ihr Parfum, das noch im Raum hing. Stundenlang hast du ruhig dort auf ihrem Bett gesessen, bevor du den

Mut fandest zu lesen. Es wäre besser gewesen, du hättest es nicht getan, und Virginia hätte ihre Tagebücher mitgenommen oder sie im Küchenherd verbrannt.

Zunächst fandest du das Übliche: die Schneiderin, die Freundinnen, die sie besuchen sollte, Stichpunkte für einen Brief, ein Rezept für Vanilleplätzchen. Wann hatte sie jemals welche gebacken? Dann wieder: „Wolle kaufen“, „Beim Arzt“, „Venedig“, „Geschenk für Mama und für L.“, „L. gesehen“, „L. getroffen“, „Spaziergang mit L.“, „An L. schreiben“. Wer war L.? Welcher unter ihren Freunden war so ausdauernd, so wichtig gewesen, daß er wochenlang fast täglich in ihrem Tagebuch erscheinen konnte? Vielleicht der junge Mann aus Rom? Aber war sein Name nicht Fabrizio oder Maurizio gewesen? Als L. fiel dir nur dein L. ein, dein Verlobter, der nicht zur Hochzeit gekommen war. Und es waren jene Tage. Die Tage deiner Küsse, der heimlichen Liebkosungen, des Glücks vor dem verhängnisvollen Hochzeitstag.

Fieberhaft hast du in dem Tagebuch vor und zurück geblättert, um die Daten zu vergleichen und dich zu erinnern, ungläubig, in größter Verwirrung. Ach, hättest du dir doch die Ereignisse genau in Erinnerung zu rufen vermocht, Tag für Tag! Das eine Mal, als er dir geschrieben hatte: „Ich kann nicht kommen, ich muß bei meinem Vater bleiben“, um dann zu überprüfen, ob es womöglich mit dem von Virginia notierten Spaziergang zusammenfiel. Und wenn L. dein L. war, was hatten sie bei diesen so häufigen, so heimlichen Spaziergängen und Treffen miteinander geredet? Und wenn er sie genauso geküßt hatte wie dich? Natürlich hatte er dich dann nicht mehr heiraten wollen: Was konntest du ihr denn voraushaben, du, unreif, steif und unerfahren, sie dagegen schön, sanft und verführerischer als du. Du spürtest, daß er es war, daß „Nachmittag mit L.“ nichts anderes bedeuten konnte, als daß sie in deiner Abwesenheit irgendwo zusammengewesen waren … Und dann?

„Ich erwarte ein Kind", stand da einige Seiten weiter. Schließlich, nach einigen leeren Seiten ohne jeden Eintrag – leere oder zu volle Tage, um Zeit zum Schreiben zu haben – nur die Worte: „Ehe geplatzt". Deine Ehe. Das zu begreifen, half dir der freie Raum zwischen den beiden Eintragungen. Beim Lesen rückten beide Sätze zusammen. Aber nein, du hättest etwas bemerkt, einen Blick, ein Wort, ein Lächeln; es konnte nicht sein. Und doch. Es fiel alles zusammen: das Kind trotz Giorgios Abwesenheit, Virginias Ausharren in dem Haus, das sie nicht mochte, L.s Melancholie, sein Schweigen, die zweimalige Flucht. Er konnte doch nicht die Tante seines Kindes heiraten.

Ach, warum hattest du nein gesagt, obwohl du so gern ja gesagt hättest? Warum hattest du nicht dafür gesorgt, daß es dein Kind geworden war? Warum hattest du immer die ungeschriebenen, unausgesprochenen Gesetze befolgt, die unsichtbar, aber unterschwellig so präsent waren, daß man sie auf keinen Fall übertreten durfte? Warum warst du nicht wie Virginia? Aber wann, aber wo hatten sie dich betrogen, wann hatten sie es beschlossen, wie hatten sie sich verständigt, wo hatten sie sich gesehen? Hatte sie ihn verführt, oder hatte er sie gebeten, überredet, angefleht? Nein, sicher waren sie sich beide gleichzeitig einig, unfähig zu widerstehen, erregt durch den Betrug, durch die Gefahr, entdeckt zu werden, durch den Skandal.

Heute sind sie für dich Gestalten aus einem Film, aber noch immer bist du nicht gleichgültig gegenüber jener Szene, die du Hunderte von Malen immer wieder vor dir gesehen hast. Haben sie über dich gelacht oder hatten sie Mitleid mit dir? Wenn sie überhaupt Zeit hatten, an dich zu denken. Daß er ihr gefiel, wußtest du, und du hattest dich darüber gefreut; ja, es war sogar ein gewisser Stolz dabeigewesen. Aber er, er, seit wann hatte er Virginia so gesehen? Nichts fiel dir ein, kein Satz, kein Wort, keine Bemerkung, kein Blick, kein Seufzer, der ihn verraten hätte. Und doch, es hatte deine Erzählung gegeben, von Virginia am Teich während des Krieges. Jenes Bild von ihr im Gras, das sie dem Soldaten darbot, nur das konnte seine Neugier, vielleicht auch schon sein Verlangen geweckt haben. Du bist im Zimmer deiner Schwester sitzengeblieben, bis es dunkel wurde, und wolltest dich mit aller Kraft an ihre Stelle versetzen. Er wird also angefangen haben, sie zu betrachten, ihre schönen Beine, ihre kleinen Füße, ihre Kleider, die ein wenig Busen sehen ließen, weil ein Knopf wie aus Unaufmerksamkeit offengeblieben, der Schnitt etwas zu eng und der Stoff sehr leicht war. Sie bewegte sich schön, Virginia, mit Parfum im Haar. „Alkohol schadet den Haaren“, sagte Beppina, aber deine Schwester hörte nicht auf sie und schüttelte den Kopf, um eine Duftspur zu hinterlassen.

Vielleicht hatte er einmal bei der Begrüßung ihre stets cremezarten Hände gefühlt und sie sich plötzlich am Rande des Teiches vorgestellt, wie du es ihm erzählt hattest. Eine verheiratete Frau, aber ohne Mann, mit Erfahrung, eine unruhige Frau, wie die Romanautoren schrieben, um damit etwas anderes anzudeuten. Hatte er vielleicht eine Gelegenheit abgewartet, um ihr unbemerkt ein Wort zu sagen? Und sie? Wie sollte sie der Versuchung widerstehen, sich von dem Verlobten ihrer Schwester verführen zu lassen? Wie auf das heimliche Spiel unter aller Augen, ohne daß jemand davon wußte, verzichten? So wie du Virginia kennst, dürften sie nicht weit gegangen sein, höchstens hinunter in den Garten oder sogar in dieses Zimmer, bei von innen verschlossener Tür. Die

Erregung, sich in aller Eile auszuziehen, während sie draußen die Stimmen aus dem Haus hörten, womöglich sogar deine. Sie werden nicht viel geredet haben – er war immer schweigsam –, höchstens etwas geflüstert, aus Angst, entdeckt zu werden. Selbst jene Worte hast du dir vorzustellen versucht.

Dann wird er sie im Bett zurückgelassen haben, wo sie ihr Blut heftig kreisen hörte und das Vergnügen genoß, sich völlig gedankenleer zu fühlen. Es wäre nichts Besonderes dabeigewesen, denn Virginia zog sich oft während des Tages in ihr Zimmer zurück, um sich ein wenig auszuruhen. Er wird gekommen sein und dich gesucht haben, während du von der Anprobe des Kleides, von einem Besuch mit Mama oder irgendeiner anderen für jene Tage typischen Verpflichtung zurückkamst. Lächelnd, schweigend, noch zärtlich und noch mit Lust zum Küssen stand er vor dir, und du in deiner ahnungslosen Jungfräulichkeit hast nichts gemerkt. Er fragte nicht, aber er wollte mit dir schlafen, das hast du immerhin begriffen. Auch mit dir.

Du hast an nichts anderes mehr gedacht. Du hast versucht, dich an eine Geste, ein Wort, eine Abwesenheit oder Anwesenheit zu erinnern, die dir die Augen hätte öffnen können. Ja, Virginia war fröhlich gewesen, hatte sich blendend gefühlt und war zufrieden, obwohl sie schon mit ihrem Mann im Streit lag. Aber wenn du ahnungslos warst, so waren es auch dein Vater und deine Mutter, Beppina und die Köchin, die doch hätten begreifen können. Manchmal blieb er nur kurz, kam und schien in Eile, mit den Gedanken woanders, aber was wußtest du schon vom Leben der Männer? Männer hatten ihre Geschäfte, ihre Sorgen, ihre Männerangelegenheiten. Du stelltest dir vor, er hätte mit Papieren zu tun, zu schreiben, sich mit Leuten zu treffen und über schwierige Dinge zu reden. Statt dessen ging er, sobald er von dir fort war, und suchte deine Schwester.

Du hast das Tagebuch weggelegt, hast es in einen Schrank auf dem Dachboden eingeschlossen, damit es dir nicht mehr unter die Hände käme, um es völlig zu vergessen und die Sätze nicht noch einmal zu lesen, die dort hineingefallen zu sein schienen, gleichgültig und bedeutungslos für alle anderen, aber für dich verletzend scharf wie Hexenkrallen. Doch im Lauf der Jahre bist du gelegentlich hinaufgestiegen, um es zu holen und nochmals Wort für Wort nachzuprüfen, denn von Zeit zu Zeit mußtest du dich erneut davon überzeugen, daß es wirklich so gewesen war. Virginia war respektabel geworden, mit einem Kind auch von Tullio, und immer noch schön und gepflegt, fast eine Frömmlerin, die fähig war, sich über die eine oder andere Geschichte zu empören, und sie konnte nicht diejenige sein, die früher einmal geschrieben hatte: „Ich erwarte ein Kind“ und „Ehe geplatzt“, als wären es Ereignisse, die andere Leute betrafen.

Sie haßt mich, aber sie hat alles für sich behalten. Noch jetzt betrachtet sie mich mit einem Blick, der Anteilnahme an meinem Leben heuchelt, dabei sieht sie mich nicht einmal. Nie hat sie mit mir gesprochen, hat mich nie etwas gefragt, statt dessen hat sie hier und dort kleine Bemerkungen fallenlassen, unter Verwandten, gegenüber dem Personal, so daß alle mich als die herzlos Neidische betrachteten, die das Glück ihrer Schwester zerstört hat. Mir erschien es albern, auf solche Beschuldigungen zu reagieren. Sollte ich etwa sagen: „Wir haben uns nur einmal berührt, mit den Armen, und das vielleicht nur aus Zufall, und ihr alle wart dabei und habt es gesehen?“ Ein lächerlicher Betrug, passend zu meinen lächerlichen

Träumen, und doch haben die einen wie der andere mich glücklich gemacht. Zumindest in der Vorstellung. Ich hätte reden müssen. Aber zuerst erlaubte es mir meine Angst nicht, der Gedanke, wirklich eine große Sünde begangen, durch meine Phantasien den Bräutigam von seinem Versprechen abgebracht zu haben; später habe ich aus Stolz, aus Rache, aus Gleichgültigkeit nicht geredet. Denn sie hat mich nie etwas gefragt.

Dieser Haß hat unser Leben vergiftet und unsere Gefühle – Freundschaft, Zuneigung, Mitleid – gelähmt. Vergiftet sind wir, und wenn auf der Straße irgendeine Alte aus dem Dorf zu mir sagt: „Ihr Schwestern habt es gut, ihr könnt euch Gesellschaft leisten“, dann klingen solche Worte für mich hohl. Noch heute haben wir, wenn wir eine Zeitlang zu zweit sind, wir beide allein – beim Essen zum Beispiel, wenn nur das Geräusch der Bestecke auf den Tellern im Zimmer zu hören ist –, wenig Gesprächsthemen. Das Wetter und die Temperatur retten uns eine Weile (wie alle Alten widmen wir diesen Dingen viel Aufmerksamkeit und haben überall Thermometer und Barometer hängen). Danach kommen die Gespräche über das Essen, dies ist gut, das ist schwer verdaulich, dies müssen wir noch einmal machen. Oder über das Haus: Jene Wand ist feucht, das Strohgeflecht dieses Stuhls muß erneuert werden, dieser Stoff ist zu verschlissen.

Dann herrscht Schweigen. Niemals ein: „Erinnerst du dich?“ Niemals ein Erwähnen von Personen aus der Vergangenheit, das könnte zu verfänglichen Themen führen. Nicht einmal die Kinder darf ich erwähnen, denn sie würde nur vielsagend den Mund verziehen.

Früher fiel es mir leicht, die Leere zu füllen, ich konnte lange über nichts reden, über Kleider, eine Begegnung, eine Unterhaltung, über alles, um nur nicht in jenes Schweigen zu verfallen, das uns sogar hinderte, uns anzusehen. Aber jetzt bin ich müde, es ist, als fehlten mir die Worte, ich habe im Laufe der Jahre zuviel geredet. So sind wir also still, so still, daß man das Essen den Schlund hinunterrutschen hört, obwohl wir vergeblich versuchen, auch dieses letzte Geräusch noch zu unterdrücken, verzweifelt, daß wir nicht noch schneller essen können. Ich leide, aber sie ebenso, und ich habe Mitleid mit mir und mit ihr. Dann sehe ich, wie sie alles hinunterschluckt, auch die Sehnen und das Fett vom Fleisch, die welken Blätter vom Salat, die schon ein wenig verdorbenen Beeren von den Weintrauben, ostentativ, um zu unterstreichen, wie verwöhnt ich bin, weil ich das eine oder andere auf dem Teller lasse, und dann tut sie mir nicht mehr leid. Noch immer will sie mir Lektionen erteilen, den Unterschied zwischen uns, zwischen meiner kapriziösen und oberflächlichen Art und ihrem ernsten, tüchtigen, konstruktiven, unbestechlichen Wesen hervorheben. Doch auch sie ist nach solch allzu langem Alleinsein zu zweit erschöpft und stürzt sich dann in die Küche auf der Suche nach ihrer Beppina, die von ihr zur Sklavin gemacht wird, die arme Frau, sie ist ihr völlig hörig, und zusammen reden sie leise stundenlang, vielmehr sie tuscheln, so daß ich höre, wieviel sie sich zu sagen haben, aber nicht, was.

Ich weiß nicht, wie ich mich trösten soll, ich gehe hin und her in diesem Haus, das nicht meins ist, passe auf, daß ich nicht zu weit über die Grenzen hinausgehe, die sie mir gesteckt haben, mein Zimmer, den Korridor, ein Stück Treppe und noch ein Zimmer, das mein Wohnzimmer sein soll. Natürlich sagen sie nicht: Hier darfst du dich nicht aufhalten. Sie sagen nichts, aber sie schauen, beobachten und reden dann untereinander. Ich weiß nichts mit mir anzufangen. Frei zugänglich wäre der Garten, zumindest hat sie dort nicht ihre Möbel, ihre Sachen, ihre Photographien aufgestellt, um das Terrain abzugrenzen. Ich begebe mich in dieses Niemandsland hinunter, wenn meine Enkelkinder mich besuchen kommen, auch wenn sie sich dann nicht lange bei mir aufhalten, nur gerade so lange, wie für die Unterhaltung nötig ist, bis sie zur Tante hinübergehen. Manchmal würde ich gern ein Gespräch mit ihnen anfangen, etwas über ihr Leben erfahren, sie besser kennenlernen, aber ich sehe, daß sie zerstreut sind und Eile haben, in das andere Territorium hinüberzuwechseln. Clara schenkt ihnen jedesmal etwas, irgendeinen alten Gegenstand, vielleicht auch Geld. Ich täte es auch gern, aber ich habe nichts; sie glauben sicher, daß ich nicht nur arm, sondern auch noch geizig bin.

Was mich am meisten belastet, ist die Einsamkeit. Mein Leben lang habe ich sie gefürchtet wie den Teufel, als wäre sie meine Erbsünde, eine Schuld, die man nicht los wird. Wenn ich jetzt also versuche, allein zu bleiben, um nicht mein Schweigen mit Clara teilen zu müssen, ist es ein Zeichen, daß ich meiner Natur Gewalt angetan habe. Verrückt bin ich geworden wie die Wale, die sich dem Sterben überlassen. Ich schaue dann aus dem Fenster, um Leute vorbeigehen zu sehen, manchmal stundenlang, ich habe ja nichts zu tun. Gelegentlich sieht jemand herauf, vielleicht weil ich mich bewegt oder ein Geräusch gemacht habe oder weil die Fensterscheibe die Sonne reflektiert hat und irgendwo ein Lichtstrahl aufgezuckt ist. Sie sehen eine Alte, deren Haare nicht so ordentlich sind, wie sie es gern hätten, ein verwirrtes Gesicht in der großen Hauswand. Nicht fröhlich, nicht traurig, nichts, eine Alte, die heruntersieht und damit basta, ohne jemanden, an den sie wirklich denken könnte. Später gehe ich wieder hinein, höre Radio oder lege Patiencen, Dinge, die ich früher schrecklich fand und die heute beweisen und bestätigen, daß ich wirklich niemanden habe außer mir selbst.

Albert Cohen
Die Schöne des Herzens

Er saß auf dem Sofa des kleinen Salons, bei geschlossenen Fensterläden, ringelte sich das Haar und entringelte es. Diese Blumen, diese Zigaretten, das war für den Kerl. Bestimmt, jawohl, die beiden auf dem Sofa, vor dem Spiegel mit der Psyche, der alles gesehen hat. Und doch war sie damals einverstanden gewesen, ihn zu heiraten, also warum? Und die Stärkungsmittel, die sie für ihn gekauft hatte und die sie ihn bei Tisch bat, auch wirklich einzunehmen, also warum?

Er stand auf, ging hinaus, irrte im Vestibül umher, befühlte die Aufschläge des dort hängenden Regenmantels, blieb vor dem Barometer stehen, sah es sich an. Sie hatten schönes Wetter für die Reise. Nach Italien vielleicht, dem Land der Liebe.

Er ging in die Küche, setzte sich an den Tisch, faltete den Brief auf, rollte ihn zusammen, rollte ihn wieder auf, glättete ihn und erinnerte sich, wie er sorgfältig seine Schulhefte mit Papierumschlägen versehen hatte, als er ein Kind war. Damals wußte er noch nicht, was ihn erwartete. Mit halboffenem Mund hob er den Kopf und blickte auf den von einer Wand zur anderen gespannten gezinkten Draht. Vollkommen gerade, wirklich gut gespannt, dieser Draht. Er hatte ihn selbst gespannt. Jetzt würde er sich nie mehr freuen, wenn er ihn sah.

Vor ihm ein paar Kekse. Er nahm zwei auf einmal, zerkaute sie langsam. Dieser Brei im Mund, das war das Unglück. Mit dem Zeigefinger wies er auf den Kühlschrank. Sie hatten ihn gemeinsam ausgewählt, zu Beginn ihrer Ehe, an einem Samstagnachmittag. Als sie aus dem Geschäft getreten waren, hatte sie sich ganz von selbst bei ihm eingehakt, und sie waren Arm in Arm, Mann und Frau, spazierengegangen. Und jetzt war sie mit einem anderen, einem anderen, der sie anfassen konnte, soviel er nur wollte, und sie ließ ihn gewähren. Und doch war sie noch immer seine Frau, trug noch immer seinen Namen. Abermals rollte er den Brief zusammen, rollte ihn wieder auf und las ihn mit lauter Stimme.

„Sonntag morgen, sechs Uhr. Mein armer Schatz, der Gedanke, daß Du friedlich schläfst und noch nichts weißt, tut mir weh. Daß Du herzensguter Mann so leiden mußt, ist schrecklich. Eben noch, als ich ihn verließ, um hierher zurückzukehren, wollte ich mit Dir reden und es Dir erklären, aber als ich vor Deiner Tür stand, hatte ich nicht mehr den Mut dazu. Verzeih mir, daß ich Dir gestern abend die Wahrheit verborgen habe, aber ich war so überwältigt. Auch er kam von einer Reise zurück, und ihn erwartete ich, als Du angekommen bist. Ich wollte Dir lange und ausführlich schreiben, damit Du verstehst, daß ich nicht anders handeln kann. Aber ich habe ihm versprochen, sehr schnell zurückzukehren, denn wir nehmen einen frühen Zug, schon um neun Uhr.

Als ich eben ins Haus trat, blieb ich vor Deinem Regenmantel stehen, der im Korridor hing, und er hat mich seltsam gerührt. Ich habe ihn zärtlich gestreichelt und dabei gesehen, daß der mittlere Knopf nur noch an einem Faden hing. Ich habe ihn Dir angenäht. Es tat mir wohl, noch etwas für Dich tun zu können. Ich habe im Kühlschrank nachgeschaut. Es ist alles da, was Du für heute brauchst. Wärme Dir Deine Mahlzeit, und iß sie nicht kalt. Nimm morgen Deine Arbeit wieder auf, geh mittags mit Deinen Kollegen essen. Bleib am Abend nicht allein, geh zu Freunden, und vor allem telegrafiere Deinen Eltern und bitte sie, sofort zurückzukommen. Verzeih mir, aber ich kann auf mein Glück nicht verzichten. Er ist die Liebe meines Lebens, die erste und einzige. Ich werde Dir von dort schreiben. Ariane"

Er stand auf, öffnete den Kühlschrank, griff nach einem Stück Käsekuchen und biß in den eisigen Teig. Er, er, er, als ob es nur diesen Kerl auf der Welt gäbe. Und dann diese Liebenswürdigkeit, ihm mitzuteilen, daß ihr Zug um neun Uhr abfuhr. Im Bahnhof anrufen, um festzustellen, wohin dieser Zug fuhr? Nicht einmal das Recht, zu wissen, wo sie hinfuhr und mit wem. Sie hätte ihm doch wenigstens sagen können, wer dieser Kerl war. Scheußlich, dieser Käsekuchen. Und dann diese Frechheit, ihn mit mein Schatz anzureden.

Er verzog die Augenbrauen in strenger Verurteilung, öffnete dann die Gashähne, schloß sie wieder, ging mit leicht eingewinkeltem Arm wie am Tage, als sie sich bei ihm eingehakt hatte, und sie hatte es doch von selbst getan, ganz spontan. Er winkelte den Arm noch mehr ein, um sich besser zu erinnern, zog wieder die Augenbrauen zusammen, ging langsam und mit schleppenden Füßen und mit der Recht heischenden Würde der beleidigten Schwachen. Vor dem Wäschehaufen auf dem Stuhl blieb er stehen, nahm das Wäschereiheft und überprüfte die Liste. Nur Hauswäsche. Natürlich, ihre Sachen waren ja zu fein und wurden von Mariette gewaschen. Er kontrollierte die Liste, zählte jedes Wäschestück und legte es ins Buffet. Sechs Bettlaken, das war zuviel für vierzehn Tage. Der Kerl also. Er, er, er, er. Für ihn natürlich jedesmal ein ganz frisches Laken. Immerhin, in seinem Haus hatten sie es also getrieben, auf den Laken, die Mammi ihnen zur Hochzeit geschenkt hatte! Eigentlich würde Mammi zufrieden sein. Wirklich gut gespannt, dieser Draht. Diese neuen Spanner mit Schrauben waren viel praktischer als die alten mit den Zahnwinden.

Er zündete ein Streichholz an, legte es auf den Tisch, nahm es wieder in die Hand, als es am Verlöschen war, drehte es um, und siehe, es flammte noch einmal auf. Sieg, sie wird zurückkommen! Aber nein, er wußte ja nur zu gut, daß dieses Glück mit dem Streichholz nur eine weitere Niedertracht des Schicksals war, eine Hoffnung, die enttäuscht werden würde.

„Von jetzt an Gleichgültigkeit."

Er öffnete die Buffettür und betrachtete die aufgereihten Konfitürengläser. Jetzt würde er sich eine Weile mit diesen Damen beschäftigen. Alle Damen bitte in den Salon. Jawohl, ein bißchen Humor. Pfirsichkonfitüre, zu süß. Pflaumenkonfitüre, ordinär, eines A-Beamten nicht würdig. Weichselkirschkonfitüre? Einverstanden, ein guter und etwas säuerlicher Geschmack. Weichselkirschen einstimmig angenommen. Ja, ihr Kleinen, jetzt werden wir euch essen. So ist's recht, die Dinge auf die leichte Schulter nehmen, man muß stark sein in Not und Mißgeschick. Er stampfte mit dem Fuß auf, um stark zu sein, summte die Arie des Toreadors aus Carmen, fuhr mit einer Gabel ins Konfitüreglas, um nur die Kirschen und nicht den Sirup herauszufischen. Ist sie glücklich? Bitte sehr, ich auch, da hast du's, und rutsch mir den Buckel runter.

„Siehst du, ich esse Konfitüre."

Er stieß das Glas beiseite, nahm eine Aluminiumbüchse und schraubte den Deckel ab. Praktisch für das Camping, hermetisch verschlossen. Das war ihm wenigstens geblieben, das war eine solide Sache, das täuschte nicht.

Zwanzig Francs für eine gerollte Lammschulter ohne Knochen, das war übertrieben, da war der gute Mann entschieden zu weit gegangen. Er machte zwei Ausrufungszeichen auf die Fleischerrechnung und steckte den Bleistiftstummel ein. Sehr gut, so eine Lammschulter, zart, vielleicht ein bißchen zu fett. Er, er, er, er. Er hatte gut daran getan, Mariette gleich wegzuschicken, als sie gekommen war. Sicher auch eine Komplizin, diese Alte.

„Mich anziehen und ausgehen."

Ein Spaziergang und dann ein Mittagessen in der Stadt. Auf in den Kampf. Jawohl, ausgehen. Frescoanzug, blaue Krawatte. Wenn sie ihm die Krawatte knotete, gab sie ihm danach immer einen kleinen Klaps auf die Wange. Und gestern abend hatte sie den anderen erwartet. Und er, der Trottel, hatte ihr sein Manuskript vorgelesen! Für den anderen war die frisch gestrichene Holztäfelung, der neue Teppich. Mindestens dreitausend Francs, dieser Teppich. All diese Ausgaben für nichts. Er hatte sie fast nie nackt gesehen, er fast nie, und wenn es einmal geschah, hatte sie sich sofort etwas umgelegt und gesagt, sie geniere sich. Aber mit dem anderen genierte sie sich nicht. Völlig nackt, und sie faßte ihn bestimmt an einer gewissen Stelle an und ekelte sich nicht.

„Eine Nutte ist sie, weiter nichts."

Nur stimmte es nicht, sie war keine Nutte, sie war eine anständige Frau. Das ist ja gerade das Schreckliche, eine anständige Frau, die sich dazu hergibt, mit einem Mann Schweinereien zu treiben. Sollte er ein Taxi nehmen und zum Bahnhof fahren und fragen, auf welchem Bahnsteig der Neunuhrzug abfuhr? Vielleicht hätte sie Mitleid, wenn sie seinen guten Willen sah, wenn er ihnen das Gepäck durchs Abteilfenster reichte. Nichts würde er ihr sagen, sie nur mit tränenfeuchten Augen anschauen, mit rührenden Augen, und dann würde sie vielleicht wieder aus dem Wagen steigen. Er flüsterte: „Adrien, mein Schatz, ich fahre nicht, ich komme zu dir zurück."

Aber nein, sie würde ja nicht zurückkommen. Der andere kannte sich da bestimmt aus. Er war ein Liebhaber und machte sie bestimmt eifersüchtig. Während er, Adrien, immer aufrichtig zu ihr gewesen war. Nur ernsthafte Zuneigung und Zärtlichkeit und Aufmerksamkeit. Und dafür hatte sie ihn bestraft. Jawohl, die ernstgemeinte Zärtlichkeit, die Zärtlichkeit des betrogenen Ehemannes, die Aufmerksamkeiten des betrogenen Ehemannes. Er bohrte sich in der Nase vor Mariettes kleinem Spiegel, betrachtete seine Beute, rollte sie zu einem Kügelchen zusammen und warf es fort. Was spielt das jetzt noch für eine Rolle? Als betrogener Ehemann hatte er übrigens ein volles Recht dazu. Hinaufgehen und die nasse Hose ausziehen, in der ihm kalt wurde. In Florenz vielleicht, vielleicht im gleichen Hotel, im Hotel ihrer Hochzeitsreise, am Ufer des Arno. Vielleicht im selben Zimmer, und sie würde sich anfassen lassen und ihn ohne Ekel berühren. Er zog die Augenbrauen zusammen. Er hatte immer solches Vertrauen zu ihr gehabt. Warum wollte sie ihm von dort schreiben? Um ihm zu sagen, wie oft sie seit ihrer Abreise ihre Schweinereien miteinander getrieben hatten? Sein Regenmantel hatte sie gerührt, aber er, er konnte ja ruhig krepieren, das war ihr scheißegal. Genug, genug.

„Ich befehle dir, hinaufzugehen und dich anzuziehen."

In seinem Zimmer kniete er sich vor das zerwühlte Bett, bat Gott, sie ihm wiederzugeben, stand wieder auf, blickte auf seine Hände. Natürlich, das Gebet nützte ihm nichts, das wußte er wohl. Er ging an den Nachttisch. Neben seiner Armbanduhr lächelte sie aus ihrem Altsilberrahmen. Er drehte das Foto um. Er hatte sich so gefreut, als er diesen Rahmen bei einem Antiquitätenhändler gefunden hatte. Schnell nach Hause, um ihn ihr zu zeigen und ihr Foto hineinzustellen! Viertel nach acht. Er band sich die Uhr um. Wenn er wenigstens wüßte, wo sie jetzt war, könnte er sie anrufen, sie inständig bitten, ihre Abreise hinauszuschieben, in aller Freundschaft mit ihr die Lage besprechen, um zu sehen, ob sie wirklich nicht ohne diesen Mann leben konnte.

„Warte doch, mein Schatz, überlege, ob du wirklich nicht ohne ihn leben kannst."

Eben noch war ihm zu heiß gewesen, jetzt war ihm kalt. Er zog sich einen Mantel über den Pyjama. Ach, die Hose würde schnell trocknen, wegen der brauchte er sich nicht umzuziehen. Er betrachtete sich im Schrankspiegel und fand sich kläglich mit seinem Bart. Ein zu runder Kopf, der Kopf eines Ehemannes. Er öffnete die Nachttischschublade, griff nach der automatischen Pistole, las die eingravierte Inschrift. Fabrique nationale d'armes de guerre, Herstal, Belgique. Er steckte sie in die Manteltasche. Sie hatte Angst gehabt, als er ihr eines Morgens beim Morning tea dieses Ding gezeigt hatte. Aber Liebes, es ist unentbehrlich, wenn man auf dem Lande wohnt. Und dann hatte sie ihn angefleht, er solle sehr vorsichtig damit umgehen. Damals hing sie noch an ihm. Es war immer ein schöner Augenblick, der Morning tea, die Tasse, die er ihr ans Bett brachte. Ein schöner Tee für das Schätzchen! Einmal, als er ihr den Morning tea brachte, hatte sie ihm einfach so zugezwinkert, nur um ihm zu zeigen, daß sie Freunde waren und sich gut verstanden. Vor dem Spiegelschrank bat er sie mit gefalteten Händen, zurückzukommen, erinnerte sich an das Lied auf einer alten Schallplatte seines Papis, sang leise den Refrain und war über die flehenden Worte tief gerührt: „Oh, komm zurück, ich leide ja so unermeßlich, in Sehnsucht nach dem verlorenen Glück, oh, komm, oh, komm zurück."

Ein wenig später fand er sich im Badezimmer. Für sie hatte er dieses Badezimmer extra einrichten lassen. Viertausend Francs. Extra für sie, weil sie ein Bad neben ihrem Schlafzimmer haben wollte. Ich brauche Privacy, hatte sie gesagt. Immer diese Manie, englische Worte zu benutzen. All die Kleider und all die Zigaretten in der Badewanne, er würde niemals wissen, warum. Und doch war es etwas von ihr. Er würde auch nie wissen, was dieses zerrissene Kleid auf dem Fußboden ihres Boudoirs bedeutete, das grüne Kleid, das er ihr gerade in Florenz gekauft hatte. An jenem Morgen war das Wetter schön gewesen, und als sie das Hotel verließen, hatte sie ihm die Hand gegeben. Dieselbe Hand, die heute abend im Bett... Und doch, Herrgott noch mal, war sie ja noch immer Frau Adrien Deume. Sie hatte ja gar kein moralisches Recht mehr auf ihren Paß. Und was würden die Leute im Hotel denken, wenn sie sahen, daß sie nicht den gleichen Namen wie dieser Kerl trug? Oh, er wußte sehr wohl, warum er in diesem Badezimmer war. Um ihre Sachen zu sehen, um mit ihr zu sein. Hier, das war ihre Zahnbürste. Er hielt sie sich an die Nase, um sie zu riechen, widerstand der Versuchung, den Mund aufzumachen und sich damit die Zähne zu putzen.

„Und sie hat mir doch nichts vorzuwerfen."

Wenn sie ihre Periode hatte, war nicht gut mit ihr auszukommen. An diesen Tagen gab er sich immer solche Mühe, ihr nicht zu widersprechen. Nun ja, wenn du meinst, mein Schatz, ganz wie du willst, das kannst du am besten beurteilen. Fühlt sich das arme Schätzchen gar nicht wohl? Kann ich etwas für das Schätzchen tun? Möchtest du ein Aspirin? Soll ich dir eine Wärmflasche machen? Sie nannte das die Tage des Drachens. Sie war sehr geheimnisvoll an diesen Tagen und machte ihm ein wenig Angst. Er respektierte ihr Leiden, er hatte Mitleid.

Dem Kerl war es bestimmt ganz egal, er würde sie nicht pflegen, er war ja ein Liebhaber. Ja, die schönen warmen Gummiwärmflaschen, die er ihr brachte, und er ließ auch immer zuerst die heiße Luft heraus, bevor er sie zuschraubte. Hier, mein Schatz, das wird deinem Bauch wohltun. Am vierten Tag war er dann froh, weil sie fast keine Schmerzen mehr hatte. Sie hatte es ihm bestimmt übel genommen, daß er sich an diesen Tagen so sehr um sie kümmerte. Das ging ihr sicher auf die Nerven, wenn er sie ständig fragte, wo es ihr weh tat, ob es der Bauch oder der Kopf war. Eigentlich hatte er das schon immer gewußt, aber er konnte eben nicht anders, als sich um sie zu sorgen. Der Kerl erkundigte sich bestimmt nicht nach ihrem Befinden, wenn sie in diesem Zustand war, und er nannte sie auch bestimmt nicht mein Schätzchen. Und deshalb respektierte sie ihn und liebte ihn. Während sie ihn, ihren Mann, verachtete, weil er die Krankenschwester spielte. Und dann nahm sie es ihm vielleicht übel, daß er von ihren Bauchschmerzen wußte. Eine Menge Dinge, die er nun plötzlich verstand. Ein schöner Trottel bin ich gewesen. Sie hatte es so eilig gehabt mit ihrer Abreise, daß es ihr gar nicht eingefallen war, ihre Zahnbürste, ihren Kamm und ihren Puder mitzunehmen. Das konnten sie ja dann alles in Florenz in einer Apotheke kaufen und sich dabei an den Händen halten. Früher hatte sie sich nie gepudert. Das war auch nur wegen dieses Kerls. Und jetzt die Klatschgeschichten im Sekretariat, die Seitenblicke der Kollegen. Sicher großgewachsen, dieser Kerl. Wo hatte sie ihn nur aufgegabelt?

Vor dem Waschtischspiegel nahm er den Kamm und zog sich sorgfältig einen Scheitel, den er sogleich wieder zerstörte. Zum Bahnhof gehen und sich mit ihm schlagen? Aber der Kerl wäre bestimmt stärker, würde ihm die Brille zerbrechen, und er würde sich lächerlich machen. Aber wenn sie ihn lächerlich fand, hatte sie vielleicht Mitleid und würde vielleicht gerade vor Abfahrt des Zuges aussteigen. Er kippte den Inhalt der Puderdose in die Badewanne, brach die Zahnbürste entzwei. Degradiert wegen Hochverrats, murmelte er. So, und jetzt hinunter.

In der Küche öffnete er die Fensterläden, um Mut einzulassen, nahm die Milchflasche vom Fenstersims, goß die Milch in einen Kochtopf, zündete das Gas an. Als er ihr eines Tages Hühnermilch (in heißem Wasser mit Zukker geschlagenes Eigelb) gebracht hatte, weil sie hustete, hatte sie ihm gesagt, er sei ein Schatz, und er war ganz stolz darauf gewesen. Ein Schatz, aber betrogen. Alle betrogenen Ehemänner waren lieb. Alle lieben Männer waren Hahnreis. Ihrem Kerl sagte sie bestimmt nicht, daß er ein Lieber sei.

Er lehnte sich aus dem Fenster. Zwei Verliebte im Sonntagsstaat schweinigelten mit ihren Mündern und lachten dann. Warte nur, du, du wirst auch bald Hörner tragen. Er wandte sich ab, um sie nicht mehr zu sehen, bemerkte, daß die Milch übergelaufen war, drehte den Gashahn zu, leerte den Topf langsam im Spülstein aus. Ihm hatte sie den Knopf an seinem Regenmantel angenäht, und dann war sie zu den Küssen und dem Übrigen geeilt. Ganz stolz, ihm den Knopf angenäht zu haben. Aber wenn ihm morgen ein anderer Knopf abriß, konnte er sehen, wo er blieb.

Vor dem Spülstein seifte er sich die Hände ein, um das Unglück abzuwaschen, um alles neu zu beginnen. Morgen Montag Wiederaufnahme der Arbeit, den Bericht über die Mission diktieren, sich durchsetzen, Kontakt mit dem U.G.S. wiederaufnehmen. Von jetzt an nur noch Ehrgeiz, jawohl. Er griff nach einer Nuß in der Obstschale, knackte sie mit den Zähnen, ging hinaus. Im Vestibül blieb er vor seinem Regenmantel stehen, zerrte am mittleren Knopf, riß ihn ab.

„Jetzt hinauf und ein Bad nehmen.“

Aber statt dessen trat er bei ihr ein, nachdem er an die Tür geklopft hatte. So, das war also das Zimmer, indem sie miteinander geplaudert hatten, wohin er ihr den Tee gebracht hatte. Auf dem Boden das grüne Kleid, die Teekanne, die beiden Tassen, Bindfäden, Schuhe und der dikke Plüschbär, der die Beine in die Luft streckte. Patrice nannte sie ihn. Manchmal, wenn er ihr den Tee brachte, hielt sie Patrice im Arm, hatte mit ihm geschlafen. Und all diese Schuhe ohne Schuhspanner. Wie oft hatte er ihr gesagt, man müsse Spanner in die Schuhe tun. Und auch die Sonnenbrille am Boden. Wenn sie sie trug, sah sie aus wie ein Filmstar inkognito, und dann war er ganz stolz. Auf dem Nachttisch ein weiterer ganz kleiner Teddybär mit Stiefeln. Den kannte er nicht.

Auf dem Sessel ihr Kleid von gestern abend. Er breitete es aus und ordnete die Falten. Sie hätte ihm alles sagen sollen, im Vertrauen. Er hätte es ja zugelassen, daß sie den anderen weiterhin sähe, aber wenigstens wäre sie doch hiergeblieben, bei ihm, er hätte sie jeden Tag gesehen, sie hätte ihre Mahlzeiten zu Hause eingenommen, wenigstens fast alle Mahlzeiten, er hätte sie am Abend gesehen, wenn er von der Arbeit zurückkam, oder wenigstens fast jeden Abend, und manchmal, nun ja, natürlich, aber niemand hätte es gewußt, nur sie drei. Er streichelte das Kleid und sprach zu ihm.

„Schatz, ich hätte alles für dich arrangiert.“

Vier Minuten vor neun. Er öffnete die Fensterläden, lehnte sich hinaus. Die Straße war menschenleer. Kein Auto, das sie ihm zurückbrachte. Er drehte sich um, gab einem der herumliegenden Schuhe einen kleinen Fußtritt, las einen Bindfaden auf, trat wiederum ans Fenster. Drei

Minuten vor neun. Jetzt saßen sie schon in ihrem Abteil, die Koffer im Netz über ihren Köpfen. Luxuskoffer. Sie mit Handschuhen, elegant, glücklich, ganz dicht neben dem Kerl.

Er stand am Fenster, fingerte an seinem Bindfaden herum. Drehte und wendete ihn, knotete ihn auf und zu, zerrte manchmal ruckartig daran, blickte dabei abwechselnd auf die verlassene Straße und den öden Himmel. Im ersten Stock schlug es neun. Der Zug war abgefahren, trug sie für immer von ihm fort. Verloren, verloren.

„Verloren, verloren", murmelte er unablässig und zerrte an seinem Bindfaden, murmelte er und versuchte, seinen Bindfaden entzweizureißen. „Verlaren verleren verliren verloren verluren", murmelte er ohne Unterlaß, denn im Unglück muß man sich klägliche Zerstreuung suchen, erbärmliche Zerstreuung, indem man an einem Bindfaden reißt und sich sinnlose Worte vorsagt, eine Zerstreuung, um das Unglück zu ertragen, um weiterleben zu können.

IV. EIN GUTER EIFERSÜCHTIGER HAT EIN FABELHAFTES GEDÄCHTNIS

Doris Lessing
Zimmer neunzehn

Und wenn man etwa fühlte, daß die Liebe einfach nicht stark genug war, nicht bedeutend genug, um das alles zu tragen, wessen Schuld war das dann? Bestimmt nicht Susans oder Matthews. Es lag in der Natur der Dinge. Und vernünftigerweise suchten sie die Schuld weder bei sich noch beim anderen. – Im Gegenteil, sie gebrauchten ihren Verstand, um das zu bewahren, was sie aus einer Welt des Leidens und der Erschütterung geschaffen hatten: Sie blickten umher und ließen es sich zur Lehre dienen. Überall um sie herum brachen die Ehen zusammen, brachen auseinander oder wurden mühselig aufrechterhalten (was noch schlimmer war, wie sie glaubten). Sie durften nicht denselben Fehler machen, sie durften es nicht.

Sie waren nicht in die Falle getappt wie so viele ihrer Freunde – sich ein Haus auf dem Land zu kaufen *der Kinder wegen,* so daß der Ehemann ein Wochenend-Ehemann wurde, ein Wochenendvater, und die Frau sorgfältig vermied, sich danach zu erkundigen, was denn in der Stadtwohnung, die sie (scherzhaft) Junggesellenwohnung nannten, vor sich ging. Nein, Matthew war hundertprozentig Ehemann, hundertprozentig Vater; und nachts lagen sie nebeneinander in dem großen Ehebett im großen ehelichen Schlafzimmer (das einen reizvollen Blick auf den Fluß hatte) und sprachen miteinander; er erzählte ihr von seinem Tag, was er gemacht und wen er getroffen hatte; sie erzählte ihm von ihrem Tag (nicht so interessant, aber das war ja nicht ihre Schuld), denn beide wußten um den unausgesprochenen Groll und die Entbehrungen einer Frau, die ihr eigenes Leben geführt, und was wichtiger ist, ihren eigenen Unterhalt verdient hat, und nun von einem Ehemann abhängig ist, was Geld angeht und Unternehmungen außer Haus.

Susan machte auch nicht den Fehler, einer Arbeit nachzugehen, um eigene Unabhängigkeit zu demonstrieren; was sie sehr wohl hätte tun können, da ihre alte Firma, eingedenk ihrer Qualitäten wie Humor, Ausgeglichenheit und Vernunft, sie häufig aufforderte zurückzukommen. Kinder brauchen ihre Mutter bis zu einem bestimmten Alter, wie beide Eltern übereinstimmend wußten; und wenn diese vier gesunden, mit Klugheit aufgezogenen Kinder im richtigen Alter wären, dann würde Susan wieder arbeiten, denn ihr, und auch ihm, war bewußt, wie es Frauen von fünfzig und im Vollbesitz ihrer Kräfte und Fähigkeiten erging, wenn die großgewordenen Kinder nicht mehr all ihrer Hingabe bedurften.

So war dieses Paar also dabei, seine Ehe zu erproben, sorgsam damit umzugehen, als wäre sie ein kleines Boot voll hilfloser Leute auf stürmischer See. Nun, natürlich, so war das... Die Lebensstürme tobten, doch nicht allzu nahe – was nicht heißen soll, daß man sie aus Beschränktheit auf den eigenen Kreis gar nicht empfunden hätte: Susan und Matthew waren beide gut informiert und verantwortungsbewußt. Und die inneren Stürme und Untiefen wurden durchaus zur Kenntnis genommen und verzeichnet. So lief alles bestens. Alles hatte seine Richtigkeit. Ja, die Dinge waren unter Kontrolle.

Was machte es da schon aus, daß sie sich ausgetrocknet, lustlos fühlten? Wer wie sie seine psychologischen, anthropologischen, soziologischen Bücher, hundert einschlägige Bücher, gelesen hatte, konnte kaum unvorbereitet sein auf die kühle, beherrschte Wehmut, die das hervorstechende Kennzeichen einer intelligenten Ehe ist. Zwei Menschen, ausgestattet mit Bildung, Unterscheidungsvermögen, Urteilskraft und freiwillig verbunden im Bestreben, miteinander glücklich zu werden und anderen von Nutzen zu sein – man trifft sie überall, kennt sie, man selbst empfindet so: Traurigkeit, weil so viel doch letztlich so wenig ist. Diese zwei ließen einander, keineswegs überrascht, noch mehr Höflichkeit und milde Zuneigung als sonst zukommen: So war das Leben, daß zwei Menschen, gleichgültig wie umsichtig sie auch gewählt hatten, einander nicht alles sein konnten. In Wahrheit war so etwas auch nur zu sagen oder zu denken banal, sie schämten sich dessen.

Es war genauso banal, als eines Abends Matthew spät nach Hause kam und gestand, daß er auf einer Party gewesen war, ein Mädchen nach Hause gebracht und mit ihr geschlafen hatte. Susan verzieh ihm das natürlich. Nur, daß Verzeihen kaum das richtige Wort dafür ist. Verständnis, ja. Aber wenn man etwas versteht, verzeiht man es nicht, denn man ist ja selbst so: Verzeihen gilt für das, was man *nicht* versteht. Auch hatte er nicht *gestanden* – was ist das überhaupt für ein Wort?

Das Ganze war unwichtig. Schließlich hatten sie vor Jahren im Scherz gesagt: Natürlich werde ich dir nicht treu bleiben, niemand kann jemand anderem sein Leben lang treu bleiben. (Schon dieses Wort ‚treu' – einfältig, alle diese Wörter waren einfältig, sie gehörten einer wilden, vergangenen Welt an.) Aber dieser Zwischenfall machte beide gereizt. Seltsam, beide blieben schlechtgelaunt, verärgert. Etwas nicht Assimilierbares haftete dem Ganzen an.

Nachdem sie noch in der gleichen Nacht, als er spät heimgekommen war, großartig miteinander geschlafen hatten, glaubten beide, der bloße Gedanke sei lächerlich, daß Myra Jenkins, ein hübsches Mädchen von einer Party, irgendwie wichtig sein könnte. Sie hatten einander über ein Jahrzehnt geliebt, würden sich noch jahrelang lieben. Was sollte dagegen eine Myra Jenkins?

Nur vielleicht daß sie, so dachte Susan unerklärlicherweise schlechtgelaunt, die erste war (ist?). In zehn Jahren. Also war entweder die zehnjährige Treue nicht so wichtig oder Myra Jenkins. (Nein, nein, etwas stimmte nicht an diesem Gedankengang, konnte nicht stimmen.) Aber wenn sie ohne Bedeutung ist, vermutlich war es dann auch ohne Bedeutung, als Matthew und ich zum ersten Mal miteinander an jenem Nachmittag geschlafen haben, dessen Wonne noch jetzt (wie ein langer Schatten bei Sonnenuntergang) einen langen Zauberstab-Finger über uns legt. (Warum habe ich Sonnenuntergang gesagt?) Wenn nämlich das, was wir an jenem Nachmittag gefühlt haben, unwichtig war, dann ist nichts wichtig, denn wenn es nicht das war, für das wir es gehalten haben, wären wir nicht Mr. und Mrs. Rawlings mit vier Kindern und so weiter. Das Ganze ist *absurd* – sein Nachhausekommen-und-mir-davon-Erzählen war absurd. Mir nichts davon zu erzählen, wäre absurd. Mir Sorgen wegen dieser Angelegenheit zu machen oder auch nicht ist absurd ... Wer ist denn Myra Jenkins? Ach was, ein Niemand.

Es gab nur eins zu tun, und selbstverständlich taten diese vernünftigen Leute eben dies; sie ließen die Sache auf sich beruhen; und, sich bewußt, was sie taten, gingen sie weiter zu einer anderen Etappe ihrer Ehe über, wobei sie für das bisherige Glück dankbar waren.

Denn es war unausweichlich, daß der gutaussehende, blonde, attraktiv-männliche Mann, Matthew Rawlings, gelegentlich auf Parties, die sie wegen der vier Kinder nicht besuchen konnte, durch attraktive Mädchen in Versuchung geführt werden würde (was für eine Wort!); und daß er manchmal erlag (ein Wort, das womöglich noch abstoßender war) und daß sie, eine gutaussehende Frau in dem großen, wohlgepflegten Garten in Richmond, manchmal wie von einem Pfeil aus dem Himmel von Bitterkeit durchdrungen wurde. Außer, daß diese Bitterkeit nicht in Ordnung, indiskutabel war. Hinterließen diese gelegentlichen Mädchen ihre Spuren in der Ehe? Nein. Vielleicht waren sie es, die eine Niederlage einstecken mußten, weil der gutaussehende Matthew mit Körper und Seele seiner Frau Susan Rawlings angehörte.

Wenn das so war, warum hatte Susan dann das Gefühl (wenn auch zum Glück nie länger als einige Sekunden lang), als wäre das Leben eine Wüste geworden, als wäre nichts von Bedeutung, als gehörten ihre Kinder nicht ihr?

Unterdessen hörte ihre Vernunft nicht auf, ihr zu versichern, daß alles gut lief. Was war das schon, wenn ihr Matthew sich gelegentlich einen angenehmen Nachmittag genehmigte, die kleine Affäre hin und wieder? Denn sie wußte ganz gut, ausgenommen in den Augenblicken ihrer Leere, daß sie äußest glücklich und die Affären bedeutungslos waren.

Bestand darin etwa das Problem? Es lag in der Natur der Dinge, daß Wagnis und Vergnügen – die vier Kinder und das große Haus beanspruchten soviel Aufmerksamkeit – für sie nicht mehr in Frage kommen konnten. Aber vielleich wünschte sie sich insgeheim – und vielleicht wußte sie das sogar –, daß Ungebundenheit und Schönheit ihm gehören könnten. Doch war er mit ihr verheiratet und sie mit ihm. Unauflösbar waren sie miteinander verheiratet. Und darum vermochten die Götter es nicht wirklich, ihn mit einem wirksamen Zauberpfeil zu treffen. War es denn Susans Schuld, daß er, wenn er nach einem Abenteuer nach Hause kam, eher gequält als befriedigt aussah? (Das war es ja, woran sie bemerkt hatte, daß er *untreu* gewesen war, an seiner Grämlichkeit, auch wegen der Blicke, die er ihr zuwarf, ähnlich den ihren: Was habe ich mit dieser Person zu schaffen, die mir jegliche Lust und Wonne verbietet?) An dem Ganzen war niemand schuld. (Aber worin meinten sie denn, sollte die Schuld bestehen?) Niemand hatte Schuld; nichts, was verkehrt sein könnte; keiner zu tadeln; niemand da, dem man es aufhalsen konnte oder der es auf sich nehmen konnte... alles in Ordnung, es sei denn, daß Matthew auch niemals, wie er es gewollt hätte, wirklich von Freude überwältigt wurde; und daß Susan immer häufiger von dem Gefühl der Leere bedroht wurde. (Gewöhnlich überfiel sie dieses Gefühl im Garten: Mit der Zeit mied sie den Garten, wenn nicht die Kinder oder Matthew sie begleiteten.) Es gab keinen Grund dafür, die dramatischen Wörter wie ‚untreu', ‚verzeihen' und die anderen zu verwenden: Die Vernunft untersagte es. Sie verbot auch Streitereien, Schmollen, Zornesausbrüche, Zurückziehen in Stillschweigen, Anklagen und Tränen. Vor allem verbietet die Vernunft Tränen.

Für eine glückliche Ehe mit vier gesunden Kindern in einem großen weißen Haus mit Garten muß ein hoher Preis bezahlt werden.

Und sie bezahlten ihn bereitwillig und in vollem Bewußtsein, daß sie es taten.

Renate Rubinstein
Angst vor Entdeckung

Im Verlauf des Jahres 1980 hat sich unsere dem Wesen nach scheue Liebe zu einer echten Beziehung mit eigenen Regeln und Selbstverständlichkeiten entwickelt. Obwohl ich bis mindestens Ende 1981 beim ersten Anzeichen ausbleibender Anrufe oder Postkarten von der Angst besessen blieb, er habe beschlossen, daß es so nicht weitergehe, und obwohl Simon noch lange danach sagte, er habe Angst vor dem Tag, an dem ich die Tür öffnen und sagen würde: „Nein, heute paßt es mir nicht."

Aber das sagte ich nicht, und er stellte so manches Mal voller Begeisterung fest: „Du siehst noch genauso aus, wie ich dich im Geiste vor mir hatte."

Dennoch kam die Beziehung nur langsam in Gang, denn während dieses ganzen Jahres war er nur dreiunddreißigmal bei mir, wie ich in einem besonderen Büchlein notierte ('78:13, '79:3, '80:33, '81:55, '82:85). Alles mit Datum, als reichte das Datum, das Glück festzuhalten und sich für immer in Erinnerung zu rufen. Ich hoffte auf das tausendste Mal wie andere auf ihre goldene Hochzeit. Ob es dazu gekommen ist, weiß ich nicht, denn ich hörte im Verlauf des Jahres 1983 auf, seine Besuche zu notieren.

Unser Glück basierte auf einem ganz simplen Entschluß, den Simon, damals siebenundsechzig, gefaßt hatte: nicht mehr alles zu erzählen. Er mochte kein Pathos, aber ich glaube, er hat es sich sehr gut überlegt. Das vergangene Jahr hatte ihm gezeigt, daß er ohne mich nicht leben konnte und daß seine Frau das nicht ertrug. Ergo: Betrug.

Er habe meinetwegen kein Schuldgefühl, sagt er, wenn

ich ihn danach fragte: Wahre Liebe kennt kein Schuldgefühl, meinte er. „Ich liebe dich, deswegen kann ich mich doch nicht schuldig fühlen?“ Ich hingegen hatte es. Ein sinnloses Gefühl, da ohne Konsequenzen, aber es war da. Zu der Verehrung für Carmiggelt gehörte untrennbar die Ehrfurcht vor seiner Ehe, über die er so oft geschrieben hatte. Diese Ehe durfte nicht zerbrechen, und sie zerbrach auch nicht, aber ein Teil davon zerbrach doch, und das war meine Schuld: Wo früher Vertrauen gewesen war, war jetzt Verschweigen. Ich dachte oft voller Scheu daran. Dieses ganze reiche Leben, das bei Jubiläen oder wenn er wieder einen Preis erhalten hatte, so häufig beschrieben worden war, der Krieg, die Freunde, der Alkohol, es kam mir wie ein unermeßlicher Kontinent vor, an dessen Rand ich stand. Ich gehörte da nicht hin, ich hatte nichts damit zu tun, und nur Simon war von Herzen froh, daß ich da war. Der Rest der Welt, so stellte ich mir vor, würde sich wütend auf mich stürzen, wenn es bekannt würde. Ich war eine Verbrecherin. Und weil niemand es wußte und mich deswegen angriff, konnte ich mich gegen diese Selbstbezichtigung nicht zur Wehr setzen und behielt folglich dieses Gefühl.

Doch ich hatte lieber Schuldgefühle als gar keine Schuld. Wie jeder andere auch; ich bin in der Zeit, als ich selbst betrogen wurde, oft über „die Andere“ hergezogen, und so zog ich in Gedanken jetzt auch über mich selbst her, doch egal wie billig, ich empfand Schuld, und es machte mir zu schaffen. Übrigens waren diese Gefühle wie weggeblasen, sobald ich ihn sah, und ich habe nie mit ihm darüber gesprochen. Noch geschmackloser als Schuldgefühle zu haben, ist es, darüber zu sprechen, fand ich. Vielleicht fand er das auch? (Das kommt mir erst jetzt in den Sinn.) Jedenfalls fragte ich ihn regelmäßig: „Fühlst du dich manchmal schuldig?“ „Schuldig? Deinetwegen? Nein, ganz und gar nicht." Eine tolle Antwort, dachte ich.

Johan Barendregt pflegte zu sagen, daß es Schuldgefühle nicht gibt, sondern nur Angst vor Strafe. Das ist bestimmt wahr. Stärker als irgendein nobles Schuldgefühl war bei mir die Angst, er würde es doch einmal erzählen, woraufhin, so dachte ich, unsere Trennung unvermeidlich wäre. Wahrscheinlich war diese Angst der Hauptgrund, weshalb ich davor zurückschreckte, ihn zur Scheidung zu überreden. Auch wenn mir damals nur die Überlegung bewußt war: „Die Scheidung von einer Frau in diesem Alter wäre ein Verbrechen, und einen Verbrecher könnte ich nicht lieben."

Aus Furcht vor der eifersüchtigen Ehefrau war ich selbst eifersüchtig auf die nie mehr einzuholende oder auszulöschende Vergangenheit. Simon hat mir viele Schallplatten geschenkt, darunter fünf von sich selbst. Er hatte eine wunderbare sexy Stimme, ich hörte „Avondje uit", erfaßte das Autobiographische dieser Geschichte und verging in sinnloser Eifersucht. Ich hatte kein Recht auf irgend etwas und schon gar nicht auf Eifersucht. Im Hintergrund meines melancholischen Gefühls höre ich wieder die Stimme der höhnenden Ehefrau, die ich mir dazudachte. Auch wenn zwei der drei sich nicht kennen, ist eine Dreiecksbeziehung eine Beziehung zwischen drei Menschen.

Simon mit seiner Trinkerei und Lebenslust war natürlich nicht immer monogam gewesen. Er hat mir von vier seiner Eskapaden erzählt, und es wird wohl noch mehr gegeben haben. Aber es waren alles kurze Abenteuer gewesen, die er seiner Frau auch immer erzählt hat, diese Absprache bestand nun einmal. Es machte ihr, so sagte er, nicht viel aus. Es machte ihr nur dann etwas aus, wenn die Frauen sich ihr gegenüber mies benahmen, und dann war auch gleich Schluß. Diese Absprache gab es ebenfalls. Er flog, glaube ich, im Prinzip auf jede attraktive Mediendame, die ihn interviewen wollte, darüber hat er geschrieben. Vor seiner Heirat war er mit einer anderen verlobt, manchmal sprach er von dieser Frau. Eine richtige Beziehung wie mit mir hatte er jedoch noch nie gehabt.

Obwohl es also abgemachte Sache war, daß er sich nie scheiden lassen würde – schwer verliebt in mich war er schon. Eines Nachmittags, er wird damals einundsiebzig gewesen sein, sagte er: Aber wenn ich nun einundfünfzig gewesen wäre, dann wäre es anders, dann weiß ich nicht, ob ich verheiratet geblieben wäre." Ich sagte: „Ach, Schatz, von mir hättest du nie die Kinder bekommen und alle deine reizenden Enkelkinder." Erst jetzt, während ich wieder daran denke, kommt mir in den Sinn, wie clever er sogar in seiner Phantasie war: Mit einundfünfzig hatte er seine geliebten Kinder bereits.

Eines Tages erzählte er, daß ihm auf der Straße ein ungefähr siebzehnjähriges Mädchen um den Hals gefallen sei. Schluchzend habe das Mädchen gesagt: „Ach, Herr Carmiggelt, ich wollte, Sie wären mein Opa." Er hatte sie freundlich von sich geschoben und war weitergegangen, denn er hatte, so sagte er, kein Opa-Gefühl für sie. Woraus ich schloß, daß sie hübsch war und einen großen Busen hatte.

Zum Glück war ich schon lange nicht mehr siebzehn und er folglich kein dirty old man, so sehr er unserer Beziehung mit diesem Bild schmeicheln wollte. In Wirklichkeit betrug der Altersunterschied zwischen uns nur sechzehn Jahre. Als er siebenundsechzig war, war ich bereits einundfünfzig, für uns beide also ein verrücktes Alter, um noch so verliebt zu sein.

Eine heimliche Beziehung ist gekennzeichnet dadurch,

daß zu jedem Besuch ein Abschied gehört. Wenn die Belastung des Weggehens die Freude über das Kommen überwiegt, ist etwas verkehrt, dachte ich oft und zeigte nur meine Freude. Er ging meist um halb fünf, im Winter begann es dann bereits zu dunkeln. Manchmal mußte er schon um vier weg, aber ich fragte nicht warum. Solange man das Gefühl hat, daß der Geliebte es gräßlich findet, gehen zu müssen, braucht man nicht zu fragen. Und außerdem – alles ist besser, als daß es herauskommt. Selten wird eine Geliebte sich so bemüht haben, ihre Spuren zu verwischen, aus diesem Grund kein Parfüm zu benutzen, kein Wort über vorzeitiges Abschiednehmen zu verlieren, alles, um nicht lästig zu fallen und zu vermeiden, daß die Beziehung entdeckt wird. Wir durften uns nie wieder trennen. Das war die Hauptsache.

Nach seinem Tod habe ich viel darüber nachgedacht. Wollte ich wirklich nicht, daß er sich scheiden ließ? Damit half ich ihm, aber ließ ich ihn dadurch nicht auch ein wenig im Stich? Die Wahrheit ist, daß ich zwar ihn, nicht aber seine Scheidung wollte. Ich wollte irgendwie tugendhaft bleiben. Doch vielleicht hatte ich einfach zu viel Angst. Nur Allah kann in die Herzen der Menschen sehen.

Werner Kofler

Altarbild Promiskuität

Stephanie war von Beginn an sehr eifersüchtig gewesen (grundlos zunächst, wie Kirsch es sah) und hatte zu Dramen geneigt, plötzlichen Auftritten, überraschenden Abgängen, immer wieder war sie plötzlich verschwunden, aus dem jeweiligen Lokal, der jeweiligen Wohnung gelaufen, und der um einige Jahre jüngere Kirsch hatte sie suchen, mit ihr reden, ihre Bedenken entkräften, auf sie einreden müssen, um dann wieder ausgiebig Versöhnung zu feiern. So beschwerlich und gegenüber Dritten oft auch peinlich das für Kirsch gewesen war (nichtige oder mißverständliche Anlässe), so hatte andererseits all das in Kirsch bald ein Gefühl der Überlegenheit, Souveränität, ja eine Selbsteinschätzung begründet, die behauptete Eifersucht überhaupt nicht zu kennen – Eifersucht, lächerliches Besitzrecht dummer Leute, eine Krankheit im Grunde. (Einmal, ein Gespräch auf einer Wiese, im hohen Gras, im hellen Mittagslicht, hatte Stephanie plötzlich gefragt, ob Kirsch sich vorstellen könne, mit einer anderen Frau zu schlafen, und Kirsch hatte mit Ja geantwortet, Stephanie auf die Gegenfrage mit Nein – aber das sei „ab nun ohnehin gleichgültig". Danach hatten sie heftig gestritten: Stephanie hatte behauptet, wenn Kirsch sich das vorstellen könne, dann wünsche er das auch, und er solle es bloß schleunigst tun; Kirsch hatte ihr erbost entgegengehalten, wenn sie behaupte, es sich nur mit ihm vorstellen zu können, dann lüge sie entweder oder etwas stimme nicht mit ihr!)

Nach vielleicht sieben Monaten Zusammenleben, die Kirsch aber betrachtete, als wären es sieben Jahre gewesen, begann er immer häufiger darauf zu dringen, die Beziehung nun endlich zu überdenken, zu analysieren, zu beider Vorteil zu verändern – bald forderte er es laut und empört, bald schlug er es leise und listig vor, bis schließlich die Erörterung jedweden Problems in dieses Thema mündete. Das kapitalistische Gesellschaftssystem könne nur aufrechterhalten werden durch Monogamie, Zweierbeziehung, Kleinfamilie; jede Unterdrückung sei im Grunde Triebunterdrückung, ja Unterdrückung überhaupt durch Triebunterdrückung erst möglich. Wenn zwei Menschen lange, zu lange, zusammenlebten, ausschließlich, was passierte denn? Irgendwann gerieten sie so sehr in Abhängigkeit voneinander, daß man sie – das Paradoxon des falschen Bewußtseins, der Gewohnheiten, der liebgewordenen Sklaverei – zu ihrer Befreiung zwingen müßte! Wie sogar Freud zugebe, sei eine ausschließliche Beziehung sexuell nur drei bis fünf Jahre befriedigend, auch der hervorragende Satz „Libido ist ebenso labil wie klebrig“ treffe den Sachverhalt sehr genau; auch Reich schreibe in manchen Schriften sehr einprägsam, daß man in anderen Bereichen wohl auch niemandem zumuten werde, jeden Tag Schnitzel zu essen oder denselben Anzug zu tragen. (Mit dem Schnitzel aber war er schön angekommen! Ich lasse mich nicht mit einem Schnitzel vergleichen, hatte Stephanie, bleich im Gesicht vor Zorn, gerufen, und ich bin schon gar nicht dein Anzug! Jedenfalls könne ein, um dieses mißliche Wort zu gebrauchen, *Partner* niemals alle Wünsche und Bedürfnisse des anderen erfüllen; in diesen nicht abgedeckten psychischen Bereichen entstehe frei flottierende Libido, die sodann in Angst umschlage oder nur im neurotischen Symptom gebunden werden könne. Auch Sympathie sei ja schließlich eine Form libidinöser, fast schon sexueller Zuneigung; wenn also Stephanie zum Beispiel jemanden sympathisch finde, erklärte Kirsch, sei das nicht sehr viel anders, als wenn *er* mit einer anderen Frau zu schlafen begehrte. Wenn Stephanie unwillig unterbrach und sich erkundigte, was er –, worauf er denn eigentlich hinaus wolle, ob es eine bestimmte Frau sei, mit der er zu ficken beabsichtigte, antwortete Kirsch, es seien nur theoretische, grundsätzliche Erörterungen, er wolle ja nichts überstürzen, wenn sie selbst von den Vorzügen dieser neuen, zukünftigen Lebensweise, der *Kommune,* überzeugt sei, werde sich alles von selbst ergeben. Obwohl, natürlich: Auch wenn nur ein Teil den Schritt wage, sei es für beide von Vorteil, weil der andere Teil mit dem einen sich identifizieren könne.

Außerdem, die Kinder! Sollten sie genauso aufwachsen wie ihre Eltern herangezogen wurden, in dieser Enge und Einöde von Vater-Mutter-Kind? Nein, eben. Viele Mütter und viele Väter, auch Freud betone, wie förderlich viele Bezugspersonen der Entwicklung eines Kindes wären. Daher: Revolutionierung auch des Privatlebens, Aufhebung des gegenseitigen Besitzrechtes! Kollektiv, Geborgenheit in der Gruppe, Promiskuität – aber so sehr er Stephanie beredete, bedrängte, ihr ein Loch in den Bauch redete, er stieß auf Ablehnung: Warum solle sie, erklärte Stephanie, wo sie Kirsch so mochte, mit jemand anderem schlafen? Sie habe schon Männer genug gehabt, aber so wie mit Kirsch sei es noch mit keinem gewesen, warum also? Als Gruppe leben, durchaus, und nebeneinander, wenn es sich irgendwann ergebe, vielleicht, aber durcheinandervögeln, nein, wozu? Oder willst du alles kaputtmachen?

Später, unter dem Druck plötzlich hereingebrochener Ereignisse, war Kirsch gezwungen, verschiedene Auffassungen und Einschätzungen zu ändern, und wie! Stephanie hatte sich Hals über Kopf in einen zu Besuch weilenden Bekannten verliebt und war, dessen innegeworden, ihm einen Tag nach seiner Abreise nachgefahren (eine Anziehung, so stark, daß sie sich ihr nicht widersetzen könne) und eine Woche ausgeblieben; ein Monate währendes Dreiecksverhältnis war entstanden.

Kirsch, gefangen in seinen „Theorien“ vom Ausleben der Bedürfnisse, seinen Behauptungen, Eifersucht nicht zu kennen (nun hatte er Gelegenheit, sie kennenzulernen, obwohl er die eingetretene Entwicklung ja freudig hätte begrüßen müssen), mußte seine Niederlage – *Niederlage! Sieg! Krieg! Kampf!* –, die beschämende Niederlage eines Angebers überdies, einbekennen. Aber wars tun? Wenn er seiner Eifersucht, dieser neuen Erfahrung, zu der bis jetzt lediglich kein Anlaß bestanden hatte, zu sehr nachgab, würde er für die Zukunft alles verderben; auch in der größten Bestürzung stellte er noch Berechnungen an, den Einbruch sah er auch als späteres *Guthaben*, sollte er einmal – wann endlich? – in eine solche Situation geraten. Also versuchte er sich einerseits zu beherrschen (was ist denn schon passiert, was darf das einem alten Feind der Monogamie ausmachen? Kirsch! Oder solltest du besser Hirsch heißen?) und *tolerant* zu sein (Ja, du duldest es, aber du bejahst es nicht! rief Stephanie manchmal), andererseits konnte er nicht alles, ohne Schaden zu nehmen, hinunterschlucken. Einmal wöchentlich zumindest mußte er sich entlasten, was sich in Anfällen äußerte, womit er sich aber erst recht schadete. Er schrie und tobte herum, erhob Anschuldigungen, Vorwürfe, daß es so auch wieder nicht gemeint gewesen wäre mit der Freiheit, von einem Dreieck sei überhaupt nie die Rede gewesen, oder sei jemals von einem Dreieck die Rede gewesen, Promiskuität, schon, aber Dreieck, nein, überhaupt seien solche Beziehungen zu anderen nur sinnvoll und befriedigend, wenn sie synchron sich entwickelten, also kein Dreieck, sondern ein Viereck, wenn schon. – Stephanie erklärte zu solchen Wutausbrüchen, daß er, Kirsch, sie damit nur „in die Ecke" des anderen treibe; gerade habe er sie für sich eingenommen, und jetzt spinne er schon wieder!

Sein Spruch, früher: Libido ist ebenso labil wie klebrig. Nachschmeißen werde sie ihm diesen Satz. Wie ein Saugnapf sei er, wahrhaft wie eine klebrige Flüssigkeit, aus- und aufgesaugt habe er sie, und damit sei nun Schluß. Er solle sich woanders ankleben, und, so klebend, den labilen Teil, die Auswahl genießen. Diese Markenware oder jene?

Ein Blutegel sei er gewesen.

Sie werde nun lange Zeit überhaupt mit niemandem schlafen, keine klebrige Libido und keine labile, sie werde sich auf sich besinnen, sich neu zurechtfinden. Die Kinder werde sie weiter versorgen, aber sonst. – Die Einsamkeit, die härteste Unbill eines solchen Schritts, alles nehme sie in Kauf.

Dann krepier doch an deiner selbstgewählten heroischen Einsamkeit! hatte Kirsch gerufen, ich kann nicht allein sein! – Lieber in Freiheit krepieren, als in dieser bequemen Gefangenschaft älter werden, hatte Stephanie erwidert.

V. EIN GUTER EIFERSÜCHTIGER IST EIFERSÜCHTIG BIS IN DEN TOD

Milàn Füst
Die Lust der Eifersucht

Ja, und dann las ich ihr eines Tages wirklich die Leviten, weil sie es gar zu weit trieb.

Sie begann wieder verdammt aufzublühen. Fortwährend ging sie aus – das habe ich übrigens schon gesagt. Aber sie trieb sich immer häufiger herum, beinahe jeden Tag. Das Schlagwort war jetzt: Lagranges sind angekommen. Nun, und wer waren diese Lagranges? Die größten Hohlköpfe, die man sich denken kann, alle beide, der Mann wie die Frau, und Geizhälse waren sie auch, waschechte Knicker aus der Auvergne. Wovon sie in London so verteufelt gut lebten, weiß ich bis heute nicht, es ist mir auch gleichgültig. Mich geht nur die Tatsache an, daß sie nun in London waren, diese Ochsen. Und seitdem sie da waren, war es mit meiner Frau nicht mehr auszuhalten. So war sie noch nie gewesen. Anscheinend begann sie an dem Leben in dieser finsteren Stadt Gefallen zu finden. „Ich finde dieses seltsame London jetzt sehr schön", gab sie mir auf ihre Weise zu verstehen. Dieses Babylon fand sie sehr schön.

Na gut, ich sagte nichts. Ich hatte gerade einiges zu Hause zu arbeiten, teils für einen Klub, teils für eine Seeversicherungsgesellschaft. Beides war dringend, also war ich immer zu Hause und sie nie. So hatte sich das Blättchen gewendet. Manchmal flatterte sie schon am frühen Vormittag davon, sehr hübsch anzusehen.

Sie putzte sich heraus, und wenn sie das Hütchen auf dem Kopf und den Regenschirm recht hoch unter den Arm geklemmt hatte – mit einem Wort, wenn sie für Männeraugen fix und fertig zurechtgemacht war –, dann trat sie vor mich hin und streckte ihr Händchen aus, die eine Handfläche nach oben, um anzudeuten, daß ich Geld hineinlegen solle.

Was ich auch tat.

„Mehr“, sagte sie leichthin, freundlich. „Das ist nicht genug“, sagte sie frech. Was ich mir dächte, sie habe Ausgaben, sie brauche dieses und jenes. Die regelmäßigen Zusammenkünfte und die Vorträge hätten begonnen.

„Gut, gut.“ Ich fragte nicht, was für Vorträge.

In dieser Zeit wandte ich mich ganz vom Leben ab, weil es mich anwiderte. Mich kann nur die Arbeit am Leben halten, sagte ich mir. Arbeiten, je mehr, desto besser, das ist das Richtige für mich.

Sie hatte farbige Gläser und vergoldete Löffel gekauft – ich hatte keine Ahnung, wozu. Vielleicht wollte sie ihre Freundinnen einladen. Und ich trug mich gerade mit dem Gedanken, aus ihrer Nähe zu verschwinden. Weg hier, nur weg! – das nahm ich mir fest vor. Denn daß diese Frau durch und durch verderbt war, stand für mich schon außer Zweifel.

Manchmal kam sie mit einer neuen Frisur nach Hause, war anders gekämmt, als sie weggegangen war. Mit einer Frisur, die kein Friseur gemacht hatte – so etwas kann man sehen. Daß ich das bemerken würde, damit rechnete sie nicht.

In London ist es bekanntlich Brauch, daß sich die Paare in den Pausen zwischen den Tänzen küssen. Das läßt man in dieser heuchlerischen, höchst seltsamen Welt durchgehen... Mit meiner Frau macht also erst jemand ein Tänzchen, dann führt er sie hinter einen Vorhang...

Ihre Bücher lagen in heilloser Unordnung in der Wohnung herum. Lauter Liebesromane, keine Philosophie mehr. Und die Seiten schmierig von Rouge, sie leckte also beim Blättern am Finger. Ich fand sogar mit Rouge unterstrichene Stellen (ich übertreibe nicht, Gott ist mein Zeuge), doch sah ich sie mir nicht genauer an. Auch Herr Tannenbaum interessierte mich nicht mehr sonderlich, er fällt mir nur gerade ein. Ich hatte damals eine Auskunft über ihn bekommen: Herr Tannenbaum sei ein sehr strebsamer junger Mann, ein noch strebsamerer Student der Philosophie, er könne es weit bringen und so weiter – dies hatte mir mein Freund Toffy-Ederle aus Paris geschrieben –, und er sei zufällig der Sohn jenes Spediteurs, bei dem wir unsere Möbel eingelagert hätten, als wir abreisten. Hat sie in der kurzen Zeit, als wir wegen der Möbel verhandelten, mit dem Sohn des Spediteurs angebändelt, oder kannte sie ihn schon früher? Ich fragte nicht danach. In ihren Büchern war zum Beispiel das Wort „schlank" an sechs Stellen unterschlängelt, überall bezog es sich auf eine männliche Romanfigur. An einer Stelle war unterstrichen: „seine Augen strahlten", und zwar die Augen eines schmucken Kuhhirten, zu finden bei Jensen. Ich schob die Bücher weg, als ich das Manuskript einer Novelle fand, geschrieben von ihrer einstigen Freundin Madame De-Cuy (die im übrigen eine sechstrangige Schauspielerin war). In diesem Manuskript waren folgende, viel beachtlichere Stellen am Rande mit Ausrufungszeichen versehen: „Ich bin niemandens Schuldner. Denn ich habe für seine Opfer gezahlt. Mit Opfern." – Das ist jedoch gar nichts, verglichen mit dem, was folgt: „Ich will euretwegen nicht verkümmern, ich will euch zuliebe nicht den Menschen töten, der ich bin. Ich lasse nicht zu, und ich kann es auch gar nicht dulden, daß ihr durch eure Gewaltsamkeit die Natur in mir schändet. Mit einem Wort, sei so freundlich und nimm endlich zur Kenntnis, daß ich bin, wie ich bin. Und wenn ihr darüber hochgeht, ich bin so."

Sie ist also, wie sie ist? Das ist ja eine regelrechte Botschaft an mich. Na gut, auch ich werde künftig sein, wie ich bin. Und ich lasse sie samt ihrer Natur stehen wie Hänschen die Mohrrüben – so sagte man bei uns zu Hause.

Wer ist jetzt dein Geliebter? hätte ich sie gern noch gefragt, nicht zornig oder verbittert, nur ganz schlicht und sachlich. In der Verderbtheit liegt eine verblüffende Einfachheit – hat daran schon jemand gedacht? Wie natürlich die Sünde ist und welch bezwingende Kraft sie deshalb hat? Genau wie die Träume. Und daß in der Sünde auch Unschuld enthalten ist?

So ist es doch, wenn dem menschlichen Herzen etwas mit solcher Selbstverständlichkeit innewohnt.

Wie war sie, als sie abends eintrat! Als käme sie aus einer höheren Atmosphäre, wo frische Luft und Lieder sie durchtränkt hätten... So wirkte sie, wenn sie aus ihrem französischen Kreis nach Hause kam. Jedes Glied an ihr war voller Lachen.

„Du arbeitest noch?" fragte sie beiläufig und steckte sich eine Zigarette an. Das Streichholz warf sie einfach fort. Ihre Wangen glühten, und in ihren Augen lag ein warmes Träumen... Kurz, die Sünde schlummerte in ihr, sie glomm hinter ihren halb geschlossenen Augen, wie sie auch in Kätzchen glimmert. Ich meinte, die magnetische Kraft zu spüren. Aber eines Tages erschrak sie doch. Und sie sagte nach wiederholten Anläufen: „O Gott, wie deine Augen sind."

„Wieso? Wie sind sie denn?"

„So reglos." Und sie lachte ein bißchen. „Sag, bist du mir böse?"

An diese Minute erinnere ich mich genau. Sie war, tüchtig durchfroren, die Ohren rot, eben angekommen, den Mantel hatte sie noch an, so blieb sie im Wohnzimmer stehen und sah zu, was ich machte. Es war Nacht. Ich entsinne mich noch ihres glänzenden kleinen Pelzes und der Stille, vor allem aber weiß ich noch, was ich mir ausmalte: In ihren Öhrchen mit den Ohrringen webe jetzt sicherlich noch Musik und Geflüster... demgegenüber muß ich, mit meinen fünf Tage alten Bartstoppeln und vertieft in allerlei Listen, wohl einen allzu prosaischen Eindruck gemacht haben... Es kann auch sein, daß sie sich geschämt hat.

Also, ob ich ihr böse sei.

Ich versicherte ihr, daß ich ihr wegen nichts böse sei. Das war die Wahrheit. Ich hegte keinen Groll mehr. Ich war nur ihrer Verschwendungssucht überdrüssig. Und das sagte ich am nächsten Morgen; denn ich hatte mir vorgenommen, ihr nichts mehr zu geben. Sie könne sich nicht ändern? Ich mich auch nicht. Schluß. Ich gebe ihr nichts. Für Auswärtsessen ganz bestimmt nicht. Es war nämlich Mode geworden, daß sie auch zum Mittagessen nicht nach Hause kam. Und das war mir zu dumm.

„Warum ißt du mittags nicht zu Hause?" fragte ich sehr ruhig. „Dein Mittagessen ist doch hier bezahlt. So verrückt bin ich nicht, an zwei Stellen Essen für dich zu bezahlen."

Daraufhin lächelte sie, und zwar, wie man sich vorstellen kann, mit einer Überlegenheit, die nur eine Französin aufbringt. Und als mir dieses Lächeln, das Mundverziehen und Achselzucken zu lange dauerte, da zog ich sie bei den Ohren. Jawohl, ich leugne es nicht, ich zog an ihren Ohrläppchen, in aller Ruhe, wie man ein Hundejunges bei den Ohren zieht. Ich hatte die Sache wirklich satt. Ihr Rechenschaft über meine finanzielle Lage abzulegen, davon konnte nicht die Rede sein. Nein, ihr nicht.

„Wenn du so weitermachst, geht all mein Geld drauf, und dem muß ich vorbeugen", das war alles, was ich ihr sagte. Ich fügte noch hinzu: „Das Geld wächst ja nicht in meiner Tasche. Und ich bin jetzt stellungslos."

Nach dem Vorgefallenen sagte ich das recht eindringlich und kurz. Natürlich ganz umsonst. Ihre Augen funkelten vom Ohrenziehen ohnehin wie Sterne, und sie glich einer erbosten Katze, die das Fell sträubt. Aber nach einer Weile überlegte sie es sich anders.

„Meinetwegen, auch gut", sagte sie rasch und über die Achsel. „Übrigens interessieren mich deine Angelegenheiten nicht!"

„Gut, daß ich das weiß", sagte ich. „Wenn dich auch das Geld nicht mehr interessieren wird, sag mir Bescheid."

Es war das erste Mal, daß sie so von mir behandelt wurde. Nie noch hatte ich die Hand gegen sie erhoben. Ich hatte ihr auch seit undenklichen Zeiten nie etwas verweigert. Ich kann mich an keinen einzigen Fall erinnern.

„Meinetwegen", wiederholte sie. Und das klang wie eine Drohung: sie könne anderswo bekommen, soviel sie wolle. Sie war im Begriff zu gehen und hatte die Hand schon auf der Klinke, als sie stehenblieb und sich umdrehte. Möglich, daß sie noch etwas sagen wollte, denn sie war sehr blaß, und ihre Lippen bebten. Doch plötzlich fing sie zu toben an. Sie warf sich auf die Erde und riß an ihren Haaren und ihrem Kleid. Und als ich sie aufheben wollte, versuchte sie, mir die Augen auszukratzen. Das gelang ihr aber nicht, denn ich hielt ihr die Hände fest.

„Na, na“, sagte ich, „hüte dich, sonst schlage ich dich tot.“

„Scher dich weg“, schrie sie und zappelte in meinen Händen. „Scher dich weg, du Ruchloser, schämst du dich nicht?“

„Was redest du da?“ fragte ich und legte sie schön ruhig auf den Fußboden zurück. „Ich soll mich wegscheren?“ Und ich schmiß einen Blumentopf in den Spiegel, daß alles in tausend Stücke ging, Blumentopf und Spiegel. Die Scherben und die Blumenerde lagen im ganzen Zimmer verstreut.

„Ich soll mich schämen?“ Und ich kippte ihr Büchergestell samt allem, was drauf war, um; die eine Ecke zerschlug den Milchkrug, knapp einen Schritt von ihrem Kopf entfernt.

Ich muß sagen, ich empfand tödliche Wonne dabei. Es war ein Gefühl, als zerrönne Honig in meinen Adern. Es war herrlich, daß ich mich nicht mehr zum Schweigen zu zwingen und in Ehrfurcht vor der Philosophie zu verneigen brauchte ... „Du bist, wie du bist?“ schrie ich. „Ich werde auch sein, wie ich bin, du wirst sehen, meine Liebe!“ Ich soll mich vor diesem verderbten kleinen Wurm schämen? Immer ich? Und sie soll sich nie schämen? ...

Und schon sauste der Kronleuchter von der Decke. Er sollte auf sie niedersausen. Erst riß ich ihn herunter, dann schleuderte ich ihn hin. Doch ich stockte im Schwung. Und darüber muß ich einiges sagen, denn schließlich tat meine Frau den Mund auf. Sie hatte nicht etwa einen Schreck bekommen, o nein. Sie verharrte in beispielloser Ruhe und Heiterkeit.

Die Verwüstung ihrer Pflanzen hatte sie noch ertragen. Sie lag still zwischen den Scherben, als sei sie einzig darauf bedacht, möglichst bequem auf dem Ohr zu liegen. Wie ein Kind, ein kleines Baby, das still zusieht, wie ringsum die Welt einstürzt. Aber als die scheußlichen neuen roten Gläser an die Reihe kamen, da rührte sie sich doch. Sie setzte sich sogar auf.

„Bist du wahnsinnig geworden?“ fragte sie zuerst. „Mach nicht so ein Theater. Oder amüsiert dich das?“

Und dies war das Wort, das mir den Schwung nahm. Ich hielt inne. Und was ich hier niederschreibe, dient zur Charakterisierung des sogenannten Zustandes der Besinnungslosigkeit. Ich will nämlich, daß dieser einmal entlarvt wird. Wie hatte ich weiter oben gesagt? Daß ich tödliche Wonne empfand. Ja, es war so. Zweifellos. Mein Lustgefühl bei dem Ausbruch war allzu groß, ich fühlte mich verdächtig wohl.

Lope de Vega
Eifersucht bis in den Tod

Ein Edelmann von sehr altem Geschlechte aus dem Gebirge von Burgos, namens Bernardo de Salazar, kam wegen eines in seinem Vaterlande mit dem Tode seines Gegners endenden Zweikampfes nach dem Königreiche Valencia und wurde um seines guten Rufes und Betragens willen bei der Hofhaltung des Señor Don Carlos de Borja, Herzogs von Gandia, in Gandia als Kavalier angestellt. Nachdem er einige Jahre seine Pflichten getreulich erfüllt hatte, erwarben ihm seine vortrefflichen Eigenschaften die Zuneigung einer Edeldame der Herzogin, und er verheiratete sich mit ihr, indem er sich also an seine neue Heimat mit festeren Banden fesselte. Er zeugte in dieser Verbindung eine Tochter, die mit ihrem fünfzehnten Jahr das schönste Mädchen des ganzen Königreichs geworden war. Viele junge Edelleute des Herzogs trugen Verlangen, sie als Gattin zu besitzen, und bemühten sich eifrig um ihre Hand; ihre Ansprüche wurden jedoch von ihrem Vater insgesamt unter dem Vorwande zurückgewiesen, daß sie noch in einem zu frühen Alter stehe, um verheiratet und aus der väterlichen Obhut entlassen zu werden.

Die Anbeter der schönen Marcela vernachlässigten zwar keineswegs ihre Bewerbungen oder gaben sie auf; Bernardo de Salazar vereitelte sie aber als ein schlauer und beständiger Gebirgsbewohner durch den in sich vorgefaßten Beschluß, seine Tochter einem sehr reichen leiblichen Vetter von sich in Aguilar de Campo zuzuwenden, der von seinen Eltern ein Vermögen von mehr als vierzigtausend Dukaten in Ländereien und Einkünften geerbt hatte und also einer der reichsten Männer seines Ortes zu nennen war.

Marcela erreichte ihr zwanzigstes Lebensjahr, und ihr Vater begann mit anderen Verwandten, die ihre Vermählung mit dem Vetter behandeln sollten, um ihretwillen Briefe zu wechseln. Das dem Vetter zugeschickte Bild des jungen Mädchen erleichterte den Abschluß des Vertrags wesentlich. Der nachgesuchte Erlaß von Rom kam binnen drei Monaten an, und mittlerweile bereitete man die Hochzeit vor. Der Bräutigam war als ein echter Gebirgsmann nicht eben sehr galant, und seine Körpergestalt erhöhte seine guten Eigenschaften nicht, denn sie war sehr unansehnlich und überdies durch einen Wulst in den Schultern entstellt, der, nach seiner Aussage, infolge eines Falles angeschwollen war, von denen aber, die ihn von Jugend an gekannt hatten, für einen Höcker angesehen ward. Er war also nicht allein bucklig, sondern es saß ihm auch der Kopf so tief in den Schultern, daß er sich kaum zwei Finger breit darüber erhob. Seine Beine ersetzten diesen Mangel an Schönheit nicht, denn sie waren im höchsten Grade krumm, und es erschienen diese Gebrechen nur in bezug auf seinen Verstand geringer, weil derselbe dem Körper an Kürze und Beschränktheit glich und fast mit den Elementen der Höflichkeit und Sitte sogar unbekannt geblieben war. Welchem Ungeheuer sollte also Marcelas Schönheit hingeopfert werden! Welchen Teufel suchte man zur Begleitung dieses Engels aus! Nur in dem einen Punkte war er klug, daß er nicht nach Gandia kommen wollte, sondern verlangte, seine Braut sich in seine Heimat zugeführt zu sehen, was ihm wahrscheinlich zur Verheimlichung seiner Mißgestalt wohlwollend angeraten worden war. Er wich von dieser Bedingung nicht ab, sondern bestand so lange und fest wie ein König darauf, daß sein Schwiegervater und Vetter ihm seine Braut in das Gebirge übersende, bis Bernardo de Salazar seinem Starrsinne nachgab und, weil er bei Lebzeiten der mächtigen Brüder des von ihm Getöteten nicht öffentlich in Aguilar erscheinen durfte, heimlich dahin zu reisen beschloß.

Er verließ mit Marcelen Gandia und langte nach mehreren Tagereisen bei der Vaterstadt des Bräutigams an. Marcela sah dem Ende ihrer Wanderschaft mit keinem großen Vergnügen entgegen, denn sie schloß aus der geringen Gefälligkeit ihres zukünftigen Gatten auf einen Mangel an Verstand, wo nicht gar auf einen Überfluß an köperlicher Gebrechlichkeit seinerseits. Dem Willen ihres Vaters gehorchend und unterworfen, verleugnete sie am Ende aber allerdings den ihrigen und fügte sich darein, in Begleitung ihrer Mutter ihrem körperlich und geistig ihr unbekannten Verlobten entgegenzuziehen. Sie machten vier Meilen vor Aguilar halt, wo Bernardo de Salazar zurückzubleiben beabsichtigte, und erwarteten, von Lorenzo de Santillana daselbst eingeholt zu werden;

der Bräutigam entschuldigte sich aber mit vorgeblicher Krankheit und Bettlägerigkeit.

Salazar faßte nun den Entschluß, zur Zusammenkunft mit seinem Eidam selbst nach Aguilar zu gehen, und sendete Frau und Tochter in Begleitung einiger ihren entgegengekommener Verwandten dahin voraus. Sie wurden zur Belustigung des ganzen Ortes von dem Bräutigam im Bett mit Freuden empfangen, erkannten aber bald nach seinen ersten Äußerungen seine Sinnesbeschaffenheit und fühlten darüber beide um so schwerere Betrübnis, als diese Heirat eben gar nicht in dem Willen der Mutter gelegen hatte. An demselben Abende fand ein glänzendes Gastmahl statt, woran die nächsten Verwandten mit ihren Frauen teilnahmen und wozu auch Bernardo de Salazar heimlicherweise kam. Mutter und Tochter hofften viel von dem Eindrucke, den der Anblick des von ihm zu seinem Tochtermanne erkorenen Menschen auf ihn machen werde; er war jedoch dermaßen von der Begierde nach dessen Besitztume eingenommen und so eingebildet auf dessen Person, daß er deren Gebrechen sogar wie Vollkommenheiten betrachtete. Oh, wie viele Mißgriffe begehst du, menschlicher Eigennutz, wie viele Irrtümer verschuldest du! Die Nacht verging unter Besuchen von Anverwandten, und am anderen Tage fand die Hochzeit statt, die der schönen Marcela und ihrer Mutter nicht wenige Tränen kostete. Der Bräutigam befand sich dabei äußerst elend, und es schienen ihm die acht Tage, während deren er seine Schwiegereltern bei sich behielt, tausend Jahre zu sein. Ja, seine Gäste wurden ihm am Ende so zur Last, daß er ihnen mit finsternen Blicken zu verstehen gab, es würde ihm Freude machen, ließen sie ihn allein.

Die Schwiegermutter nahm die Unlust des unhöflichen Eidams wahr und drängte Salazar zur Rückreise nach Gandia, wiewohl es sie auf der anderen Seite bekümmerte, ihre Tochter in der Gewalt eines ihr so unähnlichen Menschen lassen zu müssen. So versündigen sich die Eltern, die aus kleinlicher Selbstsucht ihre Töchter gewaltsam mit Menschen zur Ehe zwingen, bei denen sie lebenslänglichen Tod erleiden und von denen sie nur der Tod befreien kann. Salazar kehrte mit seiner Gattin nach Gandia zurück, und sein Schwiegersohn behandelte ihn beim Abschiede unfreundlich genug, daß er schon einiges Leidwesen und Besorgnisse um das künftige Schicksal seiner Tochter empfinden konnte. Bei der Ankunft der schönen Marcela beeiferten sich alle namhafteren Bewohner Aguilars, sowohl Damen als Edelleute, sie zu besuchen, und wurden alle von ihren Reizen entzückt wie von ihrer Anmut und Höflichkeit bezaubert. Die müßige Jugend des Ortes war ganz voll des Lobes der schönen Valencianerin, wie man sie nannte, und ihre Schönheit ward unaufhörlich besungen und mit Abendständchen gefeiert. In dem guten Santillana störte man dadurch eine solche Staubwolke von Eifersucht auf, daß er in derselben ganz das Bewußtsein seiner selbst verlor. Er gab sich im allgemeinen zwar wenig mit Denken ab, aber was diesen Umstand anlangte, so konnte er doch nicht wohl umhin, sich bedachtsam zu Gemüte zu führen, wie sehr die Natur ihn an Körper und Geist vernachlässigt habe und wie unwürdig er mithin sein und von den anderen erachtet werden möge, eine so vollkommene, von dem ganzen Orte mit Recht gefeierte Schönheit als Gattin zu besitzen. Infolge dieser Betrachtung fing er nach und nach an, wachsam zu werden, seine Frau am Ausgehen zu verhindern, die ihr zugedachten Besuche abweisen zu lassen und sogar seinen Verwandten den Zugang in sein Haus zu untersagen. Er erhöhte somit in der armen Frau das Gefühl ihres Unglücks dermaßen, daß ihre Schönheit von Tag zu Tag abnahm. Sie durfte nie anderwärts als in die Messe aus dem Hause gehen und alsdann nur mit verhülltem Gesicht und in Santillanas eigener Begleitung, der sie unterwegs fortwährend bei der Hand führte und in der Kirche keinen Augenblick von ihrer Seite wich. Marcela empfand weniger schmerzlich ihre häusliche Abgeschlossenheit von allen Besuchen und allen Freunden der Welt und Geselligkeit als das geringe Vertrauen, welches ihr unfeiner Gatte in sie setzte, und die Ängstlichkeit, mit der er sie behütete, von irgend jemand gesehen und etwa zum Leichtsinn oder zur Kränkung seiner Ehre verführt zu werden. Sie teilte dies und die Beschwerden, die er ihr unaufhörlich auferlegte, einige Male schriftlich ihren Eltern mit, und es bereute besonders Salazar, sie zu einer solchen Ehe gezwungen zu haben. Eines Tages in der Kirche geschah es, daß Santillana einen der Liebhaber, die seine Frau verfolgten, während der Messe gähnen sah und daß auch Marcela – so wie denn der, welcher gähnen sieht, gewöhnlich mitgähnen muß – einigemal dasselbe tat, was ihren Gatten gleich zu dem Verdacht verleitete, dies möge ein zwischen beiden verabredetes Zeichen sein, und ihm genügte, sie bei der Rückkehr nach Hause mit seiner Eifersucht aufs äußerste zu belästigen. Es konnte nicht fehlen, daß auf diese Weise immer eines aus dem anderen hervorging, was der armen Marcela die empfindlichsten Kränkungen verursachte und die Nachbarn, sobald sie dies erfuhren, auf Kosten der törichten Leidenschaft ihres Ehemannes belustigte.

Die bitteren Klagen, in welche Marcela sich über ihr betrübtes und verzweifeltes Leben schriftlich gegen ihre Eltern ergoß, zogen Bernardo de Salazar eine schwere Krankheit zu, die ihn so hart angriff, daß sie sein Leben beendigte. Seine Gattin liebte ihn so sehr und empfand seinen Verlust so tief, daß auch sie vierzehn Tage nach seinem Begräbnis zum großen Leidwesen ihrer fürstlichen Herrschaften, die sie sehr wertschätzten, ihren Geist aufgab. Da nun Salazar einiges Vermögen hinterließ und Marcela seine einzige gesetzliche Erbin war, so benachrichtigte man Santillana zugleich von dem Tode seiner Schwiegereltern und von der Erbschaft seiner Frau. Habsüchtig und geldgierig, wie er war, freute er sich dieses Erbes ungemein, und da er einsah, daß er, wenn er nach Gandia reise, um es anzutreten, seine Frau allein zurücklassen müsse, so beschloß er, sie mit sich zu nehmen. Der schönen Marcela war diese Reise nicht wenig angenehm, und sie nahm sich vor, in Gandia alles zu tun, was sie vermöge, um sich der Gesellschaft eines so unerträglichen Mannes zu entledigen, wobei sie namentlich auf die Gewogenheit der herzoglichen Familie rechnete. Sie langten in Gandia an – und es muß hier zuvörderst erwähnt werden, daß Santillana seit seiner Geburt Aguilar auf keine Meile im Umkreise verlassen hatte –, stiegen im Hause eines Verwandten Marcelas ab, der sie mit Freuden bei sich aufnahm, und wurden noch an demselben Abende im Namen der Fürstlichkeiten von einem Pagen bewillkommt. Santillana erwiderte diese Höflichkeit mit der ihm eigentümlichen Sprache, die von dem schlauen Pagen sogleich aufgestochen und im Palaste zu allgemeinem Ergötzen mit vielem Geschicke nachgespottet wurde.

Zwei Tage nach ihrer Ankunft wünschte Marcela, dem Herzoge und der Herzogin aufzuwarten, und es begleitete sie ihr plumper Ehegemahl, so wohl aufgeputzt, als es sein Außeres und seine Herkunft gestatteten; denn obwohl Aguilar ein sehr gebildeter Ort ist, so war es daselbst doch noch nicht eingeführt, nach der Mode zu gehen.

Santillana ward von dem Herzoge, dessen ältestem Sohne und dem anwesenden Großmeister des Ordens von Montesa mit Ehren empfangen, indem ein jeder, so gut er es konnte, das Lachen verbarg, welches ihm seine komische, widerwärtige Gestalt und seine ungeschliffenen Gebärden erregten. Marcela ging dagegen, sobald sie dem Herzoge die Hand geküßt hatte, in das Gemach der Herzogin hinüber, die ihr sehr huldreich begegnete und sich nicht wenig über die Abnahme ihrer Schönheit und über die große Gewalt des Kummers verwunderte, und versäumte denn bei dieser Gelegenheit nicht, ihrer Exzellenz und deren Damen ihre Leiden seit ihrer Verheiratung zu schildern und sich über deren Fortdauer zu beklagen, ohne daß ihr ein Mittel gegeben sei, Santillana dahin zu bringen, von seiner auf den nichtigsten Gründen beruhenden Eifersucht abzulassen.

Als sie darauf mit ihrem Gatten in ihre Wohnung zurückgekehrt war, besprachen und betrübten sich die vornehmen Herrschaften über das, was ihnen die junge Frau von der häßlichen Sinnesweise Santillanas mitgeteilt hatte, und der Herzog nahm es auf sich, des andern Tages ernstlich mit ihm zu reden, um zu versuchen, ob er vielleicht zur Besserung und Sinnesänderung gegen seine Gattin zu bewegen sei. Er ließ ihn deshalb zu sich rufen, und wenngleich dem guten Gebirgsbewohner nichts eben an Besuchen im Palaste gelegen war, so kam er dennoch des Herzogs Befehlen nach. Der Herzog erwartete ihn allein in seinem Kabinett, und als er sich mit ihm unter vier Augen sah, erinnerte er ihn an die Verpflichtungen, die ein Ehemann habe, seine Gattin ehrenvoll zu behandeln, sobald sie sich ihm liebenswürdig erweise und ihm keinen Anlaß gebe, argwöhnisch auf sie zu sein, sagte ihm, was ihm von seinem Betragen gegen sie zu Ohren gekommen sei, und bat ihn, seine Aufführung fortan zu ändern, mit dem Bemerken, daß er ihn auf einem anderen Wege dazu vermögen werde, erführe er späterhin jemals das Gegenteil über ihn. Santillana fühlte sich in der Tat eingeschüchtert, als er sich von einem großen Herrn in einer Sache, worin er so wenig, jener aber so viel Recht hatte, ausgescholten sah. Er entschuldigte sich indessen mit den allerfüglichsten Gründen, die ihn seine Unbehilflichkeit im Augenblicke auffinden ließ, ohne imstande zu sein, seine Hartnäckigkeit irgend zu beschönigen, und beurlaubte sich damit von dem Herzoge.

Da Santillana ein Dummkopf vom Kopf bis zu den Füßen war, so verstand er durchaus nicht, sich gegen seine Frau zu verstellen, sondern erboste sich, in der Voraussetzung, daß ihn dieser Verweis infolge von Marcelas Beschwerden betroffen habe, dermaßen gegen sie, daß er, ohne die Rücksicht auf seine Wirte und Verwandten, Hand an sie gelegt haben würde. Der Herzog erfuhr das Geschehene alsobald und teilte es seinen Söhnen mit, um sich mit ihnen über das, was darauf zu tun sei, zu besprechen. Einige waren der Meinung, daß auf eine Ehescheidung angetragen werden solle, andere, daß die Herzogin Marcela auf einige Zeit zu sich nehmen möge, um zu versuchen, ob er sich noch bessere. Der Großmeister von Montesa aber, ein kluger junger Mann und Freund der Kurzweil, wünschte einen Scherz mit Santillana getrieben zu sehen und hoffte, auf diesem Wege Marcelen am ehesten Hilfe zu verschaffen. Er eröffnete seine Ansicht seinem Vater und seinen Brüdern und veranlaßte den Herzog zu beschließen, daß dieselbe versuchsweise ins Werk zu richten sei. Vor allen Dingen war es notwendig, zwischen Santillana und seiner Frau wieder Frieden zu stiften. Die gastfreundlichen Verwandten nahmen dieses Amt auf sich, vollbrachten es anderentags und schlugen zur Feier der Versöhnung eine Lustfahrt auf dem Meere vor. Santillana weigerte sich nicht wenig, darauf einzugehen, weil er so etwas vorher noch niemals versucht hatte; auf die Bitten und Vorstellungen aller übrigen Verwandten, daß gar keine Gefahr dabei zu bestehen sei, gab er aber endlich wider Willen nach. Zwei große Fischerbarken von dem flachen Strande Gandias wurden ausgerüstet und mit einem Vorrate kalter Speisen zum Vesperimbiß versehen. Die See ging ruhig, man fuhr frisch in dieselbe hinein, und die Ruder trübten die flüssige Bläue mit Geschäftigkeit, bis man über eine Meile weit meereinwärts gefahren war.

Der Großmeister hatte alle seine Diener zu der Posse angestellt und ungefähr dreißig von ihnen, als Mohren verkleidet, auf eine mitten im Meere vor Anker liegende Brigantine geschafft, deren Wimpel nach dem Gebrauche mit halben Monden ausgeschmückt waren. Santillana bestürmte die Gesellschaft mit Bitten, nach dem Lande zurückzufahren, da sie aber große Vorsicht beobachteten, so wagten sie sich, je mehr er bat, desto tiefer in die See hinaus.

In kurzer Zeit kam ihnen die so wohlbestellte Brigg zu Gesicht, daß sie sie wirklich für einen algerischen Kaper gehalten haben würden, wären sie nicht hinlänglich auf sie gefaßt gewesen. Die Schiffer huben an zu schreien: „Ans Land! Ans Land! Weh uns Armen! Das Schiff ist ein maurisches.“ Santillana entfärbte sich, als er diesen Ruf hörte, und wagte kein Wort zu sprechen. Es fehlte nicht viel, so hätten die ihn Umgebenden den Betrug durch ihr losbrechendes Gelächter entdeckt; ein jeder tat aber fast das Unmögliche in der Verstellungskunst, indem er äußerliches Entsetzen über dies unvermutete Ereignis zu erkennen gab und Gott anrief, ihn aus der offenbaren Gefahr zu befreien. Die Frauen verbargen ihr Gesicht in ihre Schnupftücher und schienen Tränen zu vergießen, und es herrschte allgemein die größte Verwirrung. Die Brigantine holte in diesem Augenblick die beiden Barken ein und feuerte, unter dem Kriegsgeschrei der Mauren, blindgeladenes Geschütz auf sie ab, dessen Donner kaum an Santillanas Ohren schlug, als er, auf den Boden der Barke niederstürzend, zu heulen und um Erbarmen zu schreien begann. Die Brigg enterte die eine Barke, auf welcher sich Santillana mit seiner Frau befand, und einige vermeintliche Mohren sprangen sofort hinein und schleppten die Frauen unter Umarmungen mit sich fort. Einige Männer, die sich zum Widerstande anschickten, wurden alsbald entwaffnet und gebunden und mit den übrigen und dem fast besinnungslosen Gebirgsbewohner auf die Brigg geschafft, wo man den Frauen allerdings nichts antat, die Männer jedoch, weil dies in der herbstlichen Jahreszeit eben noch erträglich war, bis aufs Hemd entkleidete und beraubte.

Jorge Amado
Nächte in Bahia

Als Marialva geendet hatte, lächelte Tibéria ihr zu, wobei sie sich freundlich aber zurückhaltend gab, ohne sonderliche Begeisterung über Marialvas Teilnahme an ihrem Fest zu bekunden, ohne sie zu ihrer Verheiratung zu beglückwünschen, als wüßte sie nicht einmal, daß sie die Frau des Korporals war, ohne ihr ein Kompliment über ihre Schönheit zu machen. Freilich entging ihr Marialvas anziehende Gestalt nicht, sie hielt es jedoch für besser, kein Wort darüber zu verlieren. Sie kam ihr herzlich entgegen, lud sie zum Sitzen ein, wies eine der Dirnen an, sie zu bedienen, so als wäre sie eine offizielle Besucherin, doch keinen Augenblick spielte sie auf ihre Verbindung zu Martim an, auf die vielbesprochene Eheschließung, auf ihr in Vila América eingerichtetes Heim. Auch mit Martim wechselte sie kein diesbezügliches Wort und kam ihm entgegen, als wäre nichts passiert, als wäre er nicht einmal nach Recôncavo gereist. Martim versuchte die Sache ins reine zu bringen und die von Tibéria aufgerichtete fragwürdige Schranke zu durchbrechen. So fragte er kurz entschlossen:

„Wie findest du meine Frau, Mütterchen? Ist sie nicht ein patentes Mädchen?"

Tibéria tat, als hätte sie nicht gehört, und richtete das Wort an einen beliebigen Gast. Martim wiederholte die Frage und berührte sie am Arm.

„Ein jeder ißt aus dem Teller, der ihm lieb ist…, brummte sie. Eine wenig passende Antwort, wie man sieht, so daß Martim hinter den versteckten Sinn, die Boshaftigkeit, den Spott ihrer Worte zu kommen suchte. Schließlich zog er die Schultern ein und wandte seine Schritte zu der in der Nähe sitzenden Marialva: Augenscheinlich war Tibéria nicht zu einer Sympathieerklärung aufgelegt, noch immer war sie gekränkt, da sie sich weigerte, Marialva zärtlich anzunehmen. Wie lange würde sie den Trotzkopf spielen? Martim kannte sie gut, sie war im Grunde unfähig, lange böse zu sein und sich in Haß und Abneigung zu verkrampfen. Vorderhand hielt sie sich streng an die Grenzen der guten Erziehung, sie übertrieb sogar gewisse Aufmerksamkeiten, die einem Gast zustehende Betreuung, indem sie Marialva mit Speisen und Getränken förmlich überschütten und ihr bei jeder Gelegenheit neu auftragen ließ. Weniger mit der Absicht, ihr angenehm zu sein, als ihr zu zeigen, wie üppig es in ihrem Hause zuging, als ihr den Prunk ihres Festes ins Gesicht zu schleudern und die Verschwendung, die sie mit festen und flüssigen Genüssen trieb.

Die anderen Frauen, die vom Hause und die geladenen, verbargen nicht ihre Neugierde, sie drängten sich gegenseitig, um Marialva zu begaffen, um ihr Kleid in Augenschein zu nehmen, ihre Schuhe, ihre Frisur, und sie machten leise lachend untereinander Bemerkungen. Marialvas erstes öffentliches Auftreten kam gewissermaßen ihrer Einführung in die ortsansässige Gesellschaft gleich. Wäre in jenem nächtlichen Bereich billiger Freuden ein Gesellschaftsberichterstatter zugegen gewesen, er hätte fraglos diese Tatsache zur Kenntnis genommen und sie gebührend und bewundernd gewürdigt. Marialva fühlte sich im Brennpunkt aller Blicke und gab sich den zudringlichen Weibsbildern gegenüber ebenso abweisend und hochtrabend wie sie sich Tibéria gegenüber liebedienerisch und bescheiden benommen hatte. Als geliebtes Weibchen an Martims Arm, musterte sie alle übrigen von der Höhe ihrer überlegenen Stellung herab. Sie flüsterte Martim zu, zwickte ihn zärtlich ins Ohr, tauschte Küsse mit ihm und zog alle Register der stimmlichen Koketterie. Die Frauen machten ihre Glossen, freilich aus purem Neid. Besonders weil die Männer nur für sie Augen hatten, einschließlich derer, die sie in Martims Haus kennengelernt und mit ihr gesprochen hatten, während sie Kaffee und Schnaps herumreichte. Marialva hatte sich für das Fest herausgeputzt, sie trug ein neues Fähnchen mit engem Rock, das jede Schwellung ihres Körpers hervorhob, und wenn sie sich setzte, zeigte sie Beine und Knie. Als ausgezeichnete Schneiderin schnitt und nähte sie ihre Kleider selbst. Der einzige, der sie anzusehen vermied und Abstand hielt, war Curió. Er hatte das Bohnengericht nur gekostet und ließ sich mit Schnaps vollaufen.

Der Auftritt mit Otália spielte sich im Verlaufe des

Abends ab, auf dem Höhepunkt der Festlichkeit. Viele waren nicht einmal nach Hause gegangen und hatten das Mittagessen in die abendliche Tanzerei übergehen lassen. Marialva indes war nach Hause geeilt, um sich umzuziehen, und erschien in Blau, tief ausgeschnitten, mit offenem Haar. Sie trat am Arme Martims ein, als bereits im Vorraum getanzt wurde, dort, wo die Dirnen sonst ihre Kunden erwarteten. Als sie ihren Einzug hielt, geriet die Musikkapelle fast aus dem Takt, da André, der die Flöte spielte, danebengriff und Tibúrcio die Augen so weit aufriß, daß er seine Mandoline fallen ließ. Tibúrcio war ein Student der Rechte, ein berühmter Bohemien, Intimus Tiérias, ein vorzüglicher Mandolinenspieler. Er hatte sich der Hauskapelle – zwei Gitarren, Harmonika und Flöte – zugesellt. Marialva, nach wie vor an Martims Arm, durchschritt die Länge des Wohnzimmers bis zum Schaukelstuhl, der einem Thronsitz gleichkam, in dem das Geburtstagskind, umringt von den Dirnen seines Etablissements, neue Glückwünsche entgegennahm. Man brachte ein Geschenk, ein Stück Kleiderstoff, überreichte es ihm und ging dann zum Tanzen über.

Nun war es stadtbekannt, daß der Korporal ein Salonlöwe war. Als alter Karnevalshengst, der seine Künste beim Baronschwof darzubieten liebte, war er ein leidenschaftlicher Tänzer und gab wahre Schaustellungen, wenn er das Tanzbein schwang. Lange war er nicht mehr in Bahia zu sehen gewesen, so daß er sich an diesem Abend besonders ins Zeug legte. Marialva konnte sich schwerlich mit ihm messen, doch machte sie mögliche Schwächen durch geschmeidige Bewegungen wett, indem sie sich bald an ihn schmiegte, bald entfloh, und sich, begierig auf Bett und Mann, dann wieder seiner Führung überließ. Es war nicht nur Martims reine Tanzkunst, welche die Blicke bannte, seine vor lauter Behendigkeit und

Anmut vogelgleich schwebende Leichtigkeit. Denn wer hätte nicht gerne jene schmiegsamen Hüften zum Rhythmus der Klänge gleiten und wirbeln gesehen?

Als der Tanz beendet war, ließ der Korporal Marialva im Wohnzimmer zurück, um sich ein Gläschen zu genehmigen, hinten im Haus, mit den Freunden. Dort waren alle versammelt, nur Curió fehlte, gleich nach dem Mittagessen war er umgesunken und hatte fortgeschafft werden müssen. Jesuímo, Neger Massu, Windsbraut, Ipicilone, Nelke-im-Knopfloch, Isidro, Alonso, und so viele andere. Sie tanzten wenig, tranken dafür aber um so mehr. Der Korporal stellte sich zu den Freunden, nun war er zufrieden, der Streit mit Tibéria war ihm ein Stachel im Fleisch gewesen. Zum ersten Mal seit seiner Rückkehr trank er wie in alten Zeiten seit dem Vormittag und war unwiderstehlich zum Lachen aufgelegt.

Im Wohnzimmer hatte Marialva es sich auf einem Stuhl bequem gemacht und ließ sich bewundern. Sie senkte die Augen, sandte sie auf die Reise, auf der Suche nach Curió. Als sie sich nach der Bohnensuppe eilends auf den Heimweg gemacht hatte, war der junge Werbefachmann bereits nicht mehr zurechnungsfähig gewesen und hatte wirres Zeug gefaselt. Sicherlich hatte man ihn heimgeschleppt. Zu schade, Marialva hätte ihn gern gesehen, wie er sich aus Liebe, aus unwiderstehlicher Leidenschaft zu ihr bis zur Bewußtlosigkeit betrank. Er war nur noch ein Bündel, ein Häuflein Mensch. So liebte sie die Männer zu sehen: zu ihren Füßen, sich vor ihr im Staub wälzend. Sie fühlte die Augen auf sich haften, an ihren Beinen hochgleiten, über ihren Ausschnitt huschen. Sie schlug die Beine übereinander, geschickt ein Stück Schenkel mal enthüllend, mal verbergend.

Jetzt spielte die Musik einen Samba, einen jener mitreißenden Tänze. Marialva hätte gern getanzt, warum kam

Martim nicht zurück? Er ließ sich förmlich vollaufen mit Zuckerrohrschnaps, noch nie hatte sie ihn so hemmungslos bechern sehen. Das Wohnzimmer füllte sich rasch mit fröhlichen Paaren. Der Samba war wie geschaffen, damit man mit den Hüften wippte, damit in den Männeraugen Begierde, ein gelbes, stumpfes Licht, aufleuchtete. Warum holte Martim sie nicht? Die anderen wagten sich nicht heran, sie war die Frau des Korporals, das wäre unschicklich gewesen. Überdies tanzte keiner wie er, so elegant und mutwillig, und er gehörte ihr, ausschließlich ihr …

Nein, er gehörte nicht ausschließlich ihr, stellte Marialva fest, als sie ihn, Otália in seinen Armen, plötzlich durch den Wohnsaal wirbeln sah. Sie hatte die beiden nicht hereinschweben sehen, hatte den Beginn ihrer Unverfrorenheit, ihres schamlosen Benehmens, nicht miterlebt. Wo hatte er sie bloß aufgegabelt, die bleichgesichtige, schwindsüchtige Göre, diese spillerige Schnepfe mit Zöpfen und Gürtelkleid? Otália trug dasselbe Kleid vom Morgen, von der Messe, sie sah wirklich aus wie eine kleine Landpomeranze, kaum mehr als ein Backfisch mit Zöpfen, die ihr im Nacken in die Luft standen.

Im Raum kreisend, lächelte sie in Martims Armen. Sie lächelte, und der Korporal lächelte, sein Gesicht strahlte Glückseligkeit. Wer ihn nicht genau kannte, konnte nicht wissen, wie betrunken er war, denn außer seinem Wohlbefinden, das aus seinen Augen sprach und sich in hemmungslosem Gelächter offenbarte, verriet ihn nichts. Indessen, seit der Messe hatte er getrunken: Gleich dort, in unmittelbarer Umgebung der Kirche, hatten er, Jesuíno Tollhahn und Massu zu Beginn der Feierlichkeiten etliche Appetitanreger hinter die Binde gekippt. Nun lächelte er Otália ermunternd zu. Sie stellte beim Tanzen keine von Marialvas Verrenkungen zur Schau, sie war ein Blatt, dahinflatternd im Wind, ihre Füße schienen den Fußboden nicht zu berühren, sie war ein süßes Kind, durch Zufall wieder aufgefunden, aus Musik geboren, eine dem Korporal wahrhaft ebenbürtige Tänzerin.

Sie tanzten so rein, so rein und schön, daß die übrigen Paare eines nach dem anderen die Tanzfläche räumten und lieber zuschauten, um dem echten Tanzpaar den Raum zu überlassen.

Dann ließ Martim Otália los und begann, vor ihr einherzutanzen, mit atemberaubender Schnelligkeit und Vielfalt die erstaunlichsten Schritte ausführend, während das Mädchen, auf der Stelle kreisend, den Tanz ihres Partners ergänzte. Nach der Schaustellung zogen sie durch die Mitte des Saales ab, ledig wie Vögel, Träger der Anmut und Fröhlichkeit. Vorher hatten die Männer mit begehrlich entflammten Augen Marialva zugeschaut. Jetzt schauten Männer und Frauen, von Zärtlichkeit erwärmt, Otália zu. Martim lachte, und sein Tanz wurde immer rasender, sausender.

Nie in ihrem Leben hatte Marialva sich so beleidigt und angegriffen gefühlt. Sie schloß die Augen, um nicht zusehen, sie preßte die Zähne aufeinander, um nicht herausschreien zu müssen. Sie war leichenblaß, kalter Schweiß bedeckte ihre Stirn, ihre Hände.

Sie sah die beiden in nächster Nähe vor sich wirbeln, auf Otálias Lippen ein Lächeln, ein Glanz in Martims Augen. Ein Nebelschleier legte sich vor ihre Augen und verdunkelte ihr die Sicht, und die Einsicht dazu. Als sie wieder zu sich kam, fand sie sich mitten im Saal, auf Otá lia zugehend, und schrie:

„Raus mit dir, Rotzgöre, und laß meinen Kerl los!"

Alles war so rasch und unerwartet gekommen, daß etliche es gar nicht bemerkten, wie die Trinker im Hinterzimmer, die damit das Beste des Festes versäumten. Marialva war auf Otália losgestürzt und versuchte, sie durch einen heftigen Stoß von Martim loszureißen.

Doch Otália ließ nicht locker und tanzte weiter. Nun entfaltete Martim lachend seine Künste vor beiden Frauen und streckte die Arme mal nach der einen, dann nach der anderen aus, beglückt, so umstritten zu sein. Otália lächelte und tanzte weiter, als wäre nichts geschehen. Eine Welle der Begeisterung ging durch den Raum, gab es etwas Fesselnderes als Weibergezänk?

Marialva blieb stehen, ihr Mund stand halb offen, ihr Atem stockte. Als sie wieder handeln konnte, rannte sie von neuem auf Otália los und schrie:

„Hure! Schwindsuchtsrotz!"

Doch Otália, nicht faul, versetzte ihr im Rhythmus des Tanzes Fußtritte gegen das Schienbein, als Marialva die Hände ausstreckte, um sie an den Zöpfen zu zerren. Stöhnend wich die Frau des Korporals zurück und hielt sich das getroffene Bein. Angesichts ihres Wehgeschreis kamen einige Frauen zur Tanzfläche gelaufen, um Otália festzuhalten, aber das junge Ding bot allen die Stirn, ohne ihr Tanzen abzubrechen, und verpaßte noch rasch Marialva zwei derbe Hiebe. Erst jetzt erhob Tibéria Einspruch und forderte Achtung und Anstand in ihrem Haus und für ihr Fest. Nach Jesuínos Meinung hätte sie es früher tun können. Sie hatte Tollhahn zufolge sogar schon vorher Jesus' Eingreifen verhindert, als Otália die Hand hob, um Marialva ins Gesicht zu schlagen. Schließlich stieg sie majestätisch von ihrem Thron herab und rief die entfesselte Otália zu sich:

„Komm, mein Kind, und mach dich nicht billig..."

Marialva wurde unter Geschrei weggeschoben. Martim lachte, er lachte immer lauter, während er, mit Hilfe von Neger Massu und Windsbraut, die schluchzende Marialva fortzerrte. Der Korporal wußte nicht genau, ob er zu

Hause seiner Frau eine gehörige Tracht Prügel verpassen oder ihr recht geben und sie trösten sollte. In jener Nacht konnte und wollte er sich mit niemandem verzanken. Auch nicht mit Libéria, obgleich sie ihm im Vorbeigehen zugeraunt hatte: Nimm deine Allerweltsschlampe mit, mein Sohn. Und wenn du wieder heiratest, frag mich vorher, damit du eine bessere Wahl triffst…"

Er war aber auch nicht böse auf Otália, die Marialva Püffe versetzte hatte, sie war eben ein beherztes, eigenwilliges Persönchen. Auch gegen Marialva hegte er keinen Zorn: Hatte sie sich nicht aus Eifersucht zu ihrer Handlungsweise hinreißen lassen? Auf niemanden hatte er einen Zorn. Im Gegenteil, fröhlich zog er durch die Gassen, versöhnt mit Tibéria, seinem Mütterchen Tibéria, eine Freundin wie die gab es nicht ein zweites Mal. Als er Marialva in die Straßenbahn hineinbugsierte, entdeckte der Korporal Martim seine Stadt wieder, als wäre er an jenem Tag zurückgekehrt, als wären die vergangenen Wochen ein Traum gewesen.

Neger Massu und Windsbraut halfen ihm, die widerspenstige Marialva zu verfrachten, sie wehrte sich und biß Windsbraut in die Hand. Dann versuchte sie dem Korporal das Gesicht zu zerkratzen und schrie zum Gaudium der wenigen Fahrgäste:

„Hund! Hast dich mit diesem Besen eingelassen! Schmutzfink! Hurenbock!"

Martim lachte aus vollem Halse. Neger Massu lachte auch. Windsbraut streckte die Arme aus, sich mühsam im Gleichgewicht haltend, und erklärte den Mitreisenden, dem Schaffner, dem Fahrer:

„Ein Fest wie bei Tibéria, gibt's nur einmal… Nicht mal in Deutschland zur Zeit des Kaisers der Welt, weder dort noch sonstwo. Stimmt's oder stimm's nicht?"

Die Straßenbahn fuhr ab und nahm Marialva mit, während das Gebrüll und Gelächter des Korporals im anbrechenden Morgen durch die Gassen hallten.

Gustave Flaubert
Leidenschaft und Tugend

Als Mazza diesen Brief gelesen hatte, stieß sie einen unartikulierten Schrei aus, als wenn man sie mit rotglühenden Zangen gebrandmarkt hätte.

Sie blieb lange vor Bestürzung und Betroffenheit wie gelähmt. „Oh! Der Feigling!" sagte sie schließlich. „Er hat mich verführt, und er verläßt mich für eine andere! Alles für ihn gegeben haben und nichts mehr haben! Alles ins Meer werfen und sich an eine Planke klammern, und die Planke entgleitet den Händen, und man fühlt, daß man unter den Wogen versinkt!"

Sie liebte ihn so sehr, diese arme Frau! Sie hatte ihm ihre Tugend gegeben, sie hatte an ihn ihre Liebe verschwendet, sie hatte Gott verleugnet und dann noch – ach, noch viel schlimmer – ihren Mann, ihre Kinder, die sie lächelnd hatte röcheln, sterben sehen, denn sie dachte an ihn. Was sollte sie tun? Was sollte aus ihr werden? Eine andere, eine andere Frau, der er sagen wird: Ich liebe dich! Der er die Augen, die Brüste küssen wird und sie sein Leben, seine Leidenschaft nennen; eine andere! Und sie? Hatte sie einen anderen als ihn gehabt? Hatte sie nicht für ihn ihren Mann auf dem Ehelager zurückgestoßen? Hatte sie ihn nicht mit ihren ehebrecherischen Lippen betrogen? Hatte sie ihn nicht unter Freudentränen vergiftet?

Es war ihr Gott und ihr Leben, er verläßt sie, nachdem er sich ihrer bedient hat, nachdem er sie genug genossen, genug benutzt hat; so stößt er sie weit zurück und wirft sie in den bodenlosen Abgrund, den des Verbrechens und der Verzweiflung!

Andere Male konnte sie ihren Augen nicht trauen, sie las diesen fatalen Brief wieder und bedeckte ihn mit ihren Tränen.

„Oh! Wie!" sagte sie, nachdem die Niedergeschlagenheit der Wut, dem Zorn Platz gemacht hatte. „Oh! Wie! Du verläßt mich? Aber ich bin auf der Welt allein, ohne Familie, ohne Verwandte, denn ich habe dir Familie und Verwandte hingegeben; allein, ohne Ehre, denn ich habe sie dir dargebracht; allein, ohne Ruf, denn ich habe ihn unter deinen Küssen geopfert angesichts der ganzen Welt, die mich deine Mätresse nannte. Deine Mätresse! Deren du dich jetzt schämst, Feigling!

Und die Toten, wo sind sie?

Was soll ich jetzt tun? Was soll jetzt aus mir werden? Ich hatte eine einzige Idee, eine einzige Sache im Herzen, sie fehlt mir. Werde ich dich finden? Aber du wirst mich wegjagen wie eine Sklavin; wenn ich mich mitten unter die anderen Frauen werfe, werden sie mich lachend verstoßen, stolz mit dem Finger auf mich zeigen, denn *sie* haben niemanden geliebt, *sie* kennen keine Tränen. Oh! Nein! Da ich immer noch Liebe, Leidenschaft und Leben will, werden sie mir sicher sagen, ich solle irgendwohin gehen, wo man zu festem Preis Wollust und Umarmungen verkauft – und am Abend mit meinen Unzuchtsgefährtinnen werde ich die Passanten durch die Scheiben ansprechen, und wenn sie gekommen sind, wird es darauf ankommen, daß ich ihnen starke Wollust verschaffe, daß ich es ihnen für Geld mache, daß sie zufrieden fortgehen und daß ich mich nicht noch beklage, daß ich glücklich bin, daß ich jeden, der kommt, anlache, denn ich werde mein Los verdient haben!

Und was habe ich getan? Ich habe dich mehr als einen anderen geliebt. Oh! Gnade! Ernest, wenn du meine Schreie hörtest, hättest du vielleicht Mitleid mit mir, mit mir, die kein Mitleid mit ihnen gehabt hat, denn ich verfluche mich jetzt; ich wälze mich in Angst, und meine Kleider sind naß von Tränen."

Und sie rannte wie von Sinnen davon, dann fiel sie hin, wälzte sich auf der Erde und verfluchte Gott, die Menschen, ja das Leben, alles, was lebte, alles, was dachte auf der Welt; sie riß sich Büschel von schwarzen Haaren aus, und ihre Nägel waren rot von Blut.

Oh! Das Leben nicht ertragen können! Soweit gekommen sein, daß man sich in die Arme des Todes wirft wie in die einer Mutter! Aber immer noch zweifeln, im letzten Moment, ob das Grab nicht Martern hat und das Nichts nicht Schmerzen! Von allem angeekelt sein! An nichts mehr glauben, nicht einmal an die Liebe, die erste Religion des Herzens, und dieses ständige Unbehagen nicht überwinden können wie jemand, der betrunken ist und den man zwingt, weiter zu trinken!

„Warum bist du denn in meine Einsamkeit gekommen und hast mich aus meinem Glück gerissen? Ich war so vertrauensvoll und so rein, und du bist gekommen, mich zu lieben, und ich habe dich geliebt!

Die Männer, das ist so schön, wenn sie einen ansehen! Du hast mir Liebe gegeben, du versagst sie mir jetzt, und *ich* habe sie durch Verbrechen genährt; jetzt tötet er mich auch! Ich war also gut, als du mich sahst, und jetzt bin ich wild und grausam; ich möchte etwas haben, was ich zermalmen, zerreißen, zerquetschen und dann weit weg werfen kann wie mich. Oh! Ich hasse alles, die Menschen, Gott; und auch dich, ich hasse dich, und dennoch fühle ich noch, daß ich für dich mein Leben geben würde!

Je mehr ich dich liebte, desto mehr liebte ich dich wie die, die ihren Durst mit dem Salzwasser des Meeres stillen und denen er immer mehr in der Kehle brennt. Und jetzt werde ich sterben! ... Der Tod! Nichts mehr also! Finsternis, ein Grab, und dann ... Die Unermeßlichkeit des Nichts. Oh! Ich fühle, daß ich dennoch leben möchte und andere leiden lassen, wie ich gelitten habe. Ach! Das Glück! Wo ist es? Aber das ist ein Traum. Die Tugend? Ein Wort. Die Liebe? Eine Enttäuschung. Das Grab? Was weiß ich?

Ich werde es wissen."

9

Sie stand auf, wischte sich die Tränen ab, versuchte ihr Schluchzen, das ihr die Brust zerriß und sie erstickte, zu beruhigen; sie sah in einen Spiegel, ob ihre Augen noch ganz verweint waren, steckte ihre Haare auf und ging den letzten Wunsch Ernests erfüllen.

Mazza kam zu dem Chemiker; er würde kommen. Man ließ sie in der ersten Etage in einem kleinen Salon warten, dessen Möbel mit rotem und grünem Stoff bezogen waren; ein runder Mahagonitisch in der Mitte, an den Wänden Lithographien von den Schlachten Napoleons und auf dem Kamin aus grauem Marmor eine goldene Pendeluhr, wo das Zifferblatt einem Amor als Stütze diente, der sich mit der anderen Hand auf seine Pfeile lehnte. Die Tür ging auf, als die Pendeluhr zwei schlug, der Chemiker trat ein. Es war ein kleiner und zarter Mann mit kalter Miene und höflichen Manieren, er hatte eine Brille, schmale Lippen, tiefliegende kleine Augen.

Als Mazza ihm den Grund ihres Besuchs erklärt hatte, fing er an, das Loblied von Monsieur Ernest Vaumont, seinem Charakter, seinem Herzen, seinem Naturell zu singen; endlich übergab er ihr das Säurefläschchen, führte sie an der Hand die Treppe hinab; er machte sich sogar auf dem Hof die Füße naß, als er sie bis zum Straßentor begleitete.

Mazza konnte auf der Straße nicht gehen, so sehr brannte ihr Kopf; ihre Backen waren purpurrot, und mehrmals kam es ihr so vor, als würde das Blut ihr durch die Poren dringen. Sie ging durch Straßen, wo das Elend auf den Häusern geschrieben stand wie jene Farbsträhnen, die von geweißten Mauern rinnen, und angesichts des Elends sagte sie: „Ich werde mich von eurem Unglück heilen"; sie kam am Königspalast vorüber und sagte, indem sie das Gift in ihren beiden Händen drückte: „Adieu, Existenz, ich werde mich von euren Sorgen heilen"; als sie heimkehrte, warf sie, bevor sie die Tür schloß, einen Blick auf die Welt, die sie verließ, und auf die Stadt voller Lärm, Krach und Geschrei: „Adieu, ihr alle!" sagte sie.

Julian Barnes
Vor meiner Zeit

Und Graham hatte einsehen müssen, daß man die Schlacht immer verlor. Das Gekröse blieb immer Sieger. Man konnte es eine Weile hinauszögern, indem man sein Leben so gut wie möglich ausdörrte; dafür war man dann aber später ein um so kapitalerer Fang. Die wahre Trennlinie auf der Welt verlief nicht zwischen solchen, die die

Schlacht verloren hatten, und solchen, die sie noch nicht gekämpft hatten, sondern sie verlief zwischen solchen, die, wenn sie die Schlacht verloren hatten, die Niederlage akzeptieren konnten, und solchen, die das nicht konnten. Vielleicht gab es eine kleine Besenkammer im Gehirn, in der auch *das* entschieden wurde, dachte er mit trübseliger Verärgerung. Aber so waren die Menschen eben eingeteilt. Jack beispielsweise akzeptierte seine Niederlage, schien sie eigentlich gar nicht richtig wahrzunehmen, zog sogar noch seinen Nutzen daraus. Während Graham sie jetzt nicht akzeptieren konnte und wußte, er würde es nie können. Was wiederum auch ironisch war, weil Jack einen insgesamt streitsüchtigeren, wilderen Charakter besaß; Graham betrachtete sich selbst weitgehend als die milde, liebenswerte, ein wenig ausgenutzte Person, die die anderen an ihm wahrnahmen.

„Ah, mmm, Telefon“, nuschelte Jack, als er erst nach geraumer Zeit die Haustür öffnete. Dann huschte er durch den Flur davon.

„Nein, mein kleiner Herzkasper“, durfte Graham vernehmen, als er den Regenmantel auszog und an den Kleiderhaken hängte: „Nein, paß auf, jetzt nicht, ich rufe dich zurück ...“ Graham klopfte seine Jackentaschen ab, „Keine Ahnung. Nicht sehr lange ... arrivehöri.“

Graham überlegte, daß es ihn sogar noch vor ein paar Tagen vielleicht interessiert hätte, mit wem Jack da sprach; mit Ann vielleicht? Jetzt spielte es einfach keine Rolle mehr. Selbst wenn ihm von der Treppe her eine regelrechte Fährte vertrauter Unterwäsche zugegrinst hätte, hätte das Graham noch immer kaltgelassen.

Jack wirkte ein bißchen durcheinander. „Das war nur so ein kleines Vögelchen, das mir da eben was ins Ohr geflüstert hat“, erklärte er heiter. „Hereinspaziert, alte Rübe.“ Er grinste beklommen. Beim Betreten des Wohnzimmers furzte er ausnahmsweise einmal kommentarlos.

„Kaffee?" Graham nickte.

Es lag erst wenige Monate zurück, da hatte er in demselben Sessel gesessen und Jack zitternd seine gereizte Unwissenheit offenbart. Jetzt saß er hier, hörte Jack mit einem Löffel in den Kaffeebechern klimpern und hatte das Gefühl, über alles Bescheid zu wissen. Natürlich nicht im direkten, faktischen Sinn – über Jack und Ann zum Beispiel –, sondern in einem umfassenderen Sinn. In den alten Geschichten, da wuchsen die Menschen auf, kämpften, bekamen Nackenschläge und erwarben schließlich eine Reife, das Gefühl, sich in der Welt behaglich zu fühlen. Graham hatte sich diese Reife nach vierzig Jahren ohne sonderlich viele Kämpfe in wenigen Monaten erworben und unwiderruflich begriffen, daß unheilbares Unbehagen der natürliche Zustand war. Diese plötzliche Einsicht hatte ihn anfangs aus der Bahn geworfen; jetzt fühlte er sich damit wohl. Als er mit der Hand in die Jackentasche fuhr, sah er ein, daß er eventuell mißverstanden werden könnte; man könnte ihn nur für eifersüchtig halten, bloß für übergeschnappt. Nun, das lag bei ihnen.

Und wahrscheinlich mißverstanden zu werden, hat zumindest den Vorteil, sagte er sich, als ihm Jack den Becher reichte, daß man nichts erklären mußte. Wirklich nicht. Eine der widerwärtigeren Eigenheiten der Filme, die sich Graham während der letzten Monate angesehen hatte, war die selbstgefällige Konvention, mit der die Figuren genötigt wurden, ihre Motive zu erklären. „Ich habe dich umgebracht, weil ich dich zu sehr geliebt habe", flennte der Holzfäller mit der triefenden Kettensäge. „Mann, ich fühlte, wie dieses Meer von Haß in mir hochkochte, und da mußte ich ganz einfach *explodieren*", rätselte der gewalttätige, doch sympathische schwarze Brandstifter im Teenageralter. „Vermutlich bin ich Daddy nie ganz losgeworden, deshalb habe ich mich in dich verknallt“, gab die jetzt unzufriedene Braut freimütig zu. In solchen Momenten hatte Graham gezuckt, war zusammengezuckt wegen der stolzen Kluft zwischen Leben und dramatischer Konvention. Im Leben mußte man nichts erklären, wenn man nicht wollte. Nicht, weil es dort keine Zuschauer gab: es gab Zuschauer, und zwar solche, die notorisch nach Motiven lechzten. Bloß hatten sie eben keinen Anspruch darauf; sie hatten an der Kasse keine Eintrittskarte für dein Leben gelöst.

Also muß ich gar nichts sagen. Es ist sogar unerhört wichtig, daß ich nichts sage. Jack könnte mir kameradschaftlich kommen, und wo käme ich dann hin? Wahrscheinlich immer noch nicht weiter, aber ich wäre in der Zwickmühle: halb als Fall diagnostiziert, halb ach so gut verstanden.

„Stimmt was nicht, Kumpel?“

Jack musterte ihn mit gütiger Verärgerung. Wenn er diesen Beratungsdienst nun schon am Hals hatte, dann wünschte er sich zumindest, die Burschen würden ein paar schlichte Regeln beachten. Kapierten sie denn nicht, daß er auch noch einen Job hatte? Glaubten die denn, seine ganzen Bücher würden eines Morgens einfach unten im Kamin liegen und er müßte dann nur noch den Ruß abwischen und sie an die Verleger schicken? Glaubten sie das? Und inzwischen tauchten sie nicht bloß ohne Vorwarnung auf, sondern sie hockten auch noch da wie Felsblöcke. Othello verwandelte sich in einen, na wie hieß das doch gleich – Ölgötzen.

„Hüstel, hüstel“, sagte Jack. Dann wiederholte er in Grahams Schweigen mit leicht gebremster Witzigkeit: „Hüstel, hüstel?“

Graham warf ihm einen Blick zu und lächelte dünn. Er packte seinen Becher unnötig heftig und trank einen Schluck.

„Kaffee konveniert *Sir*?" erkundigte sich Jack.

Immer noch nichts.

„Ich will mich ja nicht beschweren, ich hab absolut nichts dagegen, mir meine dreißig Guineas auf die Weise zu verdienen; das juckt mich kein bißchen unter der Vorhaut. Ich find's eben bloß etwas langweilig. *Wenn* du in meinem nächsten Roman vorkommen sollst, muß ich doch wohl mehr davon mitkriegen, was in dir vorgeht, richtig?"

Wenn du in meinem nächsten Roman vorkommen sollst... O ja, und pappst du mir dann ein Muttermal auf die Nasenspitze, damit ich mich nicht gleich erkenne? Läßt mich neununddreißig statt zweiundvierzig sein? So was Subtiles in der Art? Doch Graham widerstand der Versuchung, eine ironische Antwort zu geben. Statt dessen machte er sich Sorgen, daß seine Hände feucht werden könnten.

Plötzlich griff sich Jack seinen Becher und ging zum anderen Ende des langen Zimmers. Er setzte sich auf den Klavierhocker, schob einen Teil des Krempels beiseite, zündete sich eine Zigarette an und schaltete die Schreibmaschine ein. Graham lauschte dem leisen elektrischen Summen, dann dem raschen Klappern der Tasten. Sie klang für ihn nicht wie eine richtige Schreibmaschine, mehr wie eins von diesen Dingern, die im Fernsehen die Sportergebnisse lieferten – wie hieß das doch, Fernschreiber? Ja, das war nicht unzutreffend: heutzutage wurde Jacks Prosa mehr oder weniger automatisch produziert. Vielleicht gab es an seiner Maschine ja einen speziellen Schalter, so was wie die automatische Steueranlage in einem Flugzeug: Jack brauchte bloß draufzudrücken, und schon spuckte sein Fernschreiber ganz automatisch Schund aus.

„Kümmer dich nicht um mich", rief Jack über das Summen hinweg. „Bleib so lange, wie du willst."

Graham schaute durch das Wohnzimmer. Der Romancier saß mit dem Rücken zu ihm; Graham konnte gerade noch seine rechte Gesichtshälfte und ein Stück des struppigen braunen Bartes sehen. Er konnte beinahe die Stelle erkennen, wo Jack auf diese ruchlose, doch ach-so-reizende Art seine Zigaretten deponierte. „Riecht's hier nicht irgendwie angebrannt?" sagte er dann, ohne mit der Wimper zu zucken, und das jeweilige Jagdobjekt dieses Abends wieherte sogleich ganz hingerissen von dieser sonderbaren geistesabwesenden, selbstzerstörerischen, aber eindeutig kreativen Persönlichkeit. Graham wünschte, er könnte einigen von ihnen von dem Schund-Automatik-Schalter an der Schreibmaschine erzählen.

„Nimm dir noch Kaffee, wenn du magst", rief Jack herüber. „Falls du ein paar Tage zu bleiben beabsichtigst, die Tiefkühltruhe ist randvoll. Das Gästebett ist gemacht."

Na klar. Man konnte ja nie wissen, wann man es mal brauchen konnte. Was aber keinesfalls hieß, daß Jack etwa Skrupel haben würde, das Ehebett vollzusauen.

Auf sonderbare Art mochte Graham Jack immer noch so gern wie früher. Aber das hatte mit der Sache nichts zu tun. Er stellte seinen Kaffee auf dem Fußboden ab und stand leise auf. Dann ging er langsam zum Schreibtisch hinüber. Das Summen und das gelegentlich losbrechende Tastengeklapper übertönten seine Schritte. Er fragte sich, welchen Satz Jack im Moment wohl tippte; er hoffte ganz sentimental, daß er nicht mitten in einem Klischee zustieße.

Es war sein Lieblingsstück: das mit dem schwarzen

Horngriff und der 15-Zentimeter-Klinge, die von einer Breite von drei Zentimetern in eine nadelscharfe Spitze auslief. Als er es aus der Tasche zog, drehte er es seitwärts, damit es leichter zwischen die Rippen glitt. Er lief die letzten paar Schritte und schien dann, anstatt zuzustechen, einfach in Jack hineinzulaufen, das Messer vor sich ausgestreckt. Er zielte ungefähr auf die rechte Rückenmitte. Das Messer traf auf etwas Hartes, rutschte eine Idee nach unten ab, fuhr dann plötzlich etwa bis zur halben Länge hinein.

Jack gab einen eigentümlichen, pfeifenden Falsetton von sich, und eine Hand fiel auf die Tastatur. Die Maschine ratterte los, dann verhakten sich ein Dutzend Typen, und das Geräusch verstummte. Graham senkte den Blick und sah, daß er sich beim sperrigen Eindringen der Klinge in die Kuppe des Zeigefingers geschnitten hatte. Er zog das Messer heraus und schaute rasch weg, als es zum Vorschein kam.

Jack krümmte sich auf dem Hocker, sein linker Ellbogen furchte die Tastatur der Schreibmaschine und vergrößerte dadurch den verklumpten Batzen der Typen, die immer noch krampfhaft das Papier zu erreichen strebten. Als das bärtige Gesicht dann langsam nach hinten rutschte, verlor Graham schließlich die Kontrolle. Er stach mehrmals in Jacks Unterleib, in den Bereich, der zwischen Herz und Genitalien lag. Nach etlichen Stichen rollte Jack lautlos vom Klavierhocker auf den Teppich; doch das besänftigte Graham nicht. Er faßte das Messer anders, damit er nach unten stechen konnte, und bearbeitete verbissen denselben Bereich. Zwischen Herz und Genitalien, das wollte er. Zwischen Herz und Genitalien.

Graham hatte keine Ahnung, wie oft er auf Jack eingestochen hatte. Als das Messer müheloser einzudringen schien, als der Widerstand, nicht Jacks, sondern der seines Körpers, geendet zu haben schien, hörte er einfach auf. Er zog zum letzten Mal das Messer heraus und wischte es an Jacks Pullover ab. Dann legte er es seinem Freund flach auf die Brust, ging in die Küche und spülte sich die Hand ab. Er fand etwas Hansaplast und knaupelte es sich unbeholfen um das erste Glied seines Fingers. Danach ging er zu seinem Sessel zurück, nahm Platz, beugte sich über die Lehne und langte sich seinen Becher vom Fußboden hoch. Er war noch halb voll mit Kaffee, und er war immer noch warm. Er würde ihn jetzt trinken.

Um sieben Uhr kam Ann nach Hause, erwartete Essensgeruch, einen großen Drink in Grahams zittriger Hand und wieder einen Abend mit Tränen und gegenseitigen Beschuldigungen. Sie hatte jeden Gedanken daran, daß sich die Verhältnisse besserten, oder darüber, wie man sie verbessern könnte, aufgegeben. Statt dessen nahm sie jeden einzelnen Tag, so wie er kam und versuchte, an den richtigen Erinnerungen festzuhalten, während die Abende ausarteten. Ein paar Dinge spendeten ihr Zuversicht. Das erste war die Überzeugung, daß niemand auf immer von so negativen Emotionen getrieben werden konnte. Das zweite war die Erkenntnis, daß Graham ihr nur ganz selten direkte Vorwürfe zu machen schien. Das hieß, *ihrem jetzigen Ich.* Ihrem früheren Ich, einer gegenwärtigen Situation, war er feindlich gesinnt, ihrem gegenwärtigen Ich aber nicht. Diese Trostquellen, so merkte sie, funktionierten am besten, wenn Graham nicht da war. In seiner Anwesenheit schien es weitaus wahrscheinlicher, daß die Situation immer so bleiben würde und daß Graham sie, Ann, richtiggehend haßte.

Um acht Uhr rief Ann Grahams Fachbereichsleiter an, von dem sie erfuhr, daß, soviel er wußte, Graham seinen normalen Arbeitstag hinter sich gebracht hatte und irgendwann nachmittags, nicht allzu spät, nach Hause gegangen war. Ob er ihr die Privatnummer der Fachbereichssekretärin geben solle? Ann hielt das nicht für notwendig.

Um acht Uhr zehn rief sie bei Jack an, und es ging niemand ans Telefon.

Sie hoffte, daß Graham nicht wieder der Anwandlung erlegen war, ins Kino zu gehen.

Um zehn Uhr rief sie widerwillig Barbara an und hatte Alice am Telefon. Nach zwei Sekunden war Barbara dran.

„Ich halte das für keine gute Idee, daß Sie mit *meiner* Tochter sprechen, nein danke, nachdem Sie mir meinen Mann weggenommen haben, habe ich nur noch sie." Es war ganz klar, daß Alice das mithören sollte.

„Tut mir leid, ich wußte nicht, daß sie ans Telefon gehen würde."

„Ich will sowieso nicht, daß Sie hier anrufen."

„Nein. Das kann ich gut verstehen."

„Das verstehen Sie? Na, wie schön für Sie. Das finde ich wirklich prima, daß wenigstens die Frau, die mir meinen Mann geraubt hat, mich *versteht.* Vielleicht verstehen Sie mich ja sogar besser als ich mich selber, vielleicht war es ja nur zu meinem Besten, daß Sie mir Graham geraubt haben."

Ann empfand für Barbara immer so lange Sympathie, bis sie mit ihr zu tun hatte, und sei es noch so indirekt. Dann fühlte sie sich beinahe sofort erschöpft. Warum machte Barbara immer alles so gern kompliziert?

„Ich wollte nur wissen – ich wollte nur wissen, ob Sie etwas von Graham gehört haben."

„Von ihm gehört? Warum sollte ich? Heute ist doch nicht Donnerstag."

„Nein, ich meinte ja auch nur, er ist nicht nach Hause gekommen. Ich habe mir überlegt, ob er vielleicht... bei Ihnen war, um Alice abzuholen oder so."

Lachen, dann ein theatralischer Seufzer am anderen Ende der Leitung.

„Na schön. Da Sie mich schon fragen. Nein: Ich habe Graham nicht gesehen. Nein: Er darf Alice nur an den vom Gericht festgesetzten Tagen besuchen, und nein: Ich habe keine Ahnung, wo er stecken könnte, denn" (ihre Stimme sank zu einem Flüstern herab) „denn die einzigen Male, die er nicht zu *mir* nach Hause gekommen ist, das war, als er sich mit *Ihnen* rumgetrieben hat. Haben Sie mal nach seinem Koffer gesehen?"

„Was meinen Sie damit?"

„Na, dann will ich Ihnen mal das Schema erklären, damit Sie es erkennen, obwohl ich schon sagen muß, daß es nicht eben für Sie spricht, wenn er jetzt schon verrückt spielt, nach, wieviel sind es doch gleich, drei, vier Jahren? Ja, es müssen vier Jahre sein, denn als er ging, da war Alice zwölf, ich erinnere mich, daß ich zu ihm gesagt habe, er würde in einer kritischen Entwicklungsphase des Kindes abhauen, und da sie jetzt sechzehn ist, müssen Sie ihn mir vor vier Jahren geraubt haben. Sehen Sie, so datiere ich heute manche Sachen. Sie werden das vielleicht irgendwann einmal auch so machen. Also, mit dem Koffer ist das so. Bloß ein paar Kleider, nicht mal seine Zahnbürste. Vermutlich fühlt er sich so weniger schuldig. Nur den einen Koffer, man macht also in gewisser Hinsicht gar kein schlechtes Geschäft; ich habe für seine Klamotten einen recht guten Preis bekommen. O ja, und noch was, um die Ecke wartet ein Taxi auf ihn. Er zieht mit einem langen Gesicht und seinem Koffer seufzend ab und springt an der nächsten Ecke in ein Taxi. Warum rufen Sie nicht einfach das nächste Taxiunternehmen an, um rauszufinden, wo er hingegangen ist? Das habe *ich* nämlich damals getan."

Der Hörer wurde abrupt aufgelegt. Ann fühlte sich niedergeschlagen. Barbara war zweifellos jemand, der negative Emotionen lange durchhalten konnte.

Um halb elf rief sie noch einmal bei Jack an. Er schlug sich ganz offensichtlich die Nacht um die Ohren.

Was tat man in solchen Situationen? Die Polizei anrufen? „Wahrscheinlich hat er einen alten Freund getroffen, Ma'am. Ist er Trinker?" Diese Frage konnte sie schlecht verneinen. Aber Graham hatte sich noch nie auch nur annähernd so sehr verspätet.

Um Viertel vor elf ging sie nach oben und stieß die Tür von Grahams Arbeitszimmer auf. Sie hatte es seit der Nacht der Party nicht mehr betreten. Sie trat automatisch ans Fenster und schaute hinunter in Richtung Steingarten. In gewisser Weise war sie erleichtert, daß er nicht dort war.

Ohne sich die Mühe zu machen, die Vorhänge zuzuziehen, schaltete sie das Licht an. Das Zimmer war für sie nicht direkt Sperrgebiet, aber sie hatte das Gefühl, unrechtmäßig einzudringen. In ihrer Ehe war dies Grahams Privatsphäre; und das nicht nur, weil er hier arbeitete.

Sie blickte sich um. Der Schreibtisch, der Stuhl, die Bücherregale, der Aktenschrank. Es war alles unverändert, bis auf ihr Foto über dem Schreibtisch. Graham hatte dort früher ein Bild hängen, das bei ihrer Hochzeit aufgenommen worden war – glücklicher hatte sie auf keinem Bild ausgesehen, dachte sie. Jetzt hatte er es durch eines ersetzt, von dem sie kaum mehr wußte, daß sie es ihm einmal gegeben hatte: Sie war fünfzehn, prall im Babyspeck, mit einer Alice-im-Wunderland-Schleife im Haar, und sie erhielt ein unsicheres Lächeln aufrecht, das die Welt und all ihr Treiben billigen sollte.

Sie verschob, ohne hinzusehen, einige Papiere auf Grahams Schreibtisch. Dann zog sie müßig die oberste Schublade von Grahams Aktenschrank heraus. 1911–15: voll mit übersichtlich eingeräumten Schnellheftern. Sie zog an der zweiten Schublade, 1915–19. Sie glitt beinahe wie von selbst heraus, so daß Ann sich für das Öffnen kaum verantwortlich fühlte.

Eine Kleenex-Schachtel lag quer auf einem Stapel von Magazinen; das oberste Tuch war halb herausgezogen. Sie schob die Schachtel beiseite. Das oberste Magazin des etwa dreißig Hefte umfassenden Stapels präsentierte seine hintere Umschlagseite: eine Hochglanz-Zigarettenreklame. Ann blätterte darin und stellte fest, daß es ein Herrenmagazin war. Sie wühlte sich durch die restlichen Hefte des Stapels, alle lagen mit der Titelseite nach unten: verschiedene Produkte, der gleiche weitgespreizte Inhalt. Also deswegen schien Graham keine Lust mehr zu haben, mit ihr zu bumsen.

Oder vielleicht... oder vielleicht war es genau umgekehrt: eben weil er keine Lust hatte, tat er das hier. Huhn und Ei, dachte sie. Als sie das oberste Magazin durchblätterte, empfand sie Unbehagen; ihr Magen verkrampfte sich. Graham betrog sie ja nicht, wenn er nach hier oben ging, es war nur, daß – daß er es, ja, in gewisser Weise eben doch tat. Vermutlich immer noch besser, als ein Bündel Liebesbriefe zu finden, dachte sie; aber sie fühlte sich trotzdem betrogen. Auch schockiert: nicht von dem, was sie sah, sondern davon, daß Graham – daß ein Mann – so was nötig hatte. Warum brauchten es die Männer so kraß? Warum mußten sie ihre Magazine besteigen und im Geist Dutzende von Frauen auf einmal vergewaltigen? Warum brauchten sie so grobe visuelle Reize? Was stimmte nicht mit ihrer Phantasie?

Als sie die 1919–24-Schublade herauszog, nahm sie

einen schwachen Mandelgeruch wahr, der sich durch eine offene und jetzt eintrocknende Dose Gripfix erklärte. Der Plastikspatel war an der Innenseite des Deckels nicht wieder eingehängt worden, sondern lag mit einigen harten Leimkörnchen oben auf einem gelben Sammelalbum. Ann zögerte, lauschte überflüssigerweise in die Stille des Hauses und schlug das Buch dann in der Mitte auf. Sie sah zwei Fotos von sich – also da blieben sie ab – und einige fotokopierte Zeitungsausschnitte. Es waren Kritiken über einen ihrer allerersten und allerschlechtesten Filme: Kritiken, die erschienen waren, als sie Graham noch nicht kannte, und von denen keine einzige ihren Namen erwähnte. Sie selber besaß nicht einmal Kopien davon.

Sie blätterte weiter, dann zum Anfang zurück und arbeitete das Buch in Ruhe durch. Es war Grahams Geheimakte über ihr, Anns, Leben, als sie sich noch nicht kannten: Fotos, Kritiken ihrer Filme (in denen sie verständlicherweise so gut wie nie erwähnt wurde); Fotokopien von einer Reihe Werbeanzeigen für Pullover, für die sie Modell gestanden hatte, als sie in Geldschwierigkeiten steckte (wie hatte er *das* bloß rausbekommen?), sogar Kopien von den paar Anlässen – Gott sei Dank waren es nur wenige –, wo ihr Name ganz unten in den Klatschkolumnen aufgetaucht war. Eine davon hatte Graham rot eingekringelt:

…ebenfalls gesichtet wurden Jack Lupton, der bodenständige Autor mehrerer Zwischen-den-Laken-Romane von dampfender Sinnlichkeit, in Begleitung von Ohne-Fleiß-kein-Preis-Möchtegern-Starlet Ann Mears. Wie wir hören, steht Mr. Luptons Scheidung (es gibt zwei Kinder) unmittelbar bevor, aber der bärtige Bube lehnte jeden Kommentar dazu ab…

Sie erinnerte sich noch, wie mies sie sich damals gefühlt hatte, daß sie auf Anordnung ihres Agenten den Gedanken daran verdrängt hatte.

Neben diesem Ausschnitt, der auf einer rechten Seite klebte, war mit rotem Filzstift die Spitze eines Pfeils gezeichnet; der Schaft verschwand über die Seite hinaus. Sie verfolgte ihn über eine Doppelseite weiter bis zu seinem Ausgangspunkt: einer Kritik (die drei Monate vor der ausgeschnittenen Klatschkolumne erschienen war) über *Du weinst zu spät.* Dieser lausige Film. Die Kritik stammte von Jack. Meine Güte, von Jack. Das hatte sie total vergessen. Er hatte bei einem der Sonntagsblätter mal ein kurzes Gastspiel als Filmkritiker gegeben. Und wenig später war sie ihm dann auf einer Party begegnet. Ein Teil der Kritik war rot umrandet:

... Inmitten der trüben Nichtigkeit dieses unverkäuflichen Zelluloidstreifens gibt es ein paar Augenblicke, die gerade noch verhindern, daß dem Zuschauer sämtliche Gesäßgefäße verkalken. In ihrem Zentrum steht im wesentlichen Ann Mears, die in einer ansonsten unbedeutenden Rolle gut zu gefallen weiß und deren Anmut diesen öden Film übersteht wie ein durchbrechender Regenbogen...

Zuletzt zog Ann die 1924–29-Schublade heraus, ohne große Zuversicht, dort ein geheimes Tagebuch voller Lobpreisungen, irgendein sentimentales Signal eines kurzen Glücks zu finden. Links lag eine Kassette von ihrem Videorecorder; rechts ein großer brauner Umschlag. Die Kassette war nicht beschriftet. Sie öffnete den Umschlag und fand ein Bündel Seiten, die aus einem Buch herausgerissen worden waren; oder aus mehreren Büchern. Einige Seiten hatten rote Schnörkel am Rand, Unterstreichungen und Ausrufezeichen. Bei einer der Seiten dämmerte ihr, daß sie aus irgendeinem von Jacks Romanen stammen mußte, allmählich identifizierte sie dann die gemeinsame Quelle. Sie blätterte die losen Seiten durch und merkte, daß beinahe jede Seite irgendwie mit Sex zu tun hatte.

Es war drei Uhr morgens, als sie mit der Kassette nach unten ging. Ihre behutsame Schnüffelei in Grahams Schreibtisch hatte keine Aufschlüsse geliefert: seine Bücherregale hatten nur die fünf verstümmelten Exemplare von Jacks Romanen preisgegeben. Bang schob sie das Band in den Videorecorder und spulte bis zum Anfang zurück. Es begann mit einem Werbespot für eine neue Sorte Schokoladenkekse, in der ein mit einem Kilt bekleideter Diener vor Königin Victoria trat und ihr auf einem Silbertablett eine Schachtel mit den Keksen präsentierte. Sie packte sie aus, biß in einen, und ihr pummeliges, kummervolles Gesicht hellte sich zu einem Lächeln auf. „Wir sind nicht erstaunt", bemerkte sie, worauf eine Rotte kilttragender Höflinge in einer acht Sekunden langen Gesangs- und Tanznummer den Keks über den grünen Klee rühmte.

Ann hatte den Werbespot noch nie vorher gesehen. Doch sie sollte ihn nochmals zu sehen bekommen. Auf dem Band war dieselbe Reklame achtmal aufgezeichnet. Beim dritten Mal kam ihr irgend etwas unangenehm bekannt vor; beim fünften Mal erkannte sie ihn unter dem baumelnden Schnauzbart und der baumelnden Schottenmütze. Dick Devlin. Wie hatte Graham das entdeckt? Sogar als sie wußte, daß es Dick Devlin war, hatte sie Mühe, ihn in den letzten drei Aufzeichnungen zu erkennen. Und warum die acht Versionen?

Ann ging in dieser Nacht nicht ins Bett. Verblüfft von der Heimlichkeit und Besessenheit, die das Band widerspiegelte, spielte sie es erneut ab. Dann ging sie wieder an den Aktenschrank. Das einzige, was ihr entgangen war – weil sie es ursprünglich für Schrankpapier gehalten hatte –, war ein Packen mit Seiten aus dem *Evening Standard.* Immer dieselbe Seite: das Kinoprogramm. Alle waren mit verwischten, roten Filzstiftkringeln markiert. Häufig kannte sie von den markierten Filmen noch nicht einmal den Titel; was sie mit ihr zu tun haben könnten, war unerfindlich.

Sie blätterte noch einmal die aus Jacks Romanen herausgerissenen Seiten durch und erkannte langsam ein zugrundeliegendes Muster. Aber wenn er glaubt, das handelt alles von *mir,* dann ist er doch wahnsinnig, dachte sie; dann bremste sie sich. Graham war nicht wahnsinnig. Graham war traurig; durcheinander; manchmal betrunken; aber wahnsinnig konnte man ihn nicht nennen. Genausowenig wie man ihn eifersüchtig nennen konnte. Das war ein Wort, das sie auf ihn nicht anwenden würde. Richtig, er war traurig; durcheinander; er kam mit ihrer Vergangenheit nicht klar, aber eifersüchtig war er nicht. Als Jack ihn „mein kleiner Othello" genannt hatte, war sie verärgert gewesen: nicht weil es herablassend war, sondern weil es ihre Sicht der Ereignisse störte.

Schließlich befolgte sie mit einigem Widerstreben Barbaras Rat und schaute in Grahams Schrank; seine Kleider schienen alle da zu sein. Sein Koffer war auch noch da. Natürlich war er da; natürlich war Graham nicht weggelaufen.

Um zehn Uhr am nächsten Morgen rief sie die Krankenhäuser und die Polizei an. Er war nirgendwo aufgetaucht. Die Polizei riet ihr, doch mal alle seine Freunde anzurufen. Sie fragten nicht, ob er Trinker war, aber sie sagten: „Hatten sie eventuell Krach, Ma'am?" Sie rief ihr Büro an und sagte, ihr sei komisch im Magen. Nach einem letzten Anruf bei Jack ging sie dann zur U-Bahn.

Das Auto stand vor der Wohnung in Repton Gardens; Graham öffnete auf ihr Klingeln die Tür. Sie drückte sich instinktiv an ihn und schlang die Arme um seine Hüfte. Er klopfte ihr auf die Schulter, dann schob er sie in den Flur und stieß mit dem linken Fuß die Haustür zu. Er bugsierte sie ins Wohnzimmer; sie mußte sich seitwärts bewegen, unbeholfen, aber es störte sie nicht. Als er sie nicht mehr weitergehen ließ, betrachtete sie noch immer seinen Hals, sein Profil, die gerunzelte Stirn. Er starrte an ihr vorbei, zum anderen Ende des Zimmers. Sie drehte sich um und sah Jack neben dem Klavierhocker liegen. Sein Pullover hatte viele Löcher und war um die Magengegend ganz besudelt. Auf seiner Brust sah sie flach ein Messer liegen.

Ehe sie genau hinschauen konnte, schob sie Graham, dessen Arm jetzt sehr fest um ihre Schultern lag, in die Küche. Dabei murmelte er die ersten Worte, die er seit seinem Eintreffen in der Wohnung gesprochen hatte.

„Es ist alles gut.“

Die Worte beruhigten sie, obwohl sie wußte, daß sie es nicht sollten. Als Graham sie ans Spülbecken drängte, so daß sie in den Garten hinaussah, und ihr dann die Hände auf den Rücken zog, hatte sie nichts dagegen; sie ließ ihn gewähren und wartete dort, als er für ein paar Sekunden wegging. Als er zurückkam, band er ihr mit dem einen Ende einer Plastikwäscheleine und nicht sehr stramm die Handgelenke zusammen. Er ließ sie so stehen, mit Blick auf den Garten. Von ihren Handgelenken baumelten vier Meter schmuddelig weißer Wäscheleine.

Es *war* alles gut, so fühlte Graham. Auch wenn alles ganz verkehrt zu sein schien, war alles gut. Er liebte Ann; da bestand nicht der geringste Zweifel, und er hoffte, sie würde sich nicht umdrehen. Sein Kopf kam ihm überraschend gedankenleer vor. Hauptsache, sagte er sich, es sah nicht aus wie im Film: das wäre die allerschlimmste Ironie, und das kam überhaupt nicht in Frage. Keine Schlußworte. Kein Melodrama. Er ging hinüber zu Jack und nahm ihm das Messer von der Brust. Beim Aufrichten schoß ihm plötzlich ein Gedanke durch den Kopf. „Manchmal ist eine Zigarre bloß eine Zigarre", murmelte er innerlich, „manchmal aber auch nicht." Na, wirklich aussuchen kann man sich's doch nie, nicht wahr, überlegte er.

Er setzte sich in den vertrauten Sessel und schnitt sich mit einer Bedachtsamkeit und Courage, die ihn überraschten, auf beiden Seiten tief in die Kehle. Als das Blut herausspritzte, stöhnte er gegen seinen Willen, und Ann drehte sich um.

Nach seiner Planung würde sie zum Telefon rennen, es runterwerfen, mit den Händen auf dem Rücken 999 wählen und dann warten müssen, daß jemand kam. Eigentlich genug Zeit. Tatsache war, sie rannte sofort durchs Zimmer, schleppte die Wäscheleine hinter sich her, vorbei am sterbenden Graham, vorbei am toten Jack, um den Schreibtisch herum, senkte dann den Kopf und rammte ihn, so fest sie konnte, gegen das Fenster. Das tat sehr weh, aber es machte im Fenster ein großes Loch. Dann schrie sie, so laut sie konnte. Keine Worte, sondern einen langen, durchgehaltenen, mustergültigen Schrei. Es kam niemand, obwohl mehrere Leute es hörten. Drei riefen die Polizei an und einer die Feuerwehr.

Es hätte aber auch keinen Unterschied gemacht, wenn einer von ihnen richtig reagiert hätte. Grahams Planung wurde durch diesen veränderten Ablauf der Ereignisse nicht umgeworfen. Als der erste Polizeibeamte durch das zerbrochene Fenster griff, um die Verriegelung zu lösen, war der Sessel unwiderruflich durchtränkt.

VI. EIN GUTER EIFERSÜCHTIGER IST SEIN EIGENER ROMANAUTOR UND BRINGT ES GAR ZUM HAPPY-END

Christine Rochefort
Das Ruhekissen

Am Heiligen Abend – ich hatte einen Weihnachtsbaum geschmückt – fand ich ihn um vier Uhr morgens in der Küche; er war dabei, ausgiebig mit Marie-Agnès herumzutätscheln, die mit hochgehobenen Röcken auf dem Küchentisch saß.

„Ach was“, sagte er, als ich schleunigst weggehen wollte, „du bist hier nicht überflüssig, mein Herzchen, im Gegenteil!“

Ich fiel, wie ich war, auf die Fliesen. Als ich am andern Tage aufwachte, haftete dieses Bild noch immer in mir, und mir war schauderhaft schwindlig. Ich hörte Renaud im Badezimmer vor sich hinpfeifen.

„Ich habe Hunger“, sagte er, als er mich mit offenen Augen daliegen sah.

„Ich nicht.“

„Du hast einen verdammten Kater. Ein bißchen Alka-Seltzer ...“

Sicherlich meinte er, ich hätte alles vergessen.

„Wie ist das fröhliche Weihnachtsfest eigentlich zu Ende gegangen?“ fragte ich trocken, um ihm anzudeuten, daß ich mich nur zu gut an alles erinnerte.

„Ich habe den Hausherrn gespielt“, sagte er ohne die

mindeste Scham. „Coco hat sich um dich gekümmert. Aber dein Übelbefinden hat wie ein kalter Wasserguß gewirkt, und unsere Gäste sind bald gegangen. Du bist nicht danach gebaut, viel zu trinken, du bist es nicht gewohnt…"

Sarkasmus um jeden Preis! Fehlte nur noch, daß er mir vorwarf, ich hätte den Abend verdorben! Im Grunde war er gemein. Sicherlich hatte er mein ihm nur zu gelegen gekommenes Übelbefinden ausgenutzt und sich Marie-Agnès auf dem Küchentisch zu Gemüte geführt. Das hätte seinen Gepflogenheiten entsprochen. Er war zu allem fähig.

„Sieh mich nicht so an", sagte er mit träger Stimme. „Das ist vollkommen überflüssig."

Lächelnd sagte er noch einmal: „Überflüssig", und verschwand in der Küche. Er kam mit einer Tasse Kaffee und einem Glas Brausewasser wieder. „Trink das." Ich trank. Der Essig war ein übriges. Er nahm mir Tasse und Glas ab und setzte sich auf den Bettrand.

„Die Dinge sind, wie sie sind; das ist eine Wahrheit, die immer vergessen wird. Jeder muß sehen, was er will."

Er stand auf und nahm seinen Lodenmantel.

„Oh, Renaud! Du willst fort?"

„Ich gehe ein bißchen aus."

Das war eine Provokation. Aber was hätte ich tun können? Er lachte mich aus. Ich besaß keinerlei Macht über ihn; er war der Überlegene. Er konnte sich damit amüsieren, es zu ermessen und herauszukehren. Er gefiel sich darin zu beobachten, bis wohin die Liebe mich treiben würde. Wohin, das wußte ich selber nicht.

Ich suhlte mich in Tränen und war der Eifersucht preisgegeben. Eine zielsichere Fantasie ließ vor mir quälende Bilder erstehen, die ich nicht ertragen konnte, aber ertragen mußte. Und ich hatte es abgelehnt, zusammen mit meiner Mutter ein schönes Weihnachtsfest zu feiern! Sie hatte deswegen geweint. Jetzt war das Weinen an mir; das war die Rache.

Renaud. Komm nach Haus. Komm. Es wird Abend: wo bist du? Wie kannst du so gut ohne mich auskommen, die ich nicht ohne dich auskommen kann? Ist das gerecht? Komm wieder: ich werde kein Wort sagen.

Die Nacht rückt vor. Ich rauche Zigarette auf Zigarette. Komm, ich flehe dich an, ich zucke die Achseln über alles, was du vielleicht getan hast, ich stelle keine einzige Frage, ich lasse dich in Frieden, ich mache nicht die leiseste Anspielung. Du bist tausendmal stärker als ich.

Aber nicht stärker als meine Liebe. Ich kann nicht ohne dich auskommen: dein Preis soll der meine sein. Nichts zu machen. Ich bewahre dir den wahnwitzigen Glauben, um den du nicht gebeten hast.

Zwei Uhr. Mehr und mehr gelangte ich zu der Überzeugung, daß er sich fern von Marie-Agnès und ihresgleichen herumtrieb, irgendwo im Trüben. Schließlich kannte ich meinen Renaud besser als irgend jemand sonst. Ich kannte ihn zu gut, um ihn zu verlieren. Ich sah ihn vor mir: an einem Schanktisch lehnend, umwölkt von Tabakrauch, ein Auge halb geschlossen, mit durchtriebener Miene, als leiste er sich einen schlechten Streich und wisse genau, woran er sei, führte er große Reden über die Welt; von seinen Lippen flossen hochtrabende, scharf formulierte Phrasen auf eine Zuhörerschaft von armen Schluckern nieder, die so taten, als hörten sie zu, um ihre traurige Nacht in die Länge zu ziehen; ein Clown für Clochards; das war seine Glanzstunde. Das Bild war so überdeutlich, so überzeugend, daß ich meinen Mantel nahm, den Wagen holte und mich auf die Suche nach der Wirklichkeit machte.

Ich durchforschte verschiedene Örtlichkeiten, wo ich

ihn schon einmal gesehen hatte. Mein Gedächtnis hatte dieses ganz besondere Verzeichnis getreulich registriert: den Geheimführer durch Renauds Nächte, den er vor mir aufgeschlagen hatte – ob er es vergessen hatte? Vielleicht nicht.

Ich entdeckte ihn in einem Bistro bei der Porte Saint-Martin, und zwar genauso, wie ich es erträumt hatte: der Rauch, die Pose, alles stimmte. Er sah mich hereinkommen, ohne mit der Wimper zu zucken, beendete seinen Satz über „die Menschen, die guten Willens sind, die in Bomben verwandelte Engel zu Boden strecken, während sie auf dem Wege zur Krippe sind, wo, blind noch, ihre Erlösung schlummert". Dann sagte er mir mit der gleichen beruhigenden Handbewegung wie in andern, ebensolchen Nächten: „Ja, gewiß doch, mein Herzchen, jetzt gehen wir heim, ich komme mit." Er hatte vergessen, daß ich gar nicht bei ihm gewesen war.

Kaum eine Stunde ließ er mich warten, so lange, bis er einen weiteren Satz zu Ende gebracht, cin weiteres Glas getrunken hatte; und dann folgte er mir, wie stets.

Die Sache war ganz einfach. Es genügte, abzuwarten, bis die Nacht weit fortgeschritten war, bis er nach seinen Irrfahrten an einem seiner Gestade gelandet war, und dann hinzugehen und ihn abzuholen. Wie das Meer seine bevorzugten Plätze hat, wo es seine Ertrunkenen an Land spült, hatte vermöge eines ähnlichen Zusammenwirkens von Strömungen die Nacht die ihrigen, wo Renaud antrieb; ich brauchte ihn nur da oder dort aufzulesen, je nach dem Grade seiner „Reife". Kein Wesen ist unfreier als ein Alkoholiker; während er seiner frei schweifenden Laune nachzugeben glaubt, hat er seine fixen Ideen, steht er im Banne unbegreiflicher, aber unwandelbarer Anziehungskräfte von Zufluchtsstätten, außerhalb derer es um ihn geschehen ist. In der großen, bewegten Flüssigkeit, die sein Leben ist, hat er seine Häfen, seine Bojen, sein abgestecktes Fahrwasser, und man wirft nicht Anker auf offener See. Ich folgte dem allem. Auch ich gehörte zur „Großen Fahrt“: ein kleiner, zäher Schlepper, der das große, leckgeschlagene Schiff ins Trokkendock bringt, wo die Havarien bis zum nächsten Auslaufen repariert werden. Sehr schnell lernte er, sich des kleinen Schleppers zu bedienen, ließ sich dabei wie auch sonst von der Fata Morgana seiner geliebten Freiheit umgaukeln, machte aus dem Schlepper ein Spielzeug, für dessen Herrn und Meister er sich hielt, und bildete sich ein, er sei es, der mein Auftauchen veranlasse. Unmerklich nahm unser nächtliches Wiederfinden den Charakter einer Verabredung an und gewann auf diese Weise einen festen Platz in der chaotischen Dramaturgie, daraus Renaud Sartis Leben bestand, und die er zu erschaffen glaubte, während er ihr Spielball war. Es war eine Commedia dell’arte, oder vielmehr eine Tragedia dell’arte, oder besser noch alles beides, er in der Komödie, ich in der Tragödie, und niemals aufeinander abgestimmt; ich trat in einer für allemal festgelegten Rolle auf, als Pantalon Boy-Scout, deren Text freilich auf offener Szene improvisiert werden mußte, was dann Renaud übernahm, ausgeschmückt und immer weiter ausgeschmückt je nach der Verfassung des Publikums oder Renauds Stimmung.

Boy-Scout, Schutzengel, Bernhardiner, Heilsarmee, Kindergärtnerin, Blindenhund, Bonne, Amme, Krankenpflegerin, Schwester Geneviève, Ariadne; das alles hatte ich darzustellen. „Da kommt das sanfte Lämmchen“, „Siehe da, La Fayette tritt auf“, „Ich könnte Tag und Nacht warten“, „Ich gehe bis ans Ende der Welt“, „Emilie, zieh nicht solch ein Gesicht“, das waren meine Stichworte, wenn ich hereinkam; unendliche Varianten variierten den Fortgang des Schauspiels.

Welch ein Wahnsinn hatte mich gepackt! Welch unsinnigen Entschluß hatte ich mir in den Kopf gesetzt, diesen Menschen einzuholen? Er ging viel zu schnell, er entglitt auf eine bestürzende Weise gemäß einer Schwerkraft, die nicht minder mathematisch war als die andere. Nichts holte ich ein, nichts bekam ich zu fassen; ich wohnte lediglich dem trudelnden Absinken bei, und als ob ich davon bei mir daheim nicht schon genug hätte, ging ich auch noch nach draußen und schaute zu.

Welch ein Wahnsinn! Ich hatte geglaubt, ich könnte ihn aufklauben, ich gäbe ihm eine Achse, seine Adresse, ich erinnere ihn daran, wo er hingehöre – und dabei hatte ich ihm lediglich ein weiteres Spiel beigebracht, er gab sich ihm auf perverse Weise hin, er machte daraus ein Theater, und mich grüßte er überall als seine Schöpfung, eine Gestalt, die er erfunden und statt auf der Bühne auf der Straße lanciert hatte, denn das war für ihn das gleiche.

„Seht sie euch an: betrachtet dieses Musterexemplar ..."

Er drehte mich im Kreise herum, er ließ mich vor den herumsitzenden Verkommenen schillern, und sie lachten über diese kostenlose Zirkusvorstellung.

„... dieses Musterexemplar der Treue, diese ideale Inkarnation der Liehiebe. Und sie steht fest auf beiden Beinen. Geh mal! Los, geh, Puppe!"

„Renaud."

„... sie kann ‚Renaud' sagen. Sag Renaud! Zeig den Herren, wie du auf der Höhe bist, Federn in bestem Zustand. Und dies Herz erst! Dies Herz ohne Grenzen, das vor allem muß man sich ansehen. Los, zeig dein Herz!"

Er zog mich an sich und wollte mir die Bluse aufknöpfen. Es war im „Black-Out", einem Mittelding zwischen Bar und Café, das bei geschlossenen Vorhängen Nacht spielte. Coco war da, ein verkommener Arzt – aus welchem Grunde, sagte der Name; ein ehemaliger Montparnasse-Maler, aus dem kein Modigliani geworden war; ein hinkender Päderast, der ganz sicher eine Mastdarmfistel hatte; und der „Arbeitslose"; und Gladys, die sich zwischen zwei „Verkehren" ausruhte – alles Leute, die zu kennen nichts mich bewog und mit denen ich keine unmittelbaren Beziehungen unterhielt, obwohl sie, was mich betraf, über sehr intime Informationen verfügten.

Beim zweiten Knopf sträubte ich mich. „Renaud, bitte, das nicht." Ich krallte mich mit beiden Händen in den Stoff. Auch in der absoluten Selbstverleugnung gibt es Grenzen. Dies überschritt sie.

Er ohrfeigte mich mit dem Handrücken, kurz und trocken, ganz unvermutet. „Zeig!" Es war die Bockigkeit eines sinnlosen Betrunkenen.

„Laß sie, Jean", sagte Gladys. „Sie ist für so was nicht geschaffen, das siehst du doch."

In seiner Wut hielt er mit der einen Hand noch den Stoff fest, als er sich nach ihr umdrehte.

„Da irrst du dich, mein Hürchen. Sie ist dazu geschaffen. Und da sagt man immer, Nutten verständen sich auf Psychologie! Literaturgeschwätz! Hör mal, mein Kätzchen", sagte er freundlich zu mir, „wenn du gehorchst, komme ich sofort mit nach Haus. Auf der Stelle. Ohne alle Geschichten. Im Namen der Liehiebe könntest du es recht gut tun, nicht wahr? Wenn man etwas verkörpert, muß man es auch bis zur letzten Möglichkeit verkörpern."

Er hat recht. Mein Widerstreben schmolz plötzlich hin. Etwas wurde aufgemacht, Heiterkeit brandete auf. Freilich: all das war mir völlig gleichgültig. Mag er doch anstellen, was er will. Ich kann noch weitergehen. Es gibt keine Grenzen. Ich ließ die Arme sinken. Er machte alles auf und drehte mich um, nach dem Impotenten hin, dem Senilen, dem Päderasten, dem Schwachsinnigen und der

Hure. Albert wandte sich ab und hantierte an seinen Flaschen herum: dies ging nur seine Gäste an.

„Habt ihr schon mal etwas so Schönes gesehen?“ rief Renaud anpreisend. „Weiß, frisch, am Sattel baumelnde Wassersäcke bei großer Hitze ...“

„Nehmen Sie es nicht so wichtig“, sagte Gladys aus weiblicher Solidarität heraus. „Hier kommt es nicht so drauf an.“

Sie hatte Mitleid. Das war fehl am Platz. Es war mir schnuppe. Ich lächelte ins Leere.

„Zieh dich an“, sagte Renaud und ließ mich jäh los. „Wir gehen heim.“

Seine Stimme hatte ihre Überzeugungskraft eingebüßt. Ich konnte irgendwie einen geheimnisvollen Schlußpunkt feststellen.

„Und zahle“, sagte er noch, wie um auf irgendeine Weise verlorenen Boden wiederzugewinnen.

Ich habe gezahlt: für alle, glaube ich. Wir fuhren schweigend heim. Renaud schien stumm geworden zu sein. Zu Haus nahm er mich in die Arme und liebte mich, ohne dabei ein Wort zu sagen.

Henry Green
Liebesspiele

I

Mrs. Middleton hatte ihre dritte Unterredung mit ihrem Ehemann über das Thema Annabel Paynton. Die Haltung, die sie einnahm, schien schmerzliche Überraschung oder Verwirrung auszudrücken.

„Nein, Arthur, das werd ich nie verstehen“, sagte sie. „Gerade als Peter wie tot im Krankenwagen lag und ich mir vorgestellt habe, er wäre es wirklich.“

„Du solltest nicht weiter darüber nachdenken“, sagte er mit beruhigender Stimme.

„Aber ich kann nichts dafür, Arthur!“

„Ach, Schatz, du wirst noch krank werden, wenn du dir Peter immer wieder bewußtlos vorstellst.“

„Werd ich nicht“, sagte sie wie zu einem Kind. „Arthur, ich hab deine Hand gesehen!“

„Wir sind das schon so oft durchgegangen, meine Liebe“, sagte er. „Bis zu meinem letzten Atemzug werd ich immer dabei bleiben, daß ich nichts mit meiner Hand gemacht habe.“

„Ich hab's gesehen.“

„Und welche Hand war's?“

„Was macht das für einen Unterschied?“

„Sag's mir, Diana“, bat er. „Die linke oder die rechte?“

„Ach nein“, sagte sie, „das ist zu grausam. Warum mußt du mich so quälen?“

„Ich hab nicht damit angefangen, Liebling.“

„Hör zu“, sagte sie mit weit geöffneten Augen, „ich hab an dir gerochen, Arthur!“

„Du hast an mir gerochen? Das ist was Neues! Und was meinst du damit?“

„Na, den Puder, den sie aufgelegt hatte, oder das Parfüm, das sie benutzt hat, Arthur!“

„Und welches war's, mein Schatz? Du hast dich doch immer gerühmt mit deinem Geruchssinn. Wenn das stimmt, was du da sagst, dann wirst du sie wohl auseinanderhalten können.“

„Versuch nicht, dich zu drücken“, sagte sie mit der gleichen traurigen Stimme. „Es war so, basta.“

„Ich werd nicht schlau draus. Was soll ich jetzt schon wieder getan haben?"

„Du hast deine Hand auf ihr Bein gelegt, Arthur, darüber kann und werde ich nie hinwegkommen."

„Hör zu, Schatz", sagte er einlenkend. „Wirst du mir glauben, wenn ich sage, daß ich mich an solcherlei Dinge absolut nicht erinnern kann?"

„Willst du mir jetzt einreden, daß du's nicht getan hast?"

„Ja, also, ich könnte mich vielleicht an so eine Nebensächlichkeit erinnern!"

„Aber Arthur, ich hab dich gerochen!"

„Ach, zum Teufel mit deinem famosen Geruchssinn", sagte er hitzig.

„Ich kann nichts dafür", sagte sie. Sie klang resigniert. „So bin ich nun mal."

„Hör zu, Schatz", sagte er und schien ungeduldig zu werden, „sei doch vernünftig, wir wollen doch jetzt nicht den Kopf verlieren. Du kannst dich nicht daran erinnern, welche Hand es war, und du weißt nicht, wonach ich gerochen haben soll."

„Nach dieser abscheulichen kleinen Annabel natürlich, Arthur!"

„Ach komm, Schatz", sagte er, „seien wir doch mal ehrlich. Kaffee wird halt manchmal verschüttet, wie du weißt."

„Ja, aber wie? Das hast du noch nicht einmal erzählt."

„So, wie Kaffee immer verschüttet wird."

„Irgendwas muß dazu geführt haben, Arthur."

„Ja also, weißt du, Schatz, ich hatte das Sofa quer vor den Kamin gezogen..."

„Na, herzlichen Dank, und wozu?"

„Ich dachte einfach, es wär gemütlicher; dann..."

„Du wirst niemals wieder die Möbel verschieben", sagte sie und erhob ihre Stimme. „Es ist mein Haus …"

„Ich wohne auch hier", sagte er.

„Ich bin schon immer hier", sagte sie.

„Dann wünschte ich bloß, du hättest hier sein und mit eigenen Augen sehen können, wie harmlos die ganze Sache war."

„Meinst du etwa, ich wollte in diesem gräßlichen Krankenhaus sein?" fragte sie. Ihre Stimme klang wieder ruhiger.

„Lieber Himmel, nein, Schatz! Nein, als ich meinen Kaffee nehmen wollte, bin ich, tolpatschig, wie ich nun mal bin, dummerweise gegen ihren Ellbogen gestoßen."

„Und?"

„Nun, ich nehme nicht an, daß sie allzuviel Kleidergeld bekommt, falls es so was heute noch gibt. Sie hat aufgeschrien, ‚kochend heißes Wasser' waren ihre Worte. Und da hab ich natürlich den Kopf verloren und bin mit ihr in unser Schlafzimmer gestürzt, weil ich sie ins Bad bringen wollte."

In diesem Augenblick lachte Mrs. Middleton auf, doch sehr lustig klang das nicht.

„Genaugenommen ist sie wohl als erste dort angekommen", korrigierte sich Mr. Middleton. „Und als Ann das Waschbecken gesehen hatte, wollte sie nicht mehr weiter gehen und hat sofort ihr Kleid abgestreift."

„Und was hat dich dazu gebracht, dich hinzuknien, Arthur?"

„Meine Liebe, verstehst du denn nicht? Ich war total verlegen."

„Ich denke doch, nicht wegen ihrer Oberschenkel?"

„Hör zu, mein Schatz, es ist nicht nötig, beleidigend zu werden, oder? Was meinst du denn, was für einen Eindruck es auf Paula machen würde, wenn ich in meinem Alter ihrer Tochter ein neues Kleid kaufen würde."

„Es gibt da so was wie Reinigungen, und ich hab ja auch keine Kleider", sagte seine Frau mit ausdrucksloser Stimme.

„Ich geb's auf", sagte er müde. „Ich hab's nur gut gemeint, Liebling. Anscheinend hab ich einen kompletten Narren aus mir gemacht, so sieht's aus."

„Du meinst wohl, sie hat einen Narren aus dir gemacht", korrigierte ihn Mrs. Middleton. „Na gut, Liebling", fügte sie mit einem matten Lächeln hinzu, „zerbrich dir deinen alten Kopf nicht zu sehr. Weißt du, ich liebe dich, und ..."

Er ging zu ihr. Sie küßten sich, als wären sie lange Zeit getrennt gewesen.

„Ich liebe dich wirklich", wiederholte sie. „Und ich bin durcheinander gewesen. Aber ich will dich nicht noch einmal erwischen, nie wieder ..."

„Ach komm, Liebling!" sagte er.

„Schon gut, reden wir nicht mehr davon", sagte sie. Dann erzählte sie ihm, daß Addinsell sie zum Abendessen eingeladen habe. Nachdem er eine Art resignierter Freude ausgedrückt hatte, sprachen sie lebhaft über Peters großartige Fortschritte bei der Überwindung seiner Gehirnerschütterung.

II

Am Abend ging Mr. Middleton nicht wie gewöhnlich nach dem Abendessen in sein Zimmer, sondern blieb bei seiner Frau, saß auf ihrem Sofa und spielte nervös mit einer Zeitung.

„Was ist denn jetzt los?" fragte sie. „Bist du nicht mehr mit deiner Aktentasche verheiratet, Liebling?"

„Ich werd' in letzter Zeit nicht schlau aus dir, mein Schatz", sagte der Mann.

„Wie kommt das?" fragte sie friedlich.

„Di, ich möchte mit dir reden", sagte er.

„In Ordnung."

„Bist du sicher, daß du nichts dagegen hast, Schatz?"

„Warum sollte ich?" fragte sie. „Ich misch mich nicht in deine Arbeit ein, das weißt du, und wenn du mit mir über irgendwas sprechen willst, bin ich da, wie immer."

„Ja", sagte der Ehemann. Seine Stimme klang beinahe ehrfürchtig. „Aber manchmal frage ich mich, ob es nicht schrecklich langweilig für dich sein muß."

„Wenn es nur für Peter das beste ist", sagte sie. „Ich meine, du arbeitest doch so hart, um dem Jungen eine Ausbildung geben zu können und ihm einen Start ins Leben zu ermöglichen. Ich führe den Haushalt, er hat ein Zuhause, wenn er in den Ferien herkommt. Das ist alles!" In ihrer Stimme lag etwas Abwehrendes.

„Aber was ich mich heut abend frage, ist: Ist dein Leben ausgefüllt, Di? Was ich auf dem Herzen habe ... also, wir werden nicht jünger, nicht wahr? Ich hab jeden Abend so wahnsinnig viel durchzuackern, das ist mein Job, aber was ist mit dir? Ist wohl nicht sehr lustig für dich, wenn ich abends aus dem Büro komme?"

„Ach, Schatz, ich glaube, ich hab mich mittlerweile dran gewöhnt."

Es gab eine Pause. Als er weitersprach, hatte sich seine Stimme plötzlich verändert, sie klang äußerst verärgert.

„Ja sicher", sagte er. „Trotzdem besteht wohl keinerlei Veranlassung, fünfmal in acht Tagen mit Charles Addinsell auszugehen, oder?"

„Aber Arthur, das bin ich nicht", sagte sie mit Nachdruck.

Er tat die Sache mit einem lauten Fingerschnippen ab.

„Jetzt tut es mir leid, dir erzählt zu haben, wann ich ihn getroffen habe“, antwortete sie. „Aber das haben wir ja vereinbart, daß wir uns alles sagen sollen, und seit achtzehn Jahren haben wir das so gehalten“, sagte sie. „Doch ich denke nicht, daß ein Ausgehen zum Tee heißt, daß man jemanden trifft, jedenfalls nicht in dem Sinne, den wir immer darin gesehen haben.“

„Also Di, jetzt versuchst du aber absichtlich, mich aufzuregen.“

„Tu ich nicht, Liebling. Du weißt, daß wir immer einer Meinung waren. Daß jeder von uns ausgehen sollte, wann immer der andere irgendwo eingeladen war.“

„Aber ich war nirgends eingeladen! Nicht einmal, wenn du mit Charles zusammen warst.“

„Unterbrich mich bitte nicht, wenn ich etwas erklären will“, sagte sie mit ruhiger, gesammelter Stimme. „Ich wollte nur sagen, daß wir vor Jahren abgemacht haben, daß, wenn einer von uns allein irgendwo eingeladen ist, er annehmen und hingehen soll.“

„Aber fünfmal in acht Tagen?“ Er klang fast weinerlich.

„Das stimmt nicht, Arthur“, sagte sie. „Einladungen zum Tee haben wir nie eingeschlossen.“

„Was hab ich getan?“ fragte er.

„Das weißt du sehr gut, mein Schatz“, sagte sie.

„Und was soll das heißen?“

„Einfach alles, was es besagt“, antwortete sie.

„Das ist aber irgendwie falsch, Liebes. Du bist plötzlich anders. Das ist phantastisch! Was hast du plötzlich gegen mich?“

„Also gut, mein Lieber“, sagte sie wie zu einem Kind, „ich wollte eigentlich nicht darauf zu sprechen kommen, oder besser, noch nicht. Aber Peter wird langsam erwachsen, und wir wollen doch nicht, daß er nach Hause kommt und das vorfindet, was ich neulich abend gesehen hab, oder?"

„Diana, lassen wir mal alles andere einen Augenblick beiseite. Peter ist doch wohl weg in der Schule, oder?"

„Das wird nicht ewig so bleiben", antwortete sie. „Wenn er mit seinen Studien fertig ist, wird er hier bei uns in der Wohnung leben, bis er ein nettes Mädchen findet, sich irgendwo niederläßt und heiratet."

„Sei mir gegenüber doch mal fair. Was immer ich getan haben soll, jetzt sind Ferien. Er ist in Schottland, oder?"

„Ich weiß sehr gut, daß Peter zum Angeln dort oben ist. Meine Einsamkeit sagt mir das. Ich versuche nur, ein Zuhause zusammenzuhalten, in das er zurückkommen kann."

„Du mußt das wohl nicht tun, wenn du selbst nie da bist."

„Um dir deine kleinen Gelegenheiten zu geben, meinst du?" fragte sie.

„Diana, du bringst mich noch dazu, wütend zu werden."

„Tut mir leid, Liebling, ganz ehrlich! Aber ich hab ja nicht damit angefangen, oder?"

„Ist wohl immer alles meine Schuld?"

„Warum sagst du das jetzt?" fragte sie aufgebracht.

„Was hab ich denn getan?"

„Nur praktisch das Haus verlassen", antwortete er.

„So was hab ich gern!" sagte sie. „Sitz ich nicht gerade jetzt hier vor dem Kamin?"

„Du weißt, was ich meine."

„Weiß ich nicht!" sagte sie. „Du sagst, ich bin anders, aber du bist es doch, der sich verändert hat. Und ich kann mir nicht vorstellen, womit ich das verdient habe!"

Sie war den Tränen nahe.

„Ach, vergiß es", sagte er gleichgültig. „Ich glaube, ich bin einfach nur durcheinander."

„Hör zu, Arthur", sagte sie. „Wenn du so denkst, wie du sagst, warum sprichst du dann nicht mit Charles?"

„Um ihm zu sagen, daß er zu oft mit meiner Frau zusammen ist?"

„Und was ist falsch daran?" fragte sie. „Du bist der Ehemann, oder nicht?"

„Aber er würde sich im Klub über mich totlachen!"

„Ich verstehe dich nicht, Liebling. Nicht ein bißchen! Du sagst, du regst dich darüber auf, daß ich mich gelegentlich mit Charles treffe, und trotzdem lehnst du es ab, mit ihm darüber zu sprechen?"

„Ich hab's dir gesagt, Diana, oder? Was soll ich noch tun?"

„Aber da ist unsere alte Abmachung", sagte sie überaus sachlich. „Wir haben immer gesagt, und du hast es doch eben zugegeben: Wenn einer von uns irgendwo eingeladen ist, kann er ohne den anderen hingehen. So, er lädt mich ein, und ich nehme an!"

„Heißt das, du würdest erst ablehnen, wenn ich aufhörte, Ann ab und zu zum Mittagessen einzuladen?"

„Und was ist falsch daran, Arthur?"

„Es ist unbegreiflich, das ist alles! Das zeigt nur, daß alles, was an gegenseitigem Vertrauen in unserer Ehe bestanden hat, zum Teufel ist, genau das, was ich bei uns immer für ganz toll gehalten habe!"

„Was das Vertrauen angeht, bin ich mir nicht so sicher", sagte sie. „Du scheinst dich nicht wohl zu fühlen bei dem Gedanken, was Charles und ich deiner Meinung nach wohl tun."

„Na gut, was macht ihr also?"

„Ich weiß nicht, was du mir da zur Last zu legen versuchst, Arthur, aber die Sache gefällt mir ganz und gar nicht, das will ich dir mal sagen!"

„Mehr, als du dir von Ann und mir zusammenträumst?"

„Das ist etwas völlig anderes", sagte sie rasch. Sie klang erregt. „Du vergißt etwas, mein Lieber. Ich hab dich gesehen! Mit meinen eigenen Augen."

„Ich wüßte nicht, wie du mich sonst hättest sehen können."

„Jetzt reicht's aber, Arthur, du regst mich langsam auf! Ach, warum mußt du nur so sein? Gerade, wo Peter diesen gräßlichen Unfall hatte und ich zurückgekommen bin und dich erwischt hab!"

„Dann gibst du also zu, daß alles, was du mit Charles anstellst, so 'ne Art Vergeltung ist?"

„Ich geb nichts dergleichen zu", antwortete sie mit Nachdruck. „Er ist zufällig ein sehr alter, teurer Freund."

„Und doch hab ich euch erst miteinander bekannt gemacht, ne?"

„Ach Arthur, du kannst es einem aber auch schwermachen. Was macht das für einen Unterschied?"

„Ich hätte gedacht, einen großen."

„Dann geh doch zu ihm."

„Das hatten wir schon mal", sagte er gequält. „Ich kann nicht. Ich würde mich lächerlich machen!"

„Ich denke, auch nicht mehr, als du dich jetzt schon mit dieser Ann Paynton machst."

„Was sollten wir dann deiner Meinung nach tun? Uns trennen?"

„Arthur!!" rief sie. „Arthur! Sag so was nie wieder, hörst du, auch nicht zum Spaß!"

„Na gut", sagte er ruhig. „Ich entschuldige mich."

„O verdammt", sagte sie. „Ich glaube, ich fang an zu heulen." Was sie sogleich tat.

„Aber Liebling“, sagte er im gleichen Tonfall. Er ging zu ihr und fing an, mit einer Hand ihren Rücken zu streicheln.

Durch die Tränen hindurch stotterte sie: „Warum bist du so abscheulich zu mir?“

„Tut mir leid. Komm“, sagte er und streichelte weiter.

Langsam erholte sie sich. „Verzeih mir. Ich wollte es nicht“, sagte sie und putzte sich die Nase.

Er küßte zärtlich ihren Nacken.

Sie kramte in der Tasche, die sie auf den Knien hatte, nach einem Lippenstift und stieß auf Peters letzten Brief. „Ach, das hab ich dir ja noch gar nicht gezeigt“, sagte sie. Ihre Stimme klang schon fast nicht mehr weinerlich. „Er kam mit der Nachmittagspost. Er hat einen Fisch gefangen.“

„Doch nicht einen Lachs?“ fragte ihr Mann aufgeregt.

„Ich bin nicht sicher, aber was sonst? Ich meine, so was hat Dick doch da oben, oder?“

„Ein Fünfzehn-Pfünder“, zitierte Mr. Middleton. „Sagenhaft! Und das mit siebzehn! Wundervolle Neuigkeiten.“

„Der liebe Peter“, sagte die Mutter. „Ich hab immer gewußt, daß in ihm ein Angler steckt.“

„Sein erster Lachs!“ sagte der Vater.

„Liebling“, sagte sie zu ihrem Mann. „Du mußt doch heute abend nicht mehr arbeiten, oder? Gehen wir rauf!“

„Rauf gehen?“ sagte Mr. Middleton und lachte. „Wir haben hier nur eine Etage, wie du weißt.“

Sie drehte sich um. Sie küßte ihn lange auf die Lippen.

„Wie dumm von mir“, sagte sie und lächelte. „Na gut! Nächste Tür.“

Verzeichnis der Autorinnen und Autoren

JORGE AMADO, 1912 in Brasilien geboren, schrieb seinen Roman 1961; er erzählt darin die dramatischen Erlebnisse eines Kapitäns auf hoher See. Wir veröffentlichen unseren Auszug aus dem Roman „Nächte in Bahia“ mit freundlicher Genehmigung des Piper Verlages, München 1985, S. 147–153; übersetzt hat Curt Meyer-Clason.

JULIAN BARNES, 1946 in Leicester geboren, arbeitete als Lexikograph für den Oxford English Dictionary – Abteilung Sport und Obszönitäten – und schreibt seit 1980 Romane, u. a. „Metroland“, „Flauberts Papagei“. Wir veröffentlichen unseren Auszug aus dem Eifersuchts-Roman „Vor meiner Zeit“ mit freundlicher Genehmigung des Haffmans Verlages in Zürich 1988; übersetzt hat Michael Walter (S. 230–248).

SIMONE DE BEAUVOIR, 1908–1986, war eine führende Repräsentantin der französischen Literatur. Sie studierte Philosophie und lernte während ihres Studiums Sartre kennen, dessen Lebensgefährtin sie bis zu seinem Tod war. Wir veröffentlichen unseren Auszug aus dem Roman „Eine gebrochene Frau“ (S. 132–139) mit freundlicher Genehmigung des Rowohlt Verlages, Reinbek 1967; übersetzt hat Ulla Hengst.

ISABELLA BOSSI FEDRIGOTTI, 1948 in Rovereto geboren, schreibt heute in Mailand für den Corriere della Sera und veröffentlichte seit 1980 drei Romane. Wir entnehmen unseren Auszug aus dem Roman „Zwei Schwestern aus gutem Hause“ mit freundlicher Genehmigung des Piper Verlages, München 1991, S. 63–70, 197–200; übersetzt hat Sigrid Vogt.

Barbara Bronnens Auszug aus dem Roman „Donna Giovanna" veröffentlichen wir mit freundlicher Genehmigung des Hoffmann und Campe Verlages, Hamburg 1992, S. 189–199.

Barbara Bronnen: Haarlocke .... S. 120

Albert Cohen, 1895 auf Korfu geboren, studierte Jura und arbeitete als Anwalt, vertrat eine zionistische Organisation beim Völkerbund und war Mitbegründer der Internationalen Flüchtlingsvereinigung. Er schrieb u. a. „Solal"; für den Roman „Die schöne des Herrn", dem wir unseren Auszug mit freundlicher Genehmigung des Klett-Cotta Verlages, München 1989, S. 605–613, entnehmen, erhielt er den großen Preis der Académie Française; übersetzt hat Helmut Kossodo.

Albert Cohen: Die Schöne des Herrn .... S. 140

Fjodor M. Dostojewskis humoristisch-satirische Tendenzen dokumentieren sich in der Erzählung „Die fremde Frau und der Mann unter dem Bett", der wir unseren Auszug mit freundlicher Genehmigung des Piper Verlages, München 1984, S. 212–221, entnehmen; übersetzt hat E. K. Rahsin.

Fjodor M. Dostojewski: Die fremde Frau und der Mann unter dem Bett .... S. 24

Lilian Faschinger, 1950 in Kärnten geboren, promovierte in englischer Literaturwissenschaft. Sie schrieb u. a. den Roman „Die neue Scheherazade" 1968. Wir veröffentlichen unsere Erzählung mit freundlicher Genehmigung des Kiepenheuer & Witsch Verlages, Köln 1993, S. 90–107.

Lilian Faschinger: Frau mit drei Flugzeugen .... S. 88

Rosario Ferré, 1942 in Ponce, Puerto Rico, geboren, erzählt in dieser Geschichte von einer historischen puertorikanischen Gestalt, der Prostituierten Isabel Luberza; wir entnehmen unseren Auszug mit freundlicher Genehmigung des Wiener Frauenverlages dem Band „AMORica Latina" (herausgegeben und von Erna Pfeiffer), Wien 1991, S. 94–99; übersetzt hat Erna Pfeiffer.

Rosario Ferré: Wenn die Frauen die Männer lieben .... S. 54

Gustave Flaubert, 1821–1880, schrieb mit dieser „philosophischen Erzählung", die den Titel „Leidenschaft und Tugend" trägt, eine Vorbereitung auf „Madame Bovary". Wir veröffentlichen unseren Auszug mit freundlicher Genehmigung des Diogenes Verlags, Zürich 1979, S. 189–196; übersetzt hat Traugott König.

Milan Füst, 1888 in Budapest geboren und dort 1967 gestorben, wurde während der Oktoberrevolution Leiter des ungarischen „Verbandes schöpferischer Künstler und Wissenschaftler". Er hat Prosa, Dramen und Gedichte verfaßt. Der Roman „Die Geschichte meiner Frau", der wir diesen Auszug entnehmen, ist ein Epos der Eifersucht und erschien auf deutsch im Rowohlt Verlag, Reinbek 1974, S. 57–63; übersetzt hat Mirza von Schüching.

Henry Green lebte von 1905 bis 1973 in London und Birmingham. Als Sohn eines Unternehmers wurde er in Oxford und Eton erzogen. Der Roman „Liebesspiele", nach 35 Jahren wieder auf deutsch zu haben, ist die Geschichte einer glücklichen, aber aufs schlimmste gefährdeten Ehe, als Arthur der 18jährigen Annabel den Hof macht. Wir bringen unseren Auszug mit freundlicher Genehmigung des Steidl Verlages, Göttingen 1987, S. 102–106, S. 139–141; übersetzt hat Werner Horch.

Werner Kofler, 1947 in Villach geboren, lebt als freier Schriftsteller in Wien. Von ihm sind u. a. „Ida H.", eine Krankengeschichte, und „Östliche Verhältnisse" erschienen. Unseren Auszug „Altarbild Promiskuität", gekürzt (aus dem Fragment „Maskulin Feminin" in „Aus der Wildnis" 1980, Quartheft 108), veröffentlichen wir mit freundlicher Genehmigung des Verlages Klaus Wagenbach aus der Anthologie „Amorel", herausgegeben von Klaus Wagenbach, Wagenbach Verlag, Berlin 1994, S. 202–205.

Doris Lessing, 1919 geboren und in Südrhodesien aufgewachsen, lebt seit 1949 in England. Bei uns wurde sie erst 1978 durch die Veröffentlichung des „Goldenen Notizbuches" bekannt. Ihre Erzählung „Zwischen Männern“ entnahmen wir mit freundlicher Genehmigung des Klett-Cotta Verlages dem Erzählband „Die Frau auf dem Dach“, Stuttgart 1982, S. 406–411. Die Übersetzung stammt von Adelheid Dormagen.

Doris Lessing: Zimmer neunzehn .... S. 152

Alberto Moravia, 1907 in Rom geboren und 1992 dort gestorben, begann 1925 zu schreiben, u. a. sind von ihm die Romane „Der Konformist“, „Agostino“ und „Die Gleichgültigen“ erschienen. Wir veröffentlichen unseren Auszug aus dem Roman „Der Zuschauer“, die Geschichte eines Voyeuristen, mit freundlicher Genehmigung des List Verlages, München 1987, S. 172–182. Übersetzt hat Joachim Meinert.

Alberto Moravia: Der Zuschauer .... S. 110

Anais Nin, vor allem bekannt geworden durch ihre Tagebücher und erotischen Erzählungen, schrieb dieses „Intime Tagebuch“ mit dem Titel „Henry, June und ich“ in der Zeit ihrer Liaison mit Henry Miller, der mit June verheiratet war. Wir bringen unseren Auszug in der Übersetzung von Gisela Stege mit freundlicher Genehmigung des Scherz Verlages, Bern 1987, S. 91–101.

Anais Nin: Henry, June und ich .... S. 76

Marcel Proust, 1871 in Auteuil geboren, 1922 in Paris gestorben, schrieb sein Hauptwerk „Auf der Suche nach der verlorenen Zeit“ zwischen 1913 und 1927. Wir veröffentlichen unseren Auszug „Die Gefangene“, übersetzt von Eva Rechel-Mertens, mit freundlicher Genehmigung des Suhrkamp Verlages, Frankfurt 1964, S. 76–81.

Marcel Proust: Die Gefangene .... S. 104

Christiane Rochefort, 1917 in Paris geboren, begann als Journalistin. Schon 1958 machte sie mit dem Roman „Das Ruhekissen“ auf sich aufmerksam, dem wir unseren Auszug in der Übersetzung von Ernst Sander mit freundlicher Genehmigung des Suhrkamp Verlages, Frankfurt 1959, S. 114–122, entnehmen.

Christiane Rochefort: Das Ruhekissen .... S. 216

Renate Rubinstein, 1929–1990, veröffentlichte u.a. „Nichts zu verlieren und dennoch Angst" und „Sterben kann man immer noch". Wir veröffentlichen den Auszug aus ihrem Buch „Mein besseres Ich", der Chronik ihrer Liebe zu dem niederländischen Schriftsteller Simon Carmiggelt, in der Übersetzung von Helga van Beuningen mit freundlicher Genehmigung des Suhrkamp Verlages, Frankfurt 1993, S. 33–37.

Renate Rubinstein: Angst vor Entdeckung .... S. 158

August Strindberg, 1849–1912, lebte in Stockholm, studierte Medizin und arbeitete als Hauslehrer. Die Entzweiung mit seiner Frau, die auch den persönlichen Hintergrund seines Dramas „Der Vater" bildete, legt er in „Plädoyer eines Irren" dar, dem wir unseren Auszug in der Übersetzung von Hans-Joachim Maass mit freundlicher Genehmigung des Kiepenheuer & Witsch Verlages, Köln 1977, S. 189–194, entnehmen.

August Strindberg: Plädoyer eines Irren .... S. 49

Miguel de Unamuno, 1864–1936, im Norden Spaniens, in Bilbao, geboren, erschließt uns die spanische Wesensart wie kein zweiter, nicht nur in seinen Romanen, auch in seinen Essays. Den Auszug aus seinem Roman „Ein ganzer Mann" veröffentlichen wir in der Übersetzung von Werner Peiser mit freundlicher Genehmigung des Manesse Verlages, Zürich 1979, aus dem Band „Spanische Erzähler vom 14. bis 20. Jahrhundert", herausgegeben von Albert Theile und Werner Peiser, S. 522–528, 533–541.

Miguel de Unamuno: Ein ganzer Mann .... S. 63

John Updike, 1932 in Pennsylvania geboren, begann seine Karriere in der Redaktion des „New Yorker", für den er Satiren und Kurzgeschichten schrieb. Er schrieb u.a. „Heirate mich!", „Hasenherz" und „Bessere Verhältnisse". Unsere Erzählung, übersetzt von Karin Polz, entnahmen wir mit freundlicher Genehmigung des Rowohlt Verlages, Reinbek, dem Band „Der weite Weg zu zweit. Szenen einer Liebe", S. 91–103, der 1982 erschien.

John Updike: Dein Liebhaber hat eben angerufen .... S. 12

Lope de Vega, 1562–1635, setzt in seiner Geschichte „Eifersucht bis in den Tod", schon den Dramatiker verratend, szenenhafte

Akzente. Wir veröffentlichen unseren Auszug mit freundlicher Genehmigung des Manesse Verlags, Zürich, aus dem Band „Spanische Erzähler vom 14. bis 20. Jahrhundert", herausgegeben von Albert Theile und Werner Peiser, Zürich 1979, S. 144–157. Übersetzt hat Karl-Eduard von Bülow.

Lope de Vega: Eifersucht bis in den Tod .... S. 175

Lesebücher von Barbara Bronnen

Barbara Bronnen (Hrsg.)
Mamma mia
Geschichten über Mütter
3., unveränderte Auflage. 1991. 294 Seiten. Paperback
Beck'sche Reihe Band 379

Barbara Bronnen (Hrsg.)
Kind, ach Kind
Geschichten über Kinder
1991. 250 Seiten. Paperback
Beck'sche Reihe Band 433

Barbara Bronnen (Hrsg.)
„Alt am Morgen und am Abend jung"
Geschichten vom Alter
1992. 344 Seiten. Paperback
Beck'sche Reihe Band 464

Barbara Bronnen (Hrsg.)
Männer
Ein Lesebuch
2., unveränderte Auflage. 1993. 242 Seiten. Paperback
Beck'sche Reihe Band 1005

Barbara Bronnen (Hrsg.)
Geburt
Ein literarisches Lesebuch
1994. 217 Seiten. Paperback
Beck'sche Reihe Band 1042

Verlag C.H.Beck München